"十三五"国家重点出版物出版规划项目

中国汽车工程学会
汽车工程图书出版专家委员会　**推荐出版**

新能源汽车关键技术研究丛书

燃料电池汽车建模及仿真技术

MODELING AND SIMULATION TECHNOLOGY OF
FUEL CELL VEHICLE

[德] 周苏 著

北京理工大学出版社
BEIJING INSTITUTE OF TECHNOLOGY PRESS

内容简介

本书以建模作为重点，理论联系实际，描述了燃料电池汽车、关键零部件或功能模块（如燃料电池电堆、电机、氢储存器、增湿器和DC/DC变换器等）的仿真，并结合MATLAB/Simulink的模型实现，通过有代表性的仿真实例，全面介绍了燃料电池汽车系统（包括燃料电池发动机）的结构、原理、设计和参数设定等知识。

通过建模原理、模型的MATLAB/Simulink实现和实际案例的关联学习，汽车行业的研发工程师、车辆工程专业的学生以及其他专业的对燃料电池汽车感兴趣的工程师或学生都可以从中获得有关建模知识和运用仿真工具实现仿真分析的能力。

版权专有　侵权必究

图书在版编目（CIP）数据

燃料电池汽车建模及仿真技术／（德）周苏著 .—北京：北京理工大学出版社，2017.1（2022.8重印）

（中国汽车工程学会汽车工程图书出版专家委员会推荐出版　新能源汽车关键技术研究丛书）

"十三五"国家重点出版物出版规划项目

ISBN 978-7-5682-0362-3

Ⅰ.①燃⋯　Ⅱ.①周⋯　Ⅲ.①燃料电池-电传动汽车-系统建模②燃料电池-电传动汽车-系统仿真　Ⅳ.①U469.72

中国版本图书馆CIP数据核字（2016）第313984号

北京市版权局著作权合同登记号　图字：01-2016-9100

出版发行 ／	北京理工大学出版社有限责任公司
社　　址 ／	北京市海淀区中关村南大街5号
邮　　编 ／	100081
电　　话 ／	（010）68914775（总编室）
	（010）82562903（教材售后服务热线）
	（010）68944723（其他图书服务热线）
网　　址 ／	http：//www.bitpress.com.cn
经　　销 ／	全国各地新华书店
印　　刷 ／	北京九州迅驰传媒文化有限公司
开　　本 ／	710毫米×1000毫米　1/16
印　　张 ／	13.5
彩　　插 ／	1
字　　数 ／	221千字
版　　次 ／	2017年1月第1版　2022年8月第6次印刷
定　　价 ／	48.00元

责任编辑／李秀梅
文案编辑／杜春英
责任校对／周瑞红
责任印制／王美丽

图书出现印装质量问题，请拨打售后服务热线，本社负责调换

总序

新能源汽车已被国家列入七大战略新兴产业之一和《中国制造 2025》十大重点优先发展的领域之一。习近平总书记指出，"发展新能源汽车是我国由汽车大国迈向汽车强国的必由之路"。国家《节能与新能源汽车产业发展规划（2012—2020年）》指出，汽车产业是国民经济的重要支柱产业，在国民经济和社会发展中发挥着重要作用。随着我国经济持续快速发展和城镇化进程加速推进，今后较长一段时期汽车需求量仍将保持增长势头，由此带来的能源紧张和环境污染问题将更加突出。加快培育和发展节能汽车与新能源汽车，既是有效缓解能源和环境压力，推动汽车产业可持续发展的紧迫任务，也是加快汽车产业转型升级、培育新的经济增长点和国际竞争优势的战略举措。

结合国际汽车产业发展趋势来看，大力发展以纯电动汽车、插电式混合动力汽车、燃料电池汽车等为代表的新能源汽车，不仅有助于解决我国汽车消费面临的能源、环保和噪声污染等问题，也是我国汽车产业实现由大变强的重要途径之一。在国家"863计划"等科技重大项目和节能与新能源汽车示范推广等扶持政策的大力支持和推动下，我国汽车企业纷纷加大新能源汽车产业化力度，新能源汽车关键零部件及相关技术取得重大进步，动力电池发展环境持续优化，驱动电机技术稳步提升，整车控制技术研发应用水平显著提升。

目前，我国新能源汽车研发体系已初步形成，2015 年新能源汽车产销量跃居世界第一。自主研制开发出混合动力、插电式混合动力、纯电动和燃料电池汽车等各类整车产品，初步掌握了电动汽车整车设计、系统集成等关键技术，基本形成混合动力、纯电动和燃料电池新能源汽车动力系统技术平台和新能源汽车技术标准体系框架和测试评价能力，建立了新能源汽车的动力技术平台，形成了比较完整的关键零部件体系；自主开发的纯电动汽车在整车动力系统匹配与集成设计、整车控制方面，取得了突破性进展，接近国际先进水平。

本丛书汇集了近年来我国新能源汽车研究掌握的新技术、新理论等先进成果，充分体现了我国在新能源汽车领域所取得的卓越成绩。北京理工大学、同济大学、吉林大学、华南理工大学、北京信息科技大学、中国汽车技术研究中心、长安汽车工程研究院等国内从事相关领域研究的权威单位共同组建了本丛书的作者队伍，期望以此为新能源汽车领域专家和学者搭建学术交流平台，对提升我国新能源汽车的研发水平起到促进作用，也是出版界助力提升我国新能源汽车关键技术的重要成果。

  本丛书以新能源汽车领域的研发与设计为主线，以纯电动汽车、插电式混合动力汽车以及燃料电池汽车为对象，围绕新能源汽车电池、电机、电控等关键技术的设计、仿真、优化和工程应用开展研究，汇集了我国近年来在纯电动车辆技术、混合动力驱动系统控制、混合动力耦合系统构型与装置、电动汽车整车控制优化、新能源车辆轻量化、燃料电池汽车建模等领域取得的重要理论及技术成果。其学术价值得到了国际专家学者的高度认可，其中《地面车辆混合驱动系统建模与控制优化》《混合动力耦合系统构型与耦合装置分析设计方法》已与德国Springer签署版权输出协议。

  本丛书入选"十二五"和"十三五"国家重点出版物出版规划项目，其出版得到了中国汽车工程学会（SAE-CHINA）汽车工程图书出版专家委员会以及作者单位的领导、专家及工作人员的关心和大力支持，在此深表感谢！此外，书中难免存在不当之处，敬请读者批评指正！

前言

近十年来,在汽车技术领域里讨论最多的是有关新型车辆驱动(包括混合动力、动力电池驱动和燃料电池驱动)的话题。

对未来汽车驱动发展的看法,国内与国外、不同的汽车制造公司、不同学术圈和不同的利益团体(如电网公司、石油公司、汽车制造公司等)都有程度不同的分歧。一种有代表性的观点是,传统的、成熟的活塞发动机作为车辆驱动以目前的形式还将再存在 30~40 年。与此相反的另一种有代表性的观点则将氢燃料电池作为未来车辆动力的终极方案。

从国内外许多公司、研究机构的研发动向中可以察觉到的一个明显趋势是,燃料电池汽车受到越来越多的关注,汽车整车厂研发的核心在于燃料电池发动机系统,汽车零配件供应商则未雨绸缪将重点放在相关的关键零部件或功能模块(如燃料电池电堆、电机、氢储存器、增湿器和 DC/DC 变换器等)上。许多大学的车辆工程专业也调整了培养本科生和研究生的课程设计,增设了有关新能源汽车和燃料电池发动机的内容或课程。德国亚琛工业大学在其负有盛名的发动机专业下甚至专门设置了燃料电池系统方向,培养本科生、研究生。同济大学汽车学院也在近十年内陆续开设了新能源动力、燃料电池汽车和氢能相关的课程,培养了与燃料电池汽车研发相关的 30 多个博士毕业生和 200 多个硕士毕业生。

与燃料电池汽车相关的研发工作离不开建模与仿真。不论是以研制样车或产品为目的,还是以跟踪相应的技术为目的,关键零部件或功能模块的性能设计、估计和验证都应在整车运行环境和性能条件下进行,而且往往继承和借用传统汽车的开发方式。和传统燃油汽车一样,燃料电池整车系统也是一个由多个相互作用的子系统构成的系统。每一个子系统由过程装置(如燃料电池发动机、电机、动力电池、DC/DC 变换器等)与其对应的控制器构成,这些控制器通过 CAN 总线受控于能量控制单元(ECU)和整车控制单元(VCU),并通过 CAN 总线共享执行器和传感器的信息。按照这种结构建立的燃料电池整车系统模型,对传统汽车的工程师而言,具有较好的程序可读性和应用针对性。车辆工程专业的学生在了解传统汽车系统结构的基础上,借助于这样的模型结构,通过自己对感兴趣的零部件或功能模块的建模和仿真，有助于掌握燃料电池汽车及相关功能模块的工作原理和应用知识。

本书的各个章节也是按照这样的结构安排内容的。第1章主要介绍燃料电池汽车的基本情况（包括国内外现状、基本结构和仿真技术）和后续章节内容涉及的模型整体框架。第2章以能量控制单元（ECU）和整车控制单元（VCU）的内容为重点，并介绍了典型行驶工况、驾驶员模型、环境模型和车辆动力学模型以及MATLAB/Simulink的实现。燃料电池汽车包含燃料电池发动机和动力电池两个能量源，ECU的主要功能是根据VCU提供的车辆运行指令和两个能量源的当前状态，决定燃料电池发动机应该提供的电功率。VCU主要负责与各个子系统控制单元进行通信，对各个系统进行监控和协调，并根据驾驶员输入和系统的运行状态信号进行控制决策并向ECU输出控制指令。第3章涉及燃料电池发动机的工作原理、建模与仿真。燃料电池发动机主要包括电堆、空气供应、供氢、冷却和控制单元等，各个单元之间相互关联并协同完成整个系统的功能。第4章重点介绍动力电池和用于电压匹配的DC/DC变换器。以两个比较有代表性的动力电池模型（即机理模型和半机理半经验模型）为例，详细描述了动力电池的建模过程。本章还介绍了与动力电池控制策略相关的几种SOC估计模型。第5章介绍了用于驱动电机的机理建模与实验建模方法。以实验建模为例，介绍了相应的MATLAB/Simulink实现。第6章主要涉及燃料电池整车仿真模型中的热管理模块，其功能是保证燃料电池发动机、电机和动力电池等核心部件处于合适的工作温度。第7章介绍了燃料电池汽车、燃料电池发动机系统和部件的仿真实例。燃料电池汽车仿真以新欧洲行驶工况为输入工况，选用了燃料电池和动力电池混合驱动和再生制动方式，通过分析仿真运行的结果，可以得到行驶过程的动力性能和能量消耗的相关信息。燃料电池发动机系统仿真部分描述了两个实例，一是针对一款45 kW级PEMFC发动机系统的电压建模与仿真，另一个是涉及一款83 kW高压PEMFC发动机系统以及与低压方案的比较。燃料电池系统部件仿真以气/气增湿器和中冷器为例，分别介绍了其动、静态建模过程和因素分析。

这样的内容组织结构旨在使读者对复杂的燃料电池汽车模型有一个足够的概貌。自2007年以来，作者在同济大学开设了一门名为"新型车辆动力"的课程，本书原理部分的内容（包括定义、重点和相互之间的基本关联）来源于与学生们的交流和沟通，也是讲授这门课长期积累并不断更新的一些结果。仿真案例内容是从企业委托的合作研发项目中归纳总结的，这方面的知识和经验对开展类似的项目或许可资借鉴和参考。通过建模原理、模型的MATLAB/Simulink实现和实际案例的关联学习，汽车行业的研发工程师、车辆工程专业的学生以及其他专业的对燃料电池汽车感兴趣的工程师或学生都可以从中获得有关建模知识和运用仿真工具实现仿真分析的能力。除此之外，有一些部件或功能模块的内容以非常简化的形式在本书中予以介绍，作者在这些地方有意为之，更进一步需要完善和发挥之处就交给读者予以完成。

本书的成书过程历经三年时间，我的学生纪光霁博士、张传升博士、翟双博士、牛继高博士、胡哲、俞林炯、陈海蓉、刘冀晨、沈晓燕等做了大量的资料收集和整理工作，同时我从与他们经常的交流和讨论中也获益匪浅，本书能够付印很大程度上归功于他们富有活力的参与，在此致以衷心的感谢。本书列出了参考并引用的一些书籍、论文和网站资料的来源，在此也向原作者表示感谢。书中如有疏漏或错误，都是本人的责任，与他人无关。

周 苏

2014年9月于同济大学嘉定校区

目录

第1章 燃料电池汽车仿真技术 /1
- 1.1 燃料电池汽车研究现状 /1
- 1.2 燃料电池汽车的基本结构 /4
- 1.3 燃料电池汽车的效率 /6
- 1.4 燃料电池汽车仿真研究 /8
- 1.5 仿真系统模型顶层图介绍 /11

第2章 整车控制系统 /14
- 2.1 典型行驶工况 /15
  - 2.1.1 美国行驶工况 /15
  - 2.1.2 欧洲行驶工况 /17
  - 2.1.3 日本行驶工况 /19
  - 2.1.4 其他行驶工况 /20
  - 2.1.5 国内车辆行驶工况的研究 /20
- 2.2 驾驶员模型 /21
  - 2.2.1 驾驶员模型介绍 /21
  - 2.2.2 驾驶员模型建模介绍 /22
  - 2.2.3 驾驶员模型建模 /23
- 2.3 车辆运行环境模型 /25
  - 2.3.1 车辆运行环境模型介绍 /25
  - 2.3.2 车辆运行环境模型 /26
- 2.4 车辆模型介绍 /27
  - 2.4.1 汽车驱动力 /27
  - 2.4.2 汽车行驶阻力 /27
  - 2.4.3 车辆转矩 /29
- 2.5 车辆模型建模 /30
- 2.6 能量控制单元（ECU） /37
  - 2.6.1 能量系统结构 /38
  - 2.6.2 能量控制策略 /39
  - 2.6.3 ECU模型 /41
- 2.7 车辆控制单元（VCU） /44
  - 2.7.1 车辆控制单元介绍 /44
  - 2.7.2 车辆控制单元建模 /44

第3章 PEMFC 发动机 / 49
3.1 PEMFC 发动机介绍 / 50
3.1.1 PEMFC 发动机基本原理 / 50
3.1.2 PEMFC 模型概述 / 58
3.2 PEMFC 发动机建模 / 69
3.2.1 燃料电池堆模块 / 69
3.2.2 空气供应模块 / 74
3.2.3 供氢模块 / 83

第4章 动力电池系统 / 94
4.1 动力电池概述 / 95
4.1.1 铅酸电池 / 96
4.1.2 镍氢电池 / 96
4.1.3 锂离子电池 / 97
4.2 动力电池系统建模及 SOC 估计 / 98
4.2.1 动力电池模型概述 / 98
4.2.2 机理模型 / 100
4.2.3 半机理半经验模型 / 106
4.2.4 SOC 估计算法 / 112
4.3 动力电池系统控制策略 / 114
4.3.1 动力电池控制器 / 115
4.3.2 动力电池开关控制策略 / 116
4.4 DC/DC 变换器 / 117
4.4.1 DC/DC 变换器的工作原理 / 118
4.4.2 DC/DC 变换器的稳态模型 / 119

第5章 驱动电机系统 / 125
5.1 典型驱动电机介绍 / 127
5.1.1 直流电机 / 127
5.1.2 交流感应电机 / 127
5.1.3 永磁同步电机 / 129
5.1.4 开关磁阻电机 / 129
5.2 驱动电机模型 / 131
5.2.1 驱动电机机理法建模 / 132
5.2.2 驱动电机实验法建模 / 139

目录

第6章 热管理系统 / 143
  6.1 热平衡分析 / 143
    6.1.1 热管理系统介绍 / 148
    6.1.2 热管理系统建模 / 149
    6.1.3 热管理系统控制策略 / 151
  6.2 辅助系统介绍 / 153
    6.2.1 辅助系统电功率消耗模块 / 154
    6.2.2 辅助系统电功率消耗模块建模 / 154

第7章 燃料电池汽车、燃料电池发动机系统及部件建模与仿真实例 / 156
  7.1 燃料电池汽车仿真 / 156
    7.1.1 仿真参数及系统和部件实测特性的设定 / 156
    7.1.2 仿真运行及部分运行结果分析 / 161
  7.2 燃料电池发动机系统仿真 / 168
    7.2.1 针对一款45 kW级PEMFC发动机系统的电压建模与仿真 / 168
    7.2.2 针对一款83 kW车用高压PEMFC发动机系统的仿真以及与低压方案的比较 / 175
  7.3 燃料电池系统部件仿真 / 180
    7.3.1 车用PEMFC系统中气/气增湿器动态建模与影响因素分析 / 180
    7.3.2 PEMFC发动机系统中冷器仿真案例 / 185

附录 命名法及符号含义 / 191
参考文献 / 193

第 1 章

燃料电池汽车仿真技术

1.1 燃料电池汽车研究现状

作为解决能源及环保问题的可选有效途径之一，燃料电池汽车（Fuel Cell Vehicle，FCV）的研发推广日益受到各国政府的重视，各国纷纷制订相关计划来促进其核心技术的开发。在此方面，美国、日本和欧洲等国家及地区已走在世界前列。

美国政府对燃料电池汽车的研制及应用非常重视。2002 年 1 月 9 日，美国能源部提出 Freedom CAR（Freedom Cooperative Automotive Research）计划，支持新能源汽车的研究开发。该计划 2003 年由美国联邦政府投资 15 029.6 万美元，其中燃料电池 5 000 万美元（占 33.27%），氢能设施 2 582 万美元（占 17.18%），两者之和占总投资的 50%以上。2003 年 2 月，美国布什总统向国会提出[1]"自由燃料"计划，他在对此计划发表的公开讲话中指出："我要国会花费 12 亿美元的国家投资给氢燃料电池小客车项目，使它能从实验室走向售车展示室。我们希望看到，今天诞生的小客车将属于今天诞生的儿童，他/她所开的一辆车将是一辆由氢驱动而无污染的车。"

日本对燃料电池领域的研究也较为领先。由于其国内资源缺乏，早在 1971

年，日本政府就将电动汽车的研究和发展列入通产省的研究计划，并给予大力支持。自1981年起，日本政府即开始支持燃料电池商业化，在通产省开始实施"月光工程"。这是一项高效能源发展计划，在之后的17年中共投入5.2亿美元。1993年，"月光工程"和其他一些环境和能源项目合并，统称为"新阳光计划"。日本还从1997年开始制订"清洁能源汽车开发计划（ACE）"，决定开发旨在显著提高燃油经济性的混合动力与清洁能源相组合的新一代汽车动力；2003年又投资110亿美元，推出开发氢能的"WE—NET"计划。为促进氢能实用化和普及、完善汽车燃料供给体系，日本政府于2005年推动完成了燃料电池汽车的公路行驶验证、氢气站验证、住宅用和业务用燃料电池验证，全国现已建成大量加氢站。此外，日本政府还计划逐渐扩大燃料电池车的市场规模，力争到2030年，使燃料电池汽车数量达到1500万台，固定装置燃料电池发电能力达到1250万千瓦[2]。目前，日本的燃料电池技术开发以及氢的制造、运输、储藏等方面的技术已基本成熟。

2003年，欧盟发布了氢发展构想报告和行动计划，计划在4年内投资20亿美元，并到2030年使氢燃料车的比例达到15%，2040年至少翻一番，并创立欧洲氢燃料电池合作组织。其中，"欧洲清洁城市运输项目计划（CUTE）"投资1850万欧元，用来进行大规模的燃料电池公共汽车示范试验。参加这个项目的有9个国家、13个大城市、40个企业及31辆燃料电池公共汽车。从2002年6月到2006年7月，欧洲研究人员长期进行证实性产品生命周期分析和对氢燃料供应设施建设的运用验证，应用多种不同的氢加注装置，为今后实用化做准备。欧盟在发展燃料电池汽车方面也提出了极富竞争性的"明日汽车"计划，以2003—2005年为目标，由汽车公司、汽车零部件公司、能源行业和化工行业等共同进行低排放车辆、零排放车辆的开发，其中包括车用动力电池和燃料电池在内的先进动力系统和与此相关的重要技术（如电子技术、轻量化材料、控制技术）的开发。

我国在燃料电池汽车研发方面的主要成绩包括以下几方面。

"超越系列"——以同济大学为主要科研力量自主研发的"超越一号、二号、三号"燃料电池轿车，其主要性能指标已直逼国际先进水平。2008年8月，20辆由同济大学等单位完全自主研制的第四代氢燃料电池汽车穿梭于奥运赛场和各宾馆之间（续航里程达300多公里，最高速度达140~150 km/h），同时也成为首批获得国家上路许可证的燃料电池汽车，如图1-1（a）所示。

"清能系列"——在"十五"期间，清华大学研制了"清能一号、二号、三号"燃料电池城市客车,已经过三万公里的道路考核试验,其燃料经济性大大优于国际主流车型。在"十一五"期间,清华大学燃料电池城市客车项目组联合多家零部件单位,与北汽福田汽车股份有限公司一起进行科技攻关,成功研制了3辆拥有完全自主知识产权的新一代燃料电池城市客车,并参加了奥运节能与新能源汽车示范运行交车仪式。

"楚天一号"——武汉理工大学与东风汽车公司联手,历时两年,于2004年年底成功研发出以25 kW氢燃料电池作为动力的轿车。之后该车的燃料电池发动机在同济大学国家定点实验平台进行了全面测试,主要性能指标均达到设计要求。

"凤凰"氢燃料电池样车——上海通用泛亚汽车技术中心以GL8公务商用车为原型,研发出一款燃料电池样车。

国家科技部及各地政府十分支持新能源汽车的示范推广。除2008年北京奥运会期间燃料电池汽车的试运行外,2010年世博会期间,上海政府投入1 147辆新能源汽车为游客提供交通服务。其中,园区内纯电动公交客车120辆、超级电容公交客车61辆、燃料电池公交客车6辆、燃料电池观光车100辆(图1-1(b))、纯电动观光车130辆、纯电动场馆车140辆,园区外燃料电池轿车90辆、公交客车150辆、混合动力出租车350辆。这是目前世界上规模最大、种类最多、强度最大、最集中的新能源汽车示范活动。所有的新能源汽车在世博会期间示范运行良好,成功实现了"园区内公共交通零排放,园区外公共交通低排放"的目标。

(a) (b)

图1-1 燃料电池汽车(图中所示车型均由同济大学等单位研发)

我国氢能及燃料电池汽车技术研发工作自2001年国家"863"电动汽车重大专项项目启动以来,通过国内研究单位的协作努力,在技术标准、材料、基础设施、燃料电池堆、整车集成以及其他关键总成技术等方面都取得了阶段性进展。目前国内已有多家企业与联合国发展计划署(UNDP)和全球环境基金

(GEF）合作，开展燃料电池大客车的公交路线试验运行。但目前我国的氢能和燃料电池汽车技术水平仍处于日本、加拿大、美国、德国之后的第二行列，研发工作还需要进一步加强。

1.2 燃料电池汽车的基本结构

燃料电池汽车结构多种多样，可从供给燃料角度和能源配置角度对其进行分类。

1）按主要供给燃料分类

(1) 以氢气为燃料的 FCV。

(2) 以醇类和烃类等重整后产生的氢气为燃料的 FCV。

2）按能源配置模式分类

(1) 纯燃料电池（FC）的 FCV。

(2) 燃料电池与动力电池相混合（FC+B）的 FCV。

(3) 燃料电池与超级电容相混合（FC+C）的 FCV。

(4) 燃料电池与动力电池和超级电容相混合（FC+B+C）的 FCV。

目前，后三种多能源的配置方式是 FCV 的主要配置方式。下面对这三种混合驱动配置方式做简单介绍。

图 1-2 所示为采用"燃料电池+动力电池（FC+B）"配置模式的燃料电池汽车动力系统结构。该燃料电池汽车整车系统主要由整车控制器（包括整车控制单元和能量控制单元）、燃料电池发动机、DC/DC 双向变换器、动力电池系统、辅助系统、驱动系统等模块组成，各个模块之间由电气或机械部件连接形成一个整体。考虑到目前燃料电池系统自身的一些特殊要求，例如在起动时空压机需要供电、电堆需要加热（特别是温度低于冰点以下的工况）、氢气和空气需要加湿等，该模式中的动力电池可以为车辆在行驶过程中提供峰值电流，从而降低对燃料电池功率和动态特性的要求；还可以通过制动能量回馈减少耗氢量，以提高整车效率和行驶里程。目前，该混合驱动模式被较多的燃料电池汽车所采用，本书所阐述的燃料电池整车模型也采用这种模式。

采用"燃料电池+超级电容（FC+C）"配置模式的燃料电池汽车动力系统结构如图 1-3 所示。当车辆起动时，超级电容快速放电，使汽车起动；在正常工作状态下，燃料电池供给汽车所需能量，并利用多余电能给超级电容充电；在车辆加速和上坡时，超级电容与燃料电池同时工作，提供峰值功率；在减速、下坡、制动时，由超级电容吸收制动回馈能量。

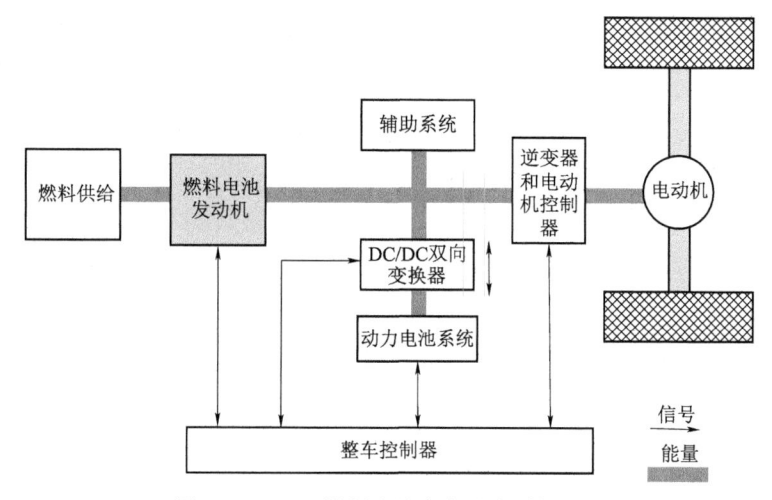

图 1-2　FC+B 燃料电池汽车动力系统结构

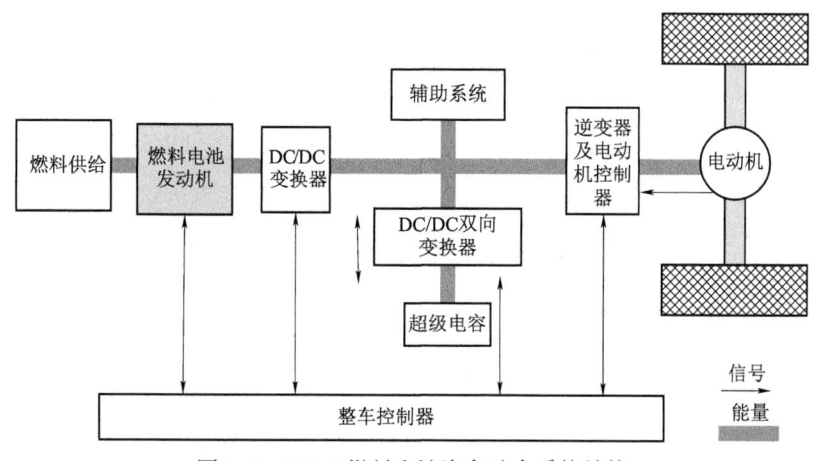

图 1-3　FC+C 燃料电池汽车动力系统结构

由于燃料电池要达到其工作温度需要一定时间，而超级电容放电做功可使燃料电池很快达到工作温度，并同时提供车辆起动所需电能，因此燃料电池和超级电容的组合是较理想的混合动力驱动模式，也是未来混合动力汽车的发展方向之一，尤其适用于轿车和城市公交车。但目前该类混合驱动技术尚处于研究阶段。

图 1-4 所示为采用"燃料电池+动力电池+超级电容（FC+B+C）"配置模式的燃料电池汽车动力系统结构。该系统同时加入了动力电池和超级电容。在混合动

力汽车和纯电动汽车中，要求尽可能多地利用制动回馈能量。目前，通常采用为动力电池充电来吸收制动回馈能量，但动力电池充放电循环次数有限并难以实现短时间大功率充电，从而导致其循环寿命大大缩短，成本增加。而超级电容具有比电解电容高得多的能量密度（比能量）和比动力电池高得多的功率密度（比功率），适合用作短时间功率输出源。此外，因具有比功率高、一次储能多等优点，FC+B+C的配置结构可以大大提高混合动力汽车、纯电动汽车的续驶里程，并能在汽车起动、加速、爬坡时有效改善混合动力汽车的动力特性[3]。但是，由于这种结构过于复杂，对整车控制和参数匹配提出了较大挑战。

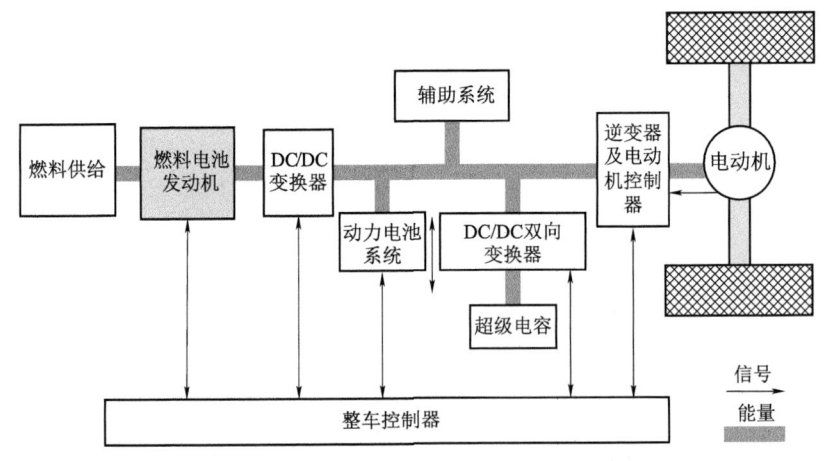

图1-4　FC+B+C燃料电池汽车动力系统结构

1.3　燃料电池汽车的效率

燃料电池汽车是一种节能环保、结构简单、运行平稳、工作效率高的新一代汽车，是未来汽车的发展方向之一，也是当今的研究热点。其关键技术燃料电池发动机所具备的优势，是内燃机所无法媲美的。目前，氢燃料电池的效率大约在60%，甲醇燃料电池的效率是38%~45%，而内燃机的效率仅为30%~40%。图1-5所示为氢燃料电池发动机与目前最先进的喷射汽油发动机及柴油发动机的效率比较。从图中可以看出，当前乘用车的负载率在15%~20%，而公共汽车或卡车则在30%左右。在这种负载率下，无论是喷射汽油发动机或是柴油发动机，其效率都在25%~30%，而使用氢气的燃料电池发动机在这一负载范围内的效率高达50%以上。

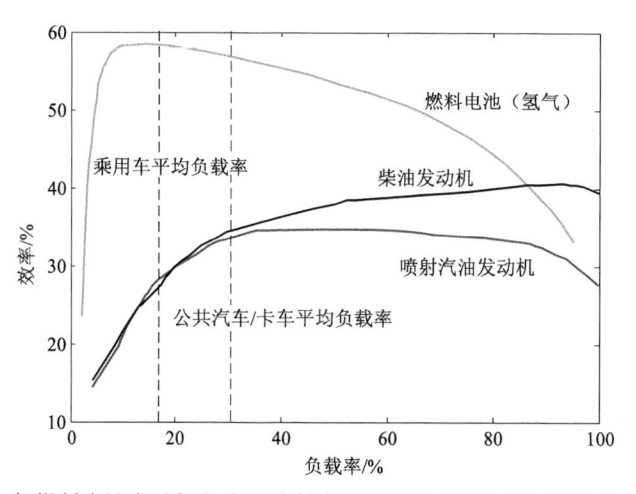

图 1-5　氢燃料电池发动机与先进喷射汽油发动机及柴油发动机的效率比较[4]

图 1-6 所示为燃料电池车辆与传统内燃机车辆从油井到车轮的全效率（well-to-wheel efficiency）比较。从图中可以清楚地看到，无论燃料来自天然气、石油还是其他工业副产品，在扣除燃料重整改质、电力逆变以及电动机传动等损失的情况下，燃料电池车辆的全效率仍有 20%~40%，比传统内燃机车辆高出许多。

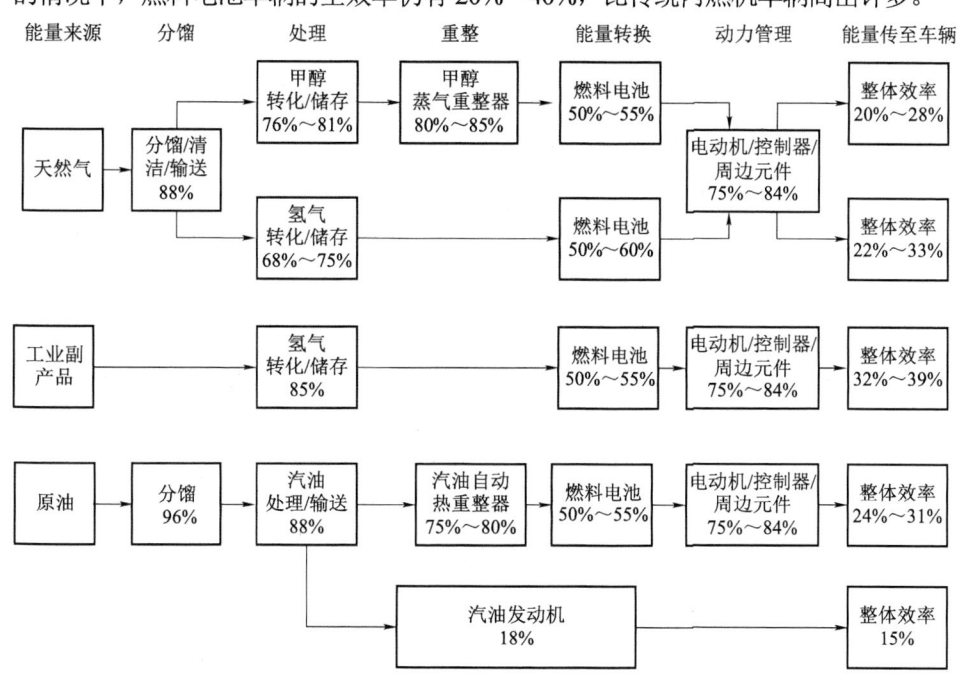

图 1-6　燃料电池车辆与传统内燃机车辆的效率比较[4]

1.4 燃料电池汽车仿真研究

燃料电池汽车整车建模的难点在于燃料电池系统的建模。对燃料电池本身建模方法的研究可分为两种。一种是在电化学、热力学、流体力学等理论的基础上，建立比较复杂的分布参数模型。这种模型的优点是：通过参数设置可以模拟不同燃料电池的动态特性；可模拟燃料电池的内部状态以帮助设计者对燃料电池展开进一步优化。其缺点是模型复杂，不直观，运算速度慢。另一种则采用经验模型，此类模型以能量守恒理论和实验数据为基础，从系统的角度分析燃料电池的工作特性，更为贴近工程应用。但该模型中存在大量的待定参数和表格，因此建模需要较耗时的实验测试。本书以工程实验为基础，采用第二种方法，建立可用于整车仿真的非线性燃料电池模型。

在比较和优化设计方案、测试各种控制策略的实际效果时，实车实验的方法不仅需要耗费大量的人力、物力和财力，而且延长了设计周期。另外，对于燃料电池汽车的研发，很多厂家尚处于起步阶段，具有知识积累较少、研发人才相对稀缺（与传统汽车相比）、投资风险较大和资金回报周期较长等不足。燃料电池汽车整车仿真旨在仿真分析燃料电池系统乃至整个汽车动力系统的工作情况，进而根据仿真结果优化整车系统。在燃料电池汽车前期研发过程中，采用仿真研究的方法能大大提高燃料电池汽车设计的前瞻能力，有效缩短产品开发周期和降低研发成本。

按照仿真过程中控制信号与能量流的传递路径，可将仿真结构划分为两大类：后向仿真与前向仿真[5]（图1-7）。

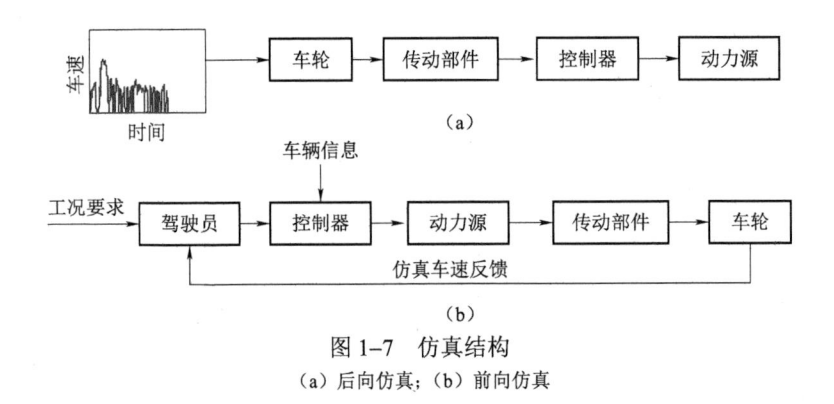

图 1-7 仿真结构
（a）后向仿真；（b）前向仿真

后向仿真从系统需求出发，假定车辆按指定工况行驶。在这种仿真结构中，整车行驶所需驱动力矩按照工况要求的车速进行实时计算，传递计算方向与实际转矩传递路线相反；控制器则根据制定的能量管理策略，将整车需求功率进行相应分配，以需求值的形式传递给各动力源，从而实现对整车的控制。

前向仿真结构中引入驾驶员模型，其功能在于可根据工况需求车速与仿真所得车速来实时调整加速和制动踏板的开度，从而使控制器按驾驶员的意图进行能量管理与分配。在仿真过程中，驾驶员对踏板的调整通常是以转矩的形式体现的。控制器按照驾驶员需求计算出驱动装置应提供的转矩或功率，并决定相关部件的工作状态，然后发送控制指令至相应部件，从而实现对整车的控制。整个仿真系统中的控制信号与能量流完全遵照与实车相同的传递路线，即从驱动装置到传动部件，最后到达车轮。

虽然后向仿真未考虑驾驶员的意图，但它在计算过程中大量采用了数据查表的简化计算方法，忽略了传动系统实际的瞬态变化过程，进而大大降低了对积分运算的要求，故仿真速度较快。而后向仿真最大的不足在于，仿真一开始就假定车辆能够达到和满足行驶工况的需求。因此，此方法尤其不适于整车动力性的计算。例如，在计算最高车速或加速能力时，一旦所需求的最大车速或加速能力超出了车辆本身的实际能力，则往往会在反复迭代的过程中导致计算错误。同时，后向仿真结构也不适于整车控制策略的开发与调试。

前向仿真结构与实际系统结构类似，结构中各单元如控制器和部件的动、静态参数在运行前需预设，控制信号的生成与传递方式、传动部件的输出扭矩特性等直接影响仿真结果。因此，这种仿真结构更利于高效地进行整车控制器的开发和测试。由于具有这种优势，在前向仿真结构中可以建立包括离合器和变速器等非线性环节在内的传动系统动态过程模型。另外，在前向仿真结构中进行整车动力性的计算也相对容易，只需将加速踏板开度值设置为最大即可。前向仿真结构涉及车速以及相关传动部件动态变化过程的计算，因而对积分运算提出了较高要求；为了提高仿真的精度与准确度，通常需减小仿真步长，所以仿真速度较慢，且仿真过程中需保存的数据量大大增加。当循环工况时间大于 10 min 时，这一不足表现得尤为明显。

鉴于后向仿真与前向仿真各自的特点，在燃料电池汽车设计过程中，后向仿真一般被用于初期的系统预估，即对所需开发的燃料电池汽车整车结构及相应的控制策略作初步的筛选与评估；前向仿真则用于实车系统联调前的开发过程，通过对已选定的部件进行精细设计和动态模拟，在寻求并优化与之匹配的整车控制策略的原则指导下，适当改进相应部件的设计参数，以达到整车性能满足设计要求的目的。

随着电动汽车建模技术的不断发展,许多研究机构和公司都推出了自己的仿真软件,如表 1-1 所示,近几年常用的主要有 ADVISOR、PAST、FCVSim、Cruise、LFM 等。由于篇幅限制,本书不再对其他软件一一进行介绍,下面简单介绍 ADVISOR 软件。

表 1-1　电动汽车仿真软件介绍[6]

软件名称	开发单位	系统平台	开发软件	年份
SIMPLE 3.0	Idaho 国家工程实验室	DOS	Qbasic	1995
CarSim 2.5.4	Aero Vironment 公司	Apple/Machintosh	—	1995
HVEC	Lawrence Livermore 国家实验室	—	—	1995
CSM HEV	Colorado 矿业学校	Windows	MATLAB/Simulink	1996
V-Elph	Texas A&M 大学	Windows	MATLAB/Simulink	1997
MARVEL	Argonne 国家实验室	IBM PC	PL/1	—
ADVISOR 2002	可再生能源实验室	Windows	MATLAB/Simulink	2002
PSAT 5.1	Argonne 国家实验室	Windows	MATLAB/Simulink	2003
HEVSim	Opal-RT 技术公司	Windows	MATLAB/Simulink	2003
EVSim	香港大学	Windows	MATLAB/Simulink	2002
Cruise 2008	奥地利 AVL 公司	Windows	—	2008

ADVISOR 是基于 MATLAB/Simulink 环境开发的高级车辆仿真软件,是目前世界上可免费下载和用户数量最多的汽车仿真软件。该软件从 1994 年 11 月开始进行开发和使用,最初用来帮助美国能源部(DOE)开发某项混合动力汽车的动力系统,随后其功能逐渐扩展,现可对传统汽车、纯电动汽车和混合动力汽车的各种性能作快速分析。2003 年,ADVISOR 软件被奥地利的李斯特内燃机及测试设备公司(简称"AVL 公司")收购,收购前最新的一个免费版本是 ADVISOR 2002。

ADVISOR 建模软件基于模块化的设计思想,采用后向仿真为主、前向仿真为辅的混合仿真方法,兼顾了运算速度和仿真精度。同时,它提供方便的应用程序接口，可配合其他多种软件进行联合仿真。但 ADVISOR 的缺点也比较明显：准静态的部件模型使其不能精确到 1/10 s 以内，同时该软件也不能仿真机械振动、电磁振荡等动态特性。

2000 年，Ogburn 和 Nelson 等[106]运用 ADVISOR 软件建立了五座位燃料电池轿车的模型，采用 EPA 城市行驶循环和高速公路行驶循环进行仿真，并根据实际车辆的运行结果验证了该模型的正确性。2004 年，Maxoulis 和 Tsinoglou 等[107]将一个已有的半经验半机理模型嵌入 ADVISOR 中，使得燃料电池模型可以运行在不同的行驶工况中，并考虑了电堆温度的变化。用户可以通过改变电堆最大功率、催化活性及流道中水浓度等参数来观察特定车辆的运行情况。Haraldsson 和 Alvfors 等[108]在 ADVISOR 中建立了车用 PEMFC 电堆模型，并分析了周围环境的变化（如纬度、环境温度、相对湿度等）对电堆性能的影响。

尽管已经出现上述针对燃料电池汽车整车仿真的软件，但是截至目前尚无一款软件能实现通用化。国内外各研究单位一般是基于 MATLAB/Simulink 软件搭建适合自身研发需要的仿真平台。本书正是针对此问题向读者介绍一种基于 MATLAB/Simulink 软件的燃料电池汽车整车仿真平台。

1.5 仿真系统模型顶层图介绍

燃料电池汽车整车系统是一个由多个相互关联的子系统组合而成的大系统。从大系统控制最基本的设计原则——"分解"与"协调"出发，采用分层递阶控制设计方案，如图 1-8 所示。从图中可以看出，每一个过程装置（如电动机系统、DC/DC 系统、燃料电池系统、动力电池系统等）都有一个相对独立的对应的控制器，这样在控制器的实现和设计上都比较简便。这些控制器同时又都受控于 ECU（Energy Control Unit）和 VCU（Vehicle Control Unit）这两大控制模块，它们根据驾驶员模型的输出信号（转矩需求）对底层各子控制器进行任务协调和分配。实际上，这种分层递阶控制的思想在工业过程控制中应用广泛，详细内容可参看相关书籍[7]。

上述整车系统拓扑结构中的控制器模块主要包括针对相应控制对象的控制策略模型和信号测量及传递模型。控制对象模块主要描述相应对象的动态或静态特性，控制器和控制对象在逻辑上的关系如图 1-9 所示。显然，与传统的控制系统拓扑结构相比，本书所采用的控制器模型实际上包含了反馈传递函数（传感器）和控制器传递函数（控制策略）两部分。在仿真系统中，传感器的动态特性常可以简化成惯性环节或比例环节，这样可以减少整车系统顶层图中的子模块，从而有利于抓住问题的本质。

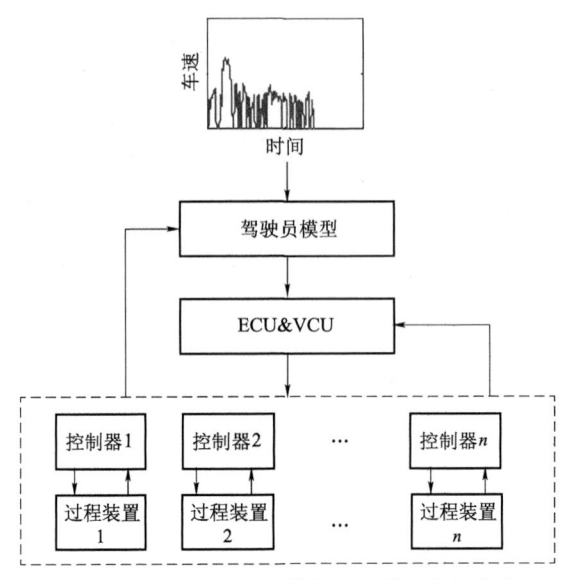

图 1-8 燃料电池汽车整车分层递阶控制结构

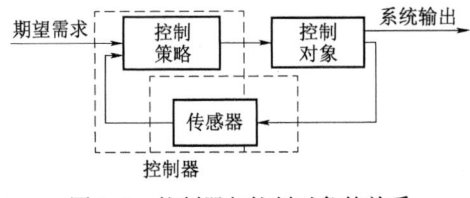

图 1-9 控制器与控制对象的关系

根据上述思想，建立具体的燃料电池汽车整车系统模型顶层拓扑结构，如图1-10所示。从图中可以看出，该模型引入三总线（CAN测量总线、CAN总线和物理总线）和数据处理模块以提高程序的可读性和可维护性。

其中，CAN测量总线主要传递从控制对象中测量得到的信号（包括经过处理的信号），CAN总线则包括CAN测量总线信号和经过VCU及ECU处理的对每个底层控制器的期望需求信号；数据处理模块则主要用来提取整车系统在仿真过程中的一些信息，其中有些可能直接来自系统内部或者系统输出，有些则可能是对原始信号进行加工处理后的信息。

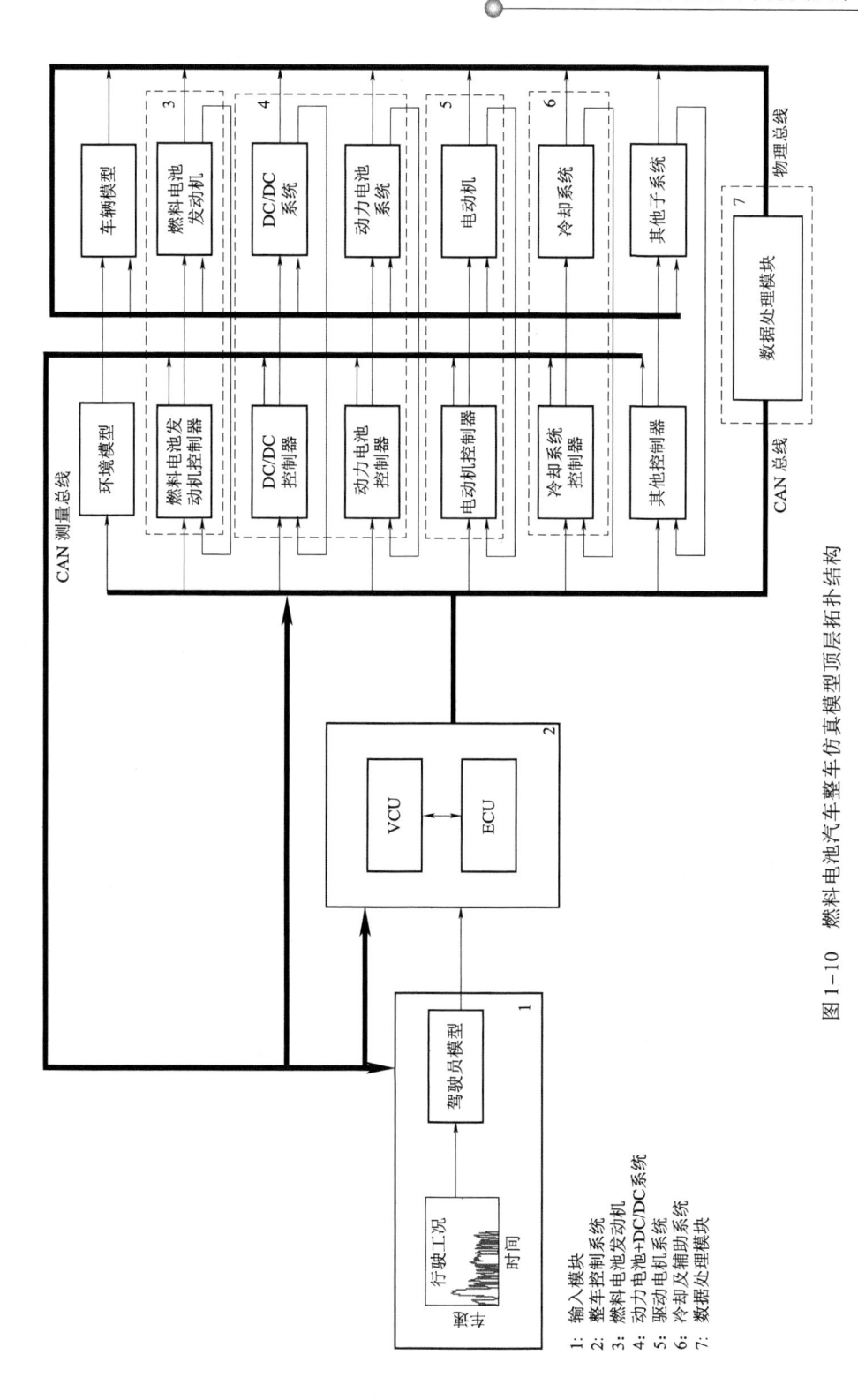

第1章 燃料电池汽车仿真技术

图1-10 燃料电池汽车整车仿真模型顶层拓扑结构

1：输入模块
2：整车控制系统
3：燃料电池发动机
4：动力电池+DC/DC系统
5：驱动电机系统
6：冷却及辅助系统
7：数据处理模块

第 2 章

整车控制系统

　　整车控制系统的关键部分是能量控制单元（ECU）和整车控制单元（VCU）。新能源汽车在结构配置上与传统汽车最大的区别在于：新能源汽车往往有多个能量源，如燃料电池汽车就包含燃料电池发动机和动力电池两个能量源，均能为车辆提供动力。能量控制单元的作用就是控制各个能量源的能量流向，根据车辆的行驶状况，ECU 决定是由燃料电池发动机还是由动力电池为车辆提供动力，从而尽可能使燃料电池发动机工作在高效率区间，这便是燃料电池汽车整车效率高于传统车辆的关键。整车控制单元则相当于整个车辆的大脑，主要负责与各个子系统控制单元进行通信，对各个系统进行监控和协调，根据驾驶员输入和系统的运行状态信号进行控制决策和计算，向能量控制单元输出控制指令。

　　另外，本章对于燃料电池汽车正常运行的外部相关因素进行了必要的介绍和建模，包括典型行驶工况、驾驶员模型和环境模型等，同时还建立了车辆模型。本章主要内容包括车辆典型行驶工况介绍、驾驶员模型建模、车辆运行环境模型建模、整车模型建模和能量控制单元及其策略和整车控制单元及其策略，涉及整个燃料电池汽车模型中的三个模块，即输入模块（行驶工况模型和驾驶员模型）、整车控制模块（ECU 和 VCU）、环境和车辆模块。

燃料电池汽车整车仿真模型顶层拓扑结构参见图 1-10。

2.1 典型行驶工况

当前，世界范围内车辆排放测试用行驶工况可分成三组：美国行驶工况（USDC）、新欧洲行驶工况（NEDC）和日本行驶工况（JDC）。以美国 FTP（Federal Test Program）为代表的瞬态工况（FTP72）和以欧洲 ECE（Economic Commission for Europe）为代表的模态工况（NEDC）也为世界各国所采用，如图 2-1 所示。另外，从使用上来分，又可以分为研究用、认证用和行车用的行驶工况。目前，世界各国广泛采用的行驶工况主要来自汽车工业发达的国家，同时这些国家仍在不断地对车辆行驶工况进行修正和补充。

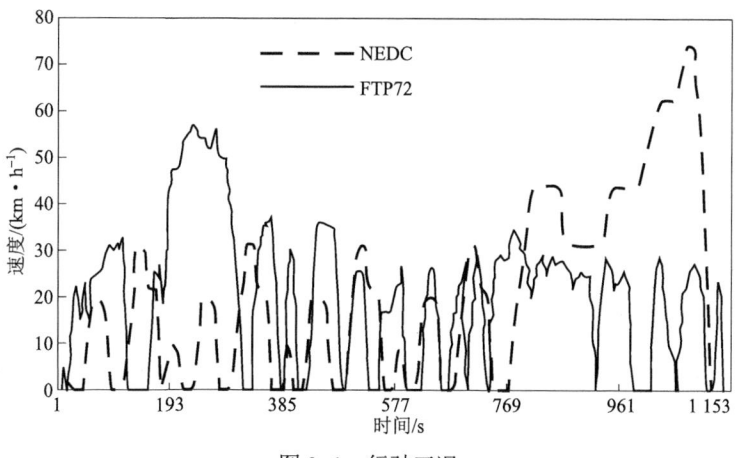

图 2-1 行驶工况

2.1.1 美国行驶工况

美国行驶工况种类繁多，用途各异，大致包括认证用（FTP 系）、研究用（WVU 系）和短工况用（I/M 系）三大体系，广为熟知的有联邦测试程序（FTP75）、洛杉矶 92（LA92）和负荷模拟（IM240）等行驶工况。

1. 乘用车和轻型载货汽车用行驶工况

20 世纪 60 年代，人们上下班使用汽车所排放的废气使美国加州洛杉矶出现了烟雾空气。为改善这种状况，需要减少汽车废气排放量。经过研究，从一条具有代表性的汽车上下班路线上归纳出车辆的速度-时间曲线，在 1972 年被美国环保局（简称 EPA）用作认证车辆排放的测试程序（简称 FTP72，又称为

UDDS）。按照这种程序来控制车辆排放，被认为考虑了最严格的情形。FTP72 由冷起动阶段（0～505 s）和瞬态阶段（506～1 370 s）构成。1975 年，在 FTP72 基础上加上 600 s 构成了 FTP75 工况（图 2-2）。该工况持续时间为 2 475 s，最高速度为 91.2 km/h，平均速度为 31.4 km/h，同时可用于车辆热起动排放的检验。

交通网络的发展催生了许多主干线和高速公路，车辆高速运行时间在出行时间中所占的比例越来越大，发动机三种主要有害物的排放特征也随之发生改变。针对新的情况，EPA 发布了许多能够更加真实地反映交通状况的循环，如主要针对高速公路行驶车辆的高速工况（Highway Cycle）、反映主干线和高速公路真实行驶工况的 US06、考虑了车辆开空调满负荷运行时的 SC03 等。这些工况是 FTP 的补充工况，形成了 SFTP（Supplement FTP），并应用于 2001 年以后生产的车型的排放测试。针对日益增加的高速行驶工况，EPA 开发了乘用车高速公路行驶的燃油经济性测试循环（HWFET）。另外，EPA 还制定了可变坡度的循环 HWFET–MTN、专用于车辆维修检查的测试循环 IM240 和纽约城市工况（NYCC）等。除了上述工况外，尚有以下几个用于特殊测试的工况。

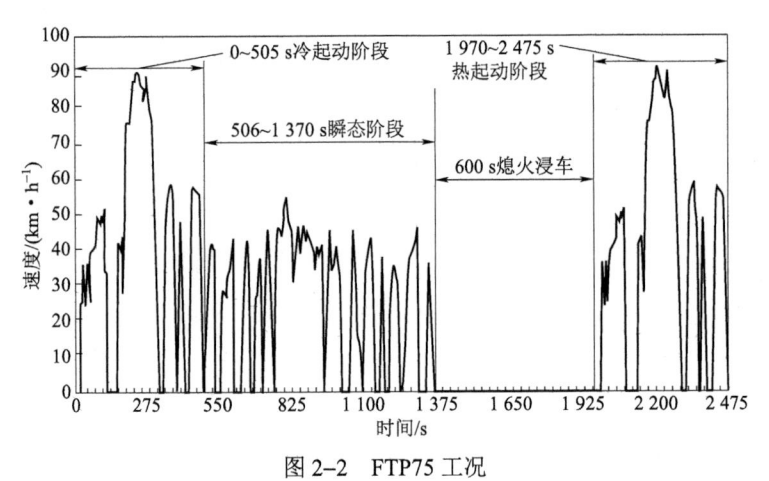

图 2-2 FTP75 工况

（1）LA92：具有更高的最大速度和平均速度、较少的怠速运行时间和停车次数/英里以及更高的最大加速度，用于交通较通畅的大城市的汽车排放和油耗测试。

（2）ARB02：加州环保署开发的发动机运行工况，用于测试车辆行驶在 FTP72 工况之外时发动机实际的油耗和排放，该工况包括冷起动阶段和行程结束阶段。

（3）HL07EPA：EPA 与汽车公司共同开发的发动机运行工况，主要用于测试较高速度情况下车辆的加速性。因为大多数车辆在较高速度下加速，其油门必须全开，所以这种工况可用于汽车的研发。

（4）未被 FTP 循环涵盖的一些更具针对性的工况循环。如表征驾驶行为的 REP05 工况和用于细致分析起动过程瞬态变化的 REM01 循环。

2. 重型车用行驶工况

美国 SAE J1376 标准中提供了一套测试重型车辆（大卡车和大巴士）燃油经济性的操作规程，包括长途、短途和商业中心区域行驶工况以及这三种工况的组合循环工况下的各种测试条件。例如，CBD14 是商业中心区域车辆测试循环，运用 14 个相同的循环模拟公交车停车-运行的驾驶模式。CBD14 近似于 CBDBUS 循环，但是时间步长可变。其他还有用于货车的 CBDTRUCK 循环、城郊通勤往返测试的 COMMUTER 循环。

比较著名的还有市内测功机测试循环（UD-DSHDV），它模拟重型汽油机市内区域的运行，时长为 1 060 s，其中 33%为怠速，平均速度为 30.4 km/h，并用于燃油蒸发排放测试。纽约城市循环（NYCC）更是代表了市内区域道路大型车辆的运动工况。它们作为 FTP 标准工况被广泛应用。

为了评价公交车的排放效果，美国西弗吉尼亚大学（WVU）通过对纽约市曼哈顿区几条不同的繁忙运行路线上行驶的混合动力和常规动力公交车进行统计调查，开发了一组含 10 个短行程的循环，短行程之间怠速时段为 19 s；为满足足够的能源消耗测试，将短行程数目增加至 20 个，作为常规动力重型车辆（货车和公交车）的 NewYorkBus 工况。此外，还研究了代表重型车道路测试数据复合行驶工况 CSHVR，由各种不同行程组成的复合行驶工况，如市区（WVUCITY）、郊区（WVUSUB）和洲际（WVUINTER）工况等。

除了用于底盘测功机的工况外，对于重型车辆，还有用于发动机台架上的代表性工况，它用由发动机转速和转矩计算的车辆特性（最大功率比率、最大转矩）来描述。

2.1.2 欧洲行驶工况

由于地域关系，欧洲各国之间经济、交通等联系密切，这为欧洲各国制定共同的排放控制法规提供了有利条件。欧洲国家排放控制法规始于1970年，到1972年开始实行欧洲统一的工况试验法，1974年出现了欧洲的综合法规，即联合国欧洲经济委员会的ECER15,之后经过一系列的完善和修改,在1984年修订为ECER15.04。我国在排放测试规程制定中参考了欧洲工况。

在欧洲,为研究适合欧洲交通状况的循环,研究人员系统地比较了各种已有的用于测量和控制排放的程序(欧洲、日本和美国)和技术(采样和分析装备等),以及各种不同车辆的实际行驶工况。依据道路拥挤程度或流量大小,按不同道路区域(如市区、郊区和高速公路)并根据平均速度、加速度的多种层级归类,在相应的标准结构下欧洲制定了各种不同用途的标准循环工况。

用于在底盘测功机上认证轻型车排放的EDC,在欧洲又称为MVEG-A,现发展成为新EDC(NEDC)。在该循环里,局部循环速度是恒定的,是一种稳态工况,包括市内工况(ECE15)、市郊工况(EUDC)和市郊低功率工况(EUDCL)。ECE15是一个包括4个具有代表性的市区驾驶状况的工况循环(Urban DC),具有低速、低负荷和低排气温度的特性。随着车辆城郊运行比例的增加,1992年开发了代表高速行驶工况的EUDC或EUDC-LOW片段,在ECE15基础上增加了1个EUDC或EUDC-LOW,就构成现在大家熟悉的ECE+EUDC。其中,第一部分代表传统城市道路行驶工况,由15种行驶方式组合而成,测试时间持续780 s,总行驶里程为4.052 km,平均车速为18.7 km/h;第二部分为一个附加的市郊行驶工况,测试时间为400 s,行驶里程为6.955 km,平均车速为62.6 km/h,最高车速为120 km/h。欧Ⅱ排放法规在2000年之前实际应用时,工况不计0~40 s的发动机运行阶段,欧Ⅲ/欧Ⅳ排放法规更加严格控制车辆排放(考核发动机冷起动排放),排放采样和发动机运行循环同步,所以标准循环采用完整的发动机运行过程,即之前提及的新欧洲行驶循环工况NEDC,其持续时间为1 220 s,平均速度为32.12 km/h,最大加速度为1.06 m/s²。

欧洲ECER15.04行驶循环考虑了这种差异,如该工况的行驶距离和平均速度针对手动挡汽车和自动挡汽车分别设置为4.06 km和18.7 km/h,3.98 km和18.4 km/h。

分析欧洲标准循环的速度-时间曲线可以发现,其稳定速度段的比例过高,驾驶工况分布不合理(如平均行驶工况持续时间短而中心市区行驶工况持续时间长等),平均加速度偏低,ECE循环已不符合目前的中心市区行驶状态。总之,这种循环存在相当的局限性。

当欧洲循环被认为不充分时,研究人员认为FTP72循环能相对较好地满足欧洲城市的平均交通状况。主要原因是:NEDC属于模态循环,并不能代表真实的驾驶状况。出于开发新型动力车辆的需要，欧洲基于 BRITE-EURAM HYZEM 项目开发了一组称为 HYZEM 循环[1]的实际行驶工况，它属于瞬时循环。HYZEM 循环包含了市内循环、市郊循环和高速循环，基于贯穿欧洲的城市道路和对 89 部车辆真实驾驶模式记录的数据库，因此，它比标准的欧洲循环更能代表实际驾驶条件。相对于模态循环，其稳定速度部分要少很多，平均速度 40.4 km/h，停车次数 0.69 次/km，平均加速度 0.71 m/s²，最大加速度 1.3 m/s²。HYZEM 循环或许因在 1997 年以后才出现，尚未被官方采用，但已被应用于许多研发工作。

2.1.3 日本行驶工况

与欧洲行驶工况相似，日本行驶工况也属于模态工况。在 1976 年之前，日本一直采用 Japan10 工况（10 mode）。Japan10 工况相当于车辆在城市中心的行驶状况，车辆在进行 Japan10 工况试验之前，需要进行热车，即车辆以不低于 40 km/h 的速度行驶不少于 15 min，重复 6 次，对后 5 次取样，即所谓热起动。1976 年以后，由于城市结构、交通流量等的变化，日本开始对 Japan10 工况加以修改，采用 11 工况，从冷起动开始，重复 4 次循环，对全过程采样，行驶距离和平均速度分别为 4.08 km 和 30.6 km/h。1991 年 11 月，采用了 J10.15 工况，它由 4 个 10 工况和 1 个 15 工况构成（图 2-3）。虽然 J10.15 工况并未成为国际工况，但是在日本被广泛应用。日本坚持使用自己的工况（世界其他各国或采用欧洲工况或采用美国工况），主要是该工况与欧洲、美国的认证行驶工况具有良好的相关性。近年来，随着交通状况的改变，日本也在开发新的标准工况（如 CD3），开发方法和最终的表现形式均有所变化。

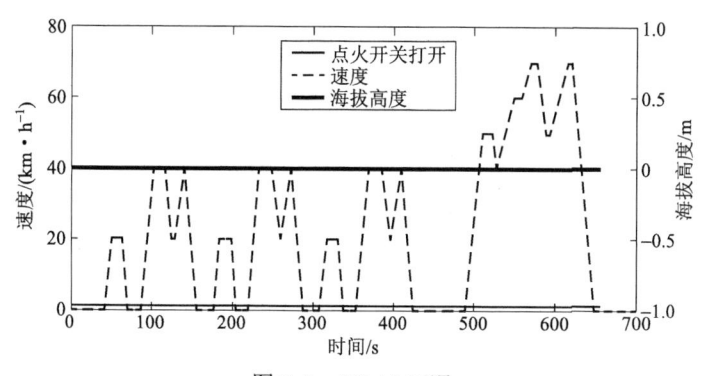

图 2-3 J10.15 工况

2.1.4 其他行驶工况

由于各城市有着不同的道路特征、交通流量分布等，其实际行驶工况和标准行驶工况有所差异，而且实际行驶工况对车辆的影响要比认证工况在排放、燃油消耗等方面严重一些，因此，除了上述三种为世界先进国家广为采用的车辆行驶工况外，尚有许多地方型或城市型的代表性车辆行驶工况的研究和应用。这类行驶工况被称为实际工况，实际工况为瞬态工况。如 1978 年开发的澳洲雪梨行驶工况、1982 年开发的墨尔本行驶工况、1989 年开发的法国行驶工况、日本的大城市（东京、大阪）通过以对象千线道为中心调查后制作的各自独有的行驶工况、纽约城市工况、纽约公交车工况（图2-4）等。据统计，用于各种不同用途的工况大约有 70 种，这些工况极大地促进和丰富了车辆的设计与开发。

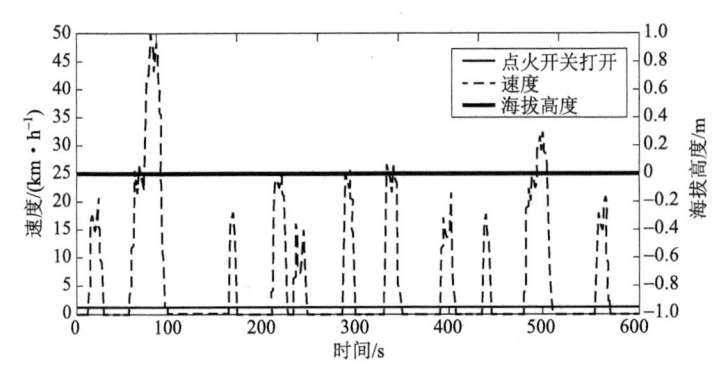

图 2-4　纽约公交车工况

2.1.5 国内车辆行驶工况的研究

我国 2007 年 7 月 1 日以前实行的是 GB 18352.2—2001《轻型汽车污染物排放限值及测量方法（Ⅱ）》（简称"国 2 标准"）。以后的国 3 至国 5 标准、GB/T 18386—2005《电动汽车能量消耗率和续驶里程试验方法》和 GB/T 12545.1—2001《乘用车燃料消耗量试验方法》都是基于之前提及的欧洲市内工况 ECE15 制定的。

在开发和研究方面，上海市环境保护科学研究院在 1994 年曾建立了一个简单的上海典型工况。在 1996—1998 年，中国环境科学研究院用两年多的时间进行过中国城市汽车行驶工况和污染物排放系数测定的研究。近年来，中国环境科学研究院、中国汽车技术研究中心、深圳环保研究所、重庆汽车研究所等科研单位以及清华大学、天津大学、北京理工大学等高校在一些经济发达、环保要求高的城市，如北京、天津、大连、广州、深圳、香港等进行了这方面的研究工作，形成了各自的实际行驶工况，并取得了一定的成果，为这方面的后续研究积累了一定的经验。

2.2 驾驶员模型

2.2.1 驾驶员模型介绍

汽车驾驶员模型是人—车—环境系统中的一个重要研究内容。在智能车辆的研究中，建立合适的驾驶员模型是人—车—路三者构成的闭环系统研究的重要环节之一。驾驶员模型用于及时处理对路况和车况的感知信息并传递相应的控制信号给车辆的控制和执行机构以实现自动驾驶。同时，驾驶员模型还用于汽车的某些性能测试中，能消除人的疲劳等主观因素的影响。驾驶员模型的广泛应用促使很多学者对其展开深入的研究。

众所周知，人是一个非常复杂的大系统，具有很强的随机性、自适应性、离散性和时变性，如何用较准确的数学模型对人的行为进行描述是驾驶员模型要解决的首要问题。要建立一个描述任何人在任何环境下的精确数学模型，可以说是十分困难或根本不可能的。但是应当看到，人作为自然界最有灵性的动物，其行为具有很强的目的性，其活动通常受到社会的或个人的行为规范等方面的制约，受到空间客观条件的约束，因此，人的行为具有某种可预示或遵守某种规律的特征。

在驾驶员模型研究中，驾驶员的行为受到更加苛刻的环境和操纵准则等方面的限制，而那些能够反映驾驶员行为特征的一般性规律才是我们最感兴趣，也是对工程设计最有意义的。由此可见，在充分认识人的行为特征的基础上，用一定的数学理论来描述驾驶员在特定条件下的行为规律是完全可行且可能的。

通过对由驾驶员和车辆组成的系统进行分析，可以将驾驶员任务归纳成两种，即补偿操纵和跟踪操纵，如图 2-5 和图 2-6 所示。图中 i(t) 为外界输入信号（如目标运动量）。o(t) 为车辆系统的动态响应，驾驶员根据状态显示器显示的信息进行操纵决策分析，然后输出控制量 u(t) 对车辆系统实施控制。跟踪和补偿是根据提供给驾驶员的有效信息量来区别的。跟踪操作除需要误差信息外还要有运动参考量，显然跟踪与补偿相比情况更为复杂。

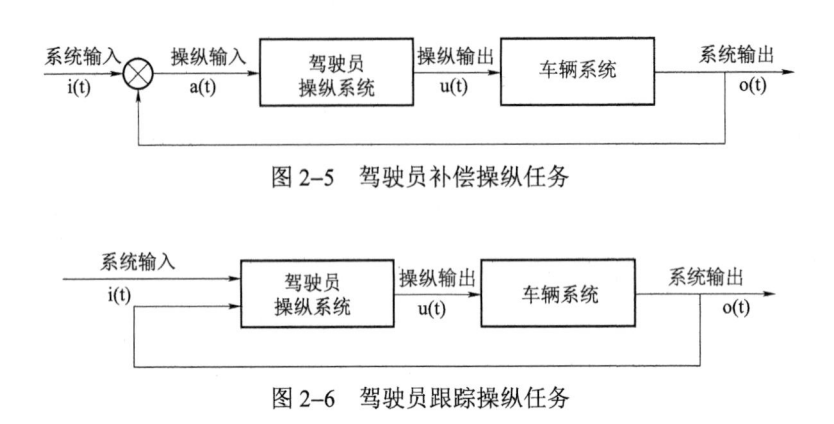

图 2-5　驾驶员补偿操纵任务

图 2-6　驾驶员跟踪操纵任务

2.2.2　驾驶员模型建模介绍

驾驶员模型随着控制理论的发展而不断发展和完善，目前主要有三大类模型：

（1）基于经典控制理论描述的驾驶员结构模型；

（2）应用现代控制理论描述的驾驶员最优控制模型；

（3）应用模糊控制理论描述的驾驶员模糊控制模型。

1. 驾驶员结构模型

在三类模型中，历史最悠久的要数结构模型，它的最早研究者Tustin在1947年提出了用带有"残差项"的线性传递函数来描述人的操纵行为。该结构模型本质上是一个速度反馈环节，即驾驶员模型输出正比于系统速度的反馈量。在以上研究的基础上，不少学者还对该结构模型进行了进一步的扩展，使其可适用于驾驶员具有预瞄控制功能的情况，同时还研究了结构模型的自适应性能。

2. 驾驶员最优控制模型

在过去几十年中，人机理论应用的成就之一是借助现代控制方法较为有效地描述了人的驾驶操纵行为。最优控制模型就是基于随机控制理论、人工智能和大量实验数据获得的驾驶员行为模型。最优控制模型把驾驶员看成一个最优控制器，在各种输入和干扰作用下，使某种形式的二次型性能指标达到最小，它在精确描述驾驶员动态响应方面非常成功。

3. 驾驶员模糊控制模型

模糊控制是以模糊集合论、模糊语言变量及模糊逻辑推理为基础的一种控制方法，属于非线性智能控制的范畴，是智能控制的一个重要分支。其优点在于：不需知道被控对象的精确数学模型；鲁棒性强，适于解决过程控制中的非线性、强耦合、时变、滞后等问题。驾驶员模糊控制模型便是用模糊控制方法描述驾驶员的操纵行为，其中包含了大量典型情况下的经验信息。

2.2.3 驾驶员模型建模

在工程实际中，应用最为广泛的调节器控制规律为比例、积分、微分控制，简称 PID 控制，又称 PID 调节。当被控对象的结构和参数未知或其数学模型不精确导致无法实施控制行为时，系统控制器的结构和参数必须依靠经验和现场调试来确定，这时应用 PID 控制技术最为方便。即当人们不完全了解一个系统和被控对象，或不能通过有效的测量手段来获得系统参数时，最适合用 PID 控制技术。PID 控制器（实际中也有 PI 和 PD 控制器）就是根据系统的误差，利用比例、积分、微分计算出控制量进行控制的。

在本书的模型中，采用的是抗积分饱和的 PID 模型方法。根据工况模型中输出的参考车速和汽车实测车速之间的误差，来确定一个合适的转矩输出。一方面，车速误差可以乘以比例系数进行调节，即比例环节；同时，加速度也可以通过乘以比例系数来进行调节，即微分环节；另外，对车速误差进行积分调节也能够很好地对输出进行控制。将上述 3 个环节组合起来就构成了本模型中的驾驶员 PID 控制模型。

模型的输入输出关系：输入是驾驶工况模型中输出的参考车速（v_ref）以及 CAN 总线发送的实测车速（v_m），输出是驾驶员参考扭矩（M_ref），如图 2-7 所示。

图 2-7 驾驶员模型框图

输入的参考车速 v_{ref} 与实测车速 v_m 间的差为 Δv，即

$$\Delta v = v_{ref} - v_m \tag{2.1}$$

输出参考转矩为 M_{ref}：

$$M_{ref} = f(v_{ref}, v_m, P_{drv}) = k_p \Delta v + M_i + k_d \frac{dv_m}{dt} \tag{2.2}$$

其中，$\dot{M}_i = k_i(\Delta v - k_{arw} M_i)$，$M_i$ 为初始转矩量。

式（2.1）和式（2.2）中，对参考车速 v_{ref} 与实测车速 v_m 间的差 Δv 运用 PID 控制得出输出参考转矩 M_{ref}。P_{drv} 包括 4 个参数（k_p, k_i, k_d, k_{arw}），这 4 个参数的值根据行驶方式或具体行驶路况要求来确定。另外，本模块其实是一个 PID 驾驶员模型，但同时考虑到积分抗饱和特性，故引入 $\dot{M}_i = k_i(\Delta v - k_{arw}M_i)$，而不是采用传统的 $\dot{M}_i = k_i \Delta v$。

根据上述输入与输出的关系，建立驾驶员模型如图 2-8 所示。其中 Speed Reference 为输入参考车速，CAN In 为实测车速，Torque Reference 为输出的参考转矩。

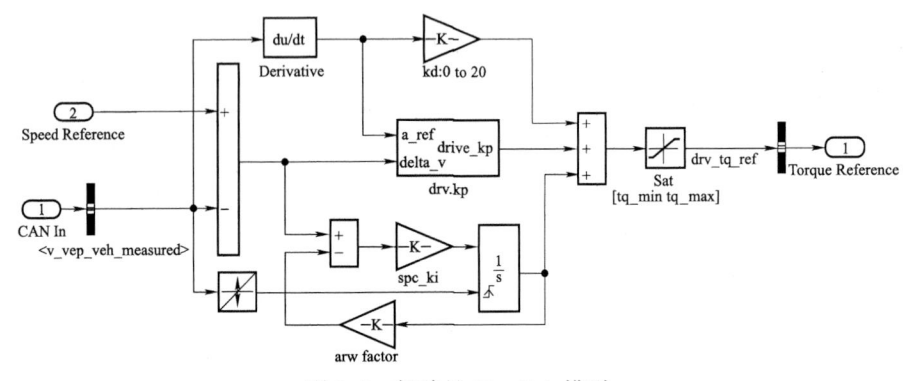

图 2-8 驾驶员 Simulink 模型

drv.kp 子模块如图 2-9 所示。

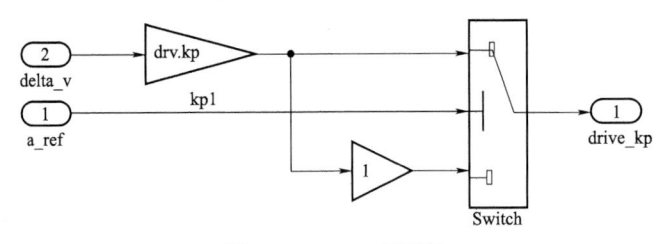

图 2-9 drv.kp 子模块

PID 模型中的参数整定是模型设计的核心内容。它是根据被控过程的特性来整定 PID 模型中的参数。由于在实际仿真过程中总会根据工况和实际需求给出速度波动界限（图 2-10），因此可以利用一般 PID 整定方法，通过调节模型的各个系数 k_p, k_i, k_d, k_{arw}（详细方法可参考经典控制论）使输出的参考模型在理想的期望范围内。

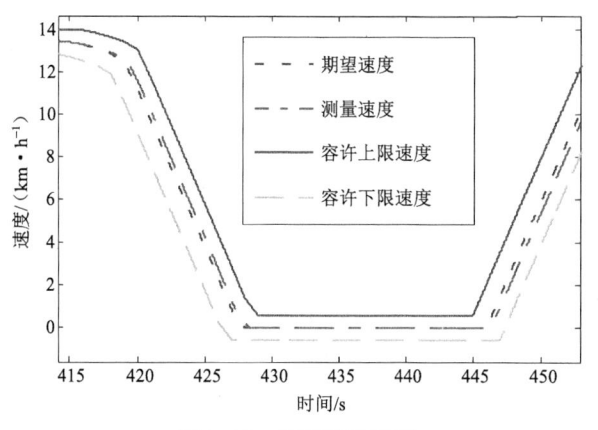

图 2-10 速度波动界限

2.3 车辆运行环境模型

2.3.1 车辆运行环境模型介绍

车辆运行环境是车辆行驶时所处的自然环境，包括大气环境、路面环境等方面。建立车辆的运行环境模型要从车辆所处的大气环境和路面环境等信息中提取对建立车辆运动方程有效的信息，如环境温度、环境压力、路面坡度等，这些都直接与车辆的纵向力有关。而空气湿度、车辆所处的方位等信息虽然也是车辆的运行环境，但是与车辆的纵向运动方程无关，因此在本模型中对这些信息不作考虑。

通过筛选比较，可以选取以下几个与车辆纵向运动方程有关的变量进行建模，即车辆位移、海拔高度、道路环境温度和道路环境气压。在 t 时刻，上述变量的计算公式为：

位移：

$$D(t) = 0.001 \int_{t_0}^{t} v_m(t) \, dt \quad (\text{km}) \tag{2.3}$$

式中，t_0 为起始时间（s），v_m 为车速（m/s）。

海拔高度：

$$H(t) = H(t_0) + \int_{t_0}^{t} \alpha(t) v_m(t) dt \quad (\text{m}) \tag{2.4}$$

式中，$\alpha(t)$ 为道路坡度角（rad），$H(t_0)$ 为初始海拔高度（m）。

道路环境温度：

考虑到实际行驶过程中在较长时间内环境温度的变化不会太大，因此，
$$\overline{T}_{\text{amb}}(t) = \overline{T}_{\text{amb}}(t_0) \quad (\degree C) \tag{2.5}$$

道路环境气压：
$$p_{\text{amb}}(t) = p_{\text{amb}}(t_0) \, e^{-\frac{\lambda_{\text{air}} g}{RT_{\text{amb}}(t)} \Delta H(t)} \quad (\text{bar}) \tag{2.6}$$

式中，$p_{\text{amb}}(t_0)$ 为在初始海拔高度 $H(t_0)$ 条件下的道路环境气压；λ_{air} 为空气摩尔质量密度（kg/mol）；$\Delta H(t) = H(t) - H(t_0)$，为当前海拔高度与起始海拔高度的差值；$T_{\text{amb}}(t)$ 为当前路面环境的热力学温度（K）。

2.3.2 车辆运行环境模型

车辆运行环境模型框图如图 2-11 所示。

在该车辆运行环境模型中，将车辆实测速度（v_m）和路面坡度（slope）作为该模型的输入，模型的输出分别为路面倾斜角度（α(t)）、当前道路环境气压（p_amb）和当前海拔高度（H(t)）。其中，在计算当前道路环境压力时，起始海拔高度（initial height）、环境温度（temp_amb）、初始环境压力（p_amb_initial）和空气摩尔质量密度（λ_{air}）都可视为常数，在仿真时，可根据车辆实际所处的环境具体确定。

图 2-11 车辆运行环境模型框图

用 Simulink 建立的车辆运行环境模型如图 2-12 所示。

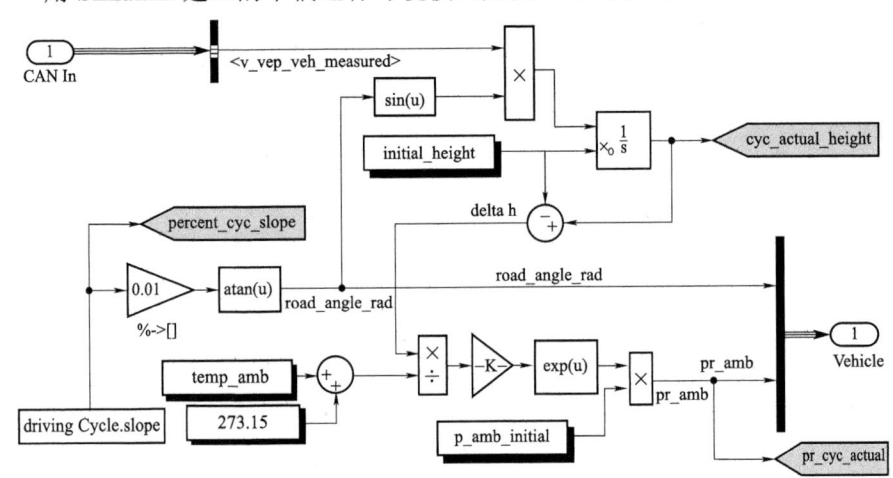

图 2-12 车辆运行环境 Simulink 模型

2.4 车辆模型介绍

燃料电池汽车虽然在动力源方面与传统汽车相比有很大的不同，但是作为整车进行动力学分析时，其和传统车辆基本一致。在本模型中，对车辆运动方程建模时忽略横向和垂向动力学特性，只建立纵向动力学模型。

确定车辆的纵向动力学模型，也就确定了车辆沿行驶方向的运动状况。因此，要了解沿车辆方向作用于车辆的各种外力，即驱动力和行驶阻力。根据这些力的平衡关系确定的汽车行驶方程式就是车辆的纵向动力学模型。

汽车的行驶方程式为

$$F_t = \sum F \tag{2.7}$$

式中，F_t 为驱动力，$\sum F$ 为行驶阻力之和。

2.4.1 汽车驱动力

汽车的驱动力由发动机产生的转矩提供，分为前轮驱动、后轮驱动和前后轮共同驱动 3 种情况，因此驱动轮可以是前轮、后轮或者前后轮同时是驱动轮。当转矩 $\varGamma$ 作用在驱动轮上时，会产生一个对地面的圆周力 F，此时，地面会对驱动轮产生反作用力 F_r（与 F 大小相同，方向相反），这个力就是汽车的驱动力，如图 2-13 所示。计算公式为

$$F_r = \frac{\varGamma}{r} \tag{2.8}$$

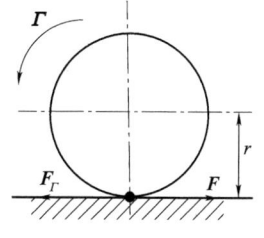

图 2-13 汽车驱动力分析

式中，r 为车轮半径，$\varGamma$ 为作用在驱动轮上的转矩。另外，在进行整车仿真时并不考虑轮胎在运动时的半径变化，而是统一取轮胎的有效半径。

2.4.2 汽车行驶阻力

这里所说的汽车行驶阻力，实际上代表汽车对动力的需求。按照行驶状态的不同，车辆行驶阻力可分为稳态匀速行驶状态下的阻力和瞬态加速时的阻力两部分。前者包括车轮滚动阻力、空气阻力和坡度阻力；后者主要指加速阻力。

行驶阻力的计算公式为

$$\sum F = F_f + F_i + F_w + F_j \tag{2.9}$$

式中，$\sum F$ 为行驶阻力之和，F_f 为车轮滚动阻力，F_w 为空气阻力，F_i 为坡度阻力，F_j 为加速阻力。

车辆加速上坡时，作用于车辆的行驶阻力如图 2-14 所示，主要包括车轮滚动阻力 F_f（包括 F_{ff} 和 F_{fr}）、空气阻力 F_w、坡度阻力 F_i 和加速阻力 F_j。

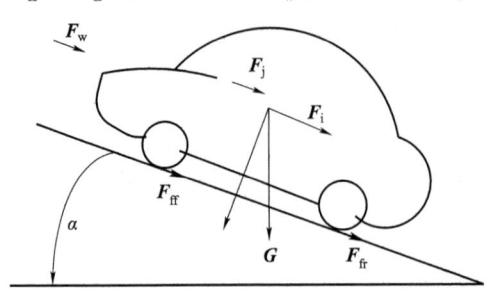

图 2-14 加速上坡时车辆受到的行驶阻力

1. 滚动阻力

滚动阻力在任何行驶条件下都存在。车轮滚动时，由于轮胎与路面的接触，轮胎产生了变形。轮胎和支撑面的相对刚度决定了变形的特点。轮胎的内摩擦产生的迟滞损失表现为阻碍车轮滚动的一种阻力偶。

但是在真正分析汽车行驶阻力时，一般不具体考虑车轮滚动时受到的滚动阻力力偶，而是依照滚动阻力系数求出等效滚动阻力即可。

滚动阻力 F_f 不仅取决于轮胎状况（所受载荷、尺寸、结构、充气压力等），而且和汽车当时的运动状态有关（滚动阻力系数会随车速变化）。根据复杂程度的不同，可以建立很多滚动阻力模型。

对于燃料电池汽车来说，一般可以采用以下公式表示 F_f：

$$F_f = f \times mg\cos\alpha \tag{2.10}$$

式中，m 为整车质量，f 为滚动阻力系数，α 为坡度角。

滚动阻力系数推荐使用以下公式进行计算：

$$f = f_0 + f_1\left(\frac{u_a}{100}\right) + f_4\left(\frac{u_a}{100}\right)^4 \tag{2.11}$$

式中，f_1 和 f_4 为滚动阻力系数随车速变化的系数，u_a 为车速，f_0 为初始滚动阻力系数。

2. 空气阻力

汽车直线行驶时受到的空气作用力在行驶方向上的分力称为空气阻力。空气阻力主要由压差阻力和摩擦阻力组成。与传统汽车一样，燃料电池汽车在行

驶车速范围内运行时,空气阻力值可以用以下公式表示:

$$F_w = C_D \cdot A \cdot \frac{\rho}{2} u_a^2 \tag{2.12}$$

式中,C_D 为空气阻力系数,ρ 为空气密度,A 为迎风面积。

3. 坡度阻力

汽车上坡时,汽车重力沿坡道的分力表现为坡度阻力,即

$$F_i = G \cdot \sin\alpha \tag{2.13}$$

考虑到我国公路设计规范,一般道路的坡度均较小(小于 9%),故 α 很小,此时有

$$\sin\alpha \approx \tan\alpha = i \tag{2.14}$$

故

$$F_i = G \cdot \sin\alpha = G \cdot \tan\alpha = G \cdot i \tag{2.15}$$

式中,G 为作用于汽车上的重力,α 为坡度角,i 为坡道的坡高与底长的比。

4. 加速阻力

汽车加速行驶时,需要克服其质量加速运动时的惯性力,就是加速阻力 F_j。汽车在加速时,可以将旋转质量部分的惯性力偶矩转化为平移质量的惯性力。

汽车加速时的阻力可用以下公式表示:

$$F_j = \delta m \frac{du_a}{dt} \tag{2.16}$$

式中,δ 为汽车旋转质量换算系数($\delta > 1$),m 为汽车质量(kg),$\frac{du_a}{dt}$ 为行驶加速度(m/s²)。

2.4.3 车辆转矩

建立纵向动力学模型时,不仅要考虑车辆沿行驶方向的受力情况,还要考虑车辆的转矩输出情况,用来计算车轮的角加速度等信息。

根据上节对车辆驱动力与车辆行驶阻力的分析,可以得到车辆行驶方向的合力,即车辆纵向力 F_{total}:

$$F_{total} = F_{wheel} + F_{br} + F_{dr\_res} \tag{2.17}$$

式中,F_{wheel} 为车辆牵引力,F_{br} 为制动力($F_{br} \leqslant 0$),F_{dr_res} 为各行驶阻力之和。

因此,车辆净转矩可由车辆纵向力 F_{total} 和车轮半径 r 计算得到:

$$\Gamma_{total} = F_{total} r \tag{2.18}$$

为了计算车轮的角加速度信息，除了知道车辆的净转矩输出外，还要知道车辆的总转动惯量。在燃料电池汽车中，电机等效转动惯量、车轮转动惯量以及车身质量是决定车辆总转动惯量大小的主要因素，即

$$\Theta_{total} = \Theta_{motor} + \Theta_{wheel} + m_{veh}r^2 \quad (2.19)$$

式中，Θ_{motor} 为电机的等效动惯量，Θ_{wheel} 为车轮的转动惯量，$m_{veh}r^2$ 为车身的转动惯量。

因此，车轮的角加速度可通过下面式子计算：

$$\dot{\omega}_{wheel} = \Gamma_{total} / \Theta_{total} \quad (2.20)$$

2.5 车辆模型建模

车辆模型包含车辆纵向力和车辆转矩等信息，所以该模型比较复杂，输入输出量也较多。输入量共有6个，包括坡度角（α）、环境大气压（p_amb）、前轮制动力矩（Tq_front_brake）、后轮制动力矩（Tq_rear_brake）、传动系统输出转矩（Tq_transm_out）以及电机等效转动惯量（theta_motor）。输出量有4个，包括车辆实测速度（v_m）、车轮角速度（w_wheel）、车辆速度（v_veh）和车辆加速度（a_veh）。其中，路面环境变量α、p_amb 通过车辆运行环境模型得到，前后轮制动力矩由制动模型得到，传动系统输出转矩由传动模型得到，电机等效转动惯量根据电机和传动部件的参数获取。车辆模型框图如图2-15所示。

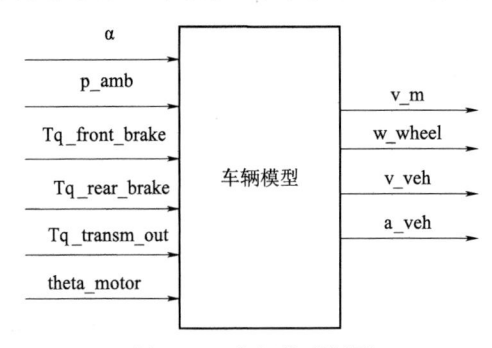

图 2-15 车辆模型框图

图2-16 所示为整个车辆模型的 Simulink 图。其中，车辆牵引力模块、行驶阻力模块、驱动力矩选择模块、转动惯量模块和角速度转化模块在该模型中都单独形成了子系统。根据前几小节的理论知识，下面将对这些子系统的建模实现进行一一介绍。

第 2 章　整车控制系统

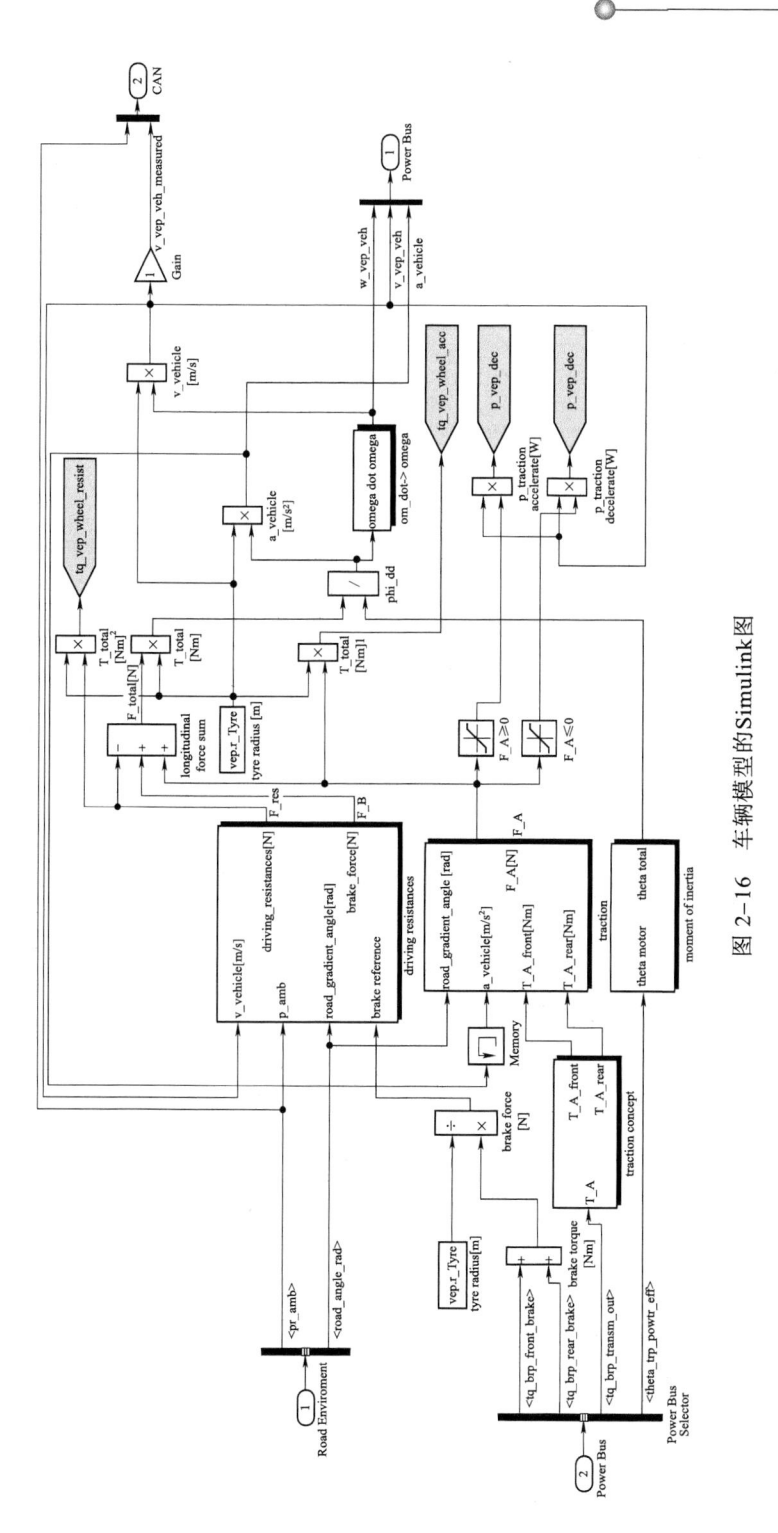

图 2-16　车辆模型的Simulink图

1. 驱动力矩选择模块

如图 2-17 所示，该模块根据车辆的实际驱动轮情况分别计算前后轮的驱动力矩大小。

当车辆为前轮驱动时，前轮驱动力矩等于传动系统的输出力矩，后轮驱动力矩为 0；当车辆为后轮驱动时，后轮驱动力矩等于传动系统的输出力矩，前轮驱动力矩为 0；当车辆为前后轮同时驱动时，前后轮驱动力矩都等于传动系统输出力矩的一半。

Case 1：$\varGamma_{\text{front}} = \varGamma_{\text{wheel}}$，$\varGamma_{\text{rear}} = 0$；

Case 2：$\varGamma_{\text{front}} = 0$，$\varGamma_{\text{rear}} = \varGamma_{\text{wheel}}$；

Case 3：$\varGamma_{\text{front}} = 0.5\varGamma_{\text{wheel}}$，$\varGamma_{\text{rear}} = 0.5\varGamma_{\text{wheel}}$。

该模块的输入为传动系统输出转矩（Tq_transm_out），输出为前后轮驱动力矩（Tq_transm_front，Tq_transm_rear）。相应的 Simulink 模型如图 2-18 所示。

图 2-17 驱动力矩选择模块

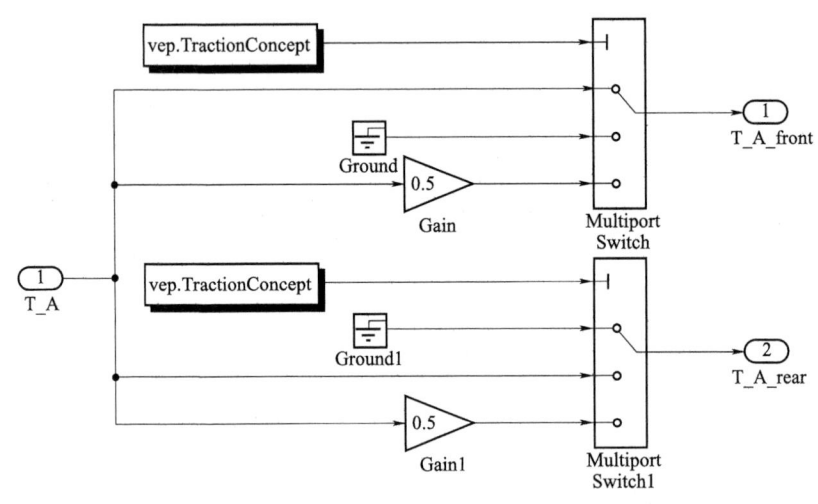

图 2-18 驱动力矩选择模块 Simulink 模型

2. 转动惯量模块

如图 2-19 所示，车辆总转动惯量为电机等效转动惯量、车轮转动惯量与

车辆转动惯量三者之和，即

$$\Theta_{\text{total}} = \Theta_{\text{motor}} + \Theta_{\text{wheel}} + m_{\text{veh}} r_{\text{tire}}^2 \quad (2.21)$$

图 2-19 转动惯量模块

该模块的输入为电机等效转动惯量（theta_motor），输出为整车转动惯量总和（theta_total）。其中，车身质量、轮胎半径和车轮转动惯量都为常量。该模块的 Simulink 模型如图 2-20 所示。

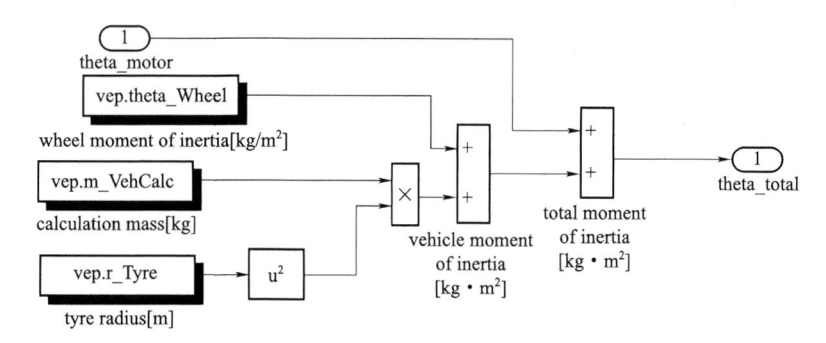

图 2-20 转动惯量模块 Simulink 模型

3. 角速度转化模块

角速度转化模块（图 2-21）是将角加速度转化为角速度，只要对角加速度进行积分就可以得到角速度。

图 2-21 角速度转化模块

该模块的输入为角加速度，输出为角速度。该模块的 Simulink 模型如图 2-22 所示。

4. 车辆牵引力模块

牵引力模块的功能是根据前后轮的牵引力矩计算出总的车辆牵引力。

图 2-23 所示为车辆牵引力模块。该模块的输入是坡度角（α）、车辆加速度（a_veh）、前轮牵引力矩（T_A_front）和后轮牵引力矩（T_A_rear），输出为总的车辆牵引力（tract_force）。

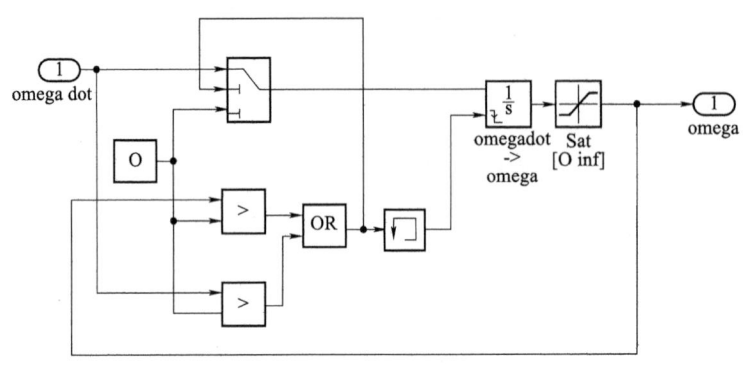

图 2-22 角速度转化模块 Simulink 模型

图 2-23 车辆牵引力模块

图 2-24 所示为车辆牵引力模块 Simulink 模型。输出车轮总的牵引力 F_{wheel} 可通过下式计算：

$$F_{wheel} = \begin{cases} F_{front}, & \text{Case 1} \\ F_{rear}, & \text{Case 2} \\ F_{front} + F_{rear}, & \text{Case 3} \end{cases} \quad (2.22)$$

其中，Case1、Case2、Case3 分别对应前轮驱动（Case 1：$\varGamma_{front} = \varGamma_{wheel}$，$\varGamma_{rear} = 0$）、后轮驱动（Case 2：$\varGamma_{front} = 0$，$\varGamma_{rear} = \varGamma_{wheel}$）以及前后轮同时驱动（Case 3：$\varGamma_{front} = 0.5\varGamma_{wheel}$，$\varGamma_{rear} = 0.5\varGamma_{wheel}$）。

前后轮的牵引力计算分别用两个子模块 traction front axle 和 traction rear axle 计算。两个子模块的计算方法类似，图 2-25 所示为前轮牵引力计算的模块。

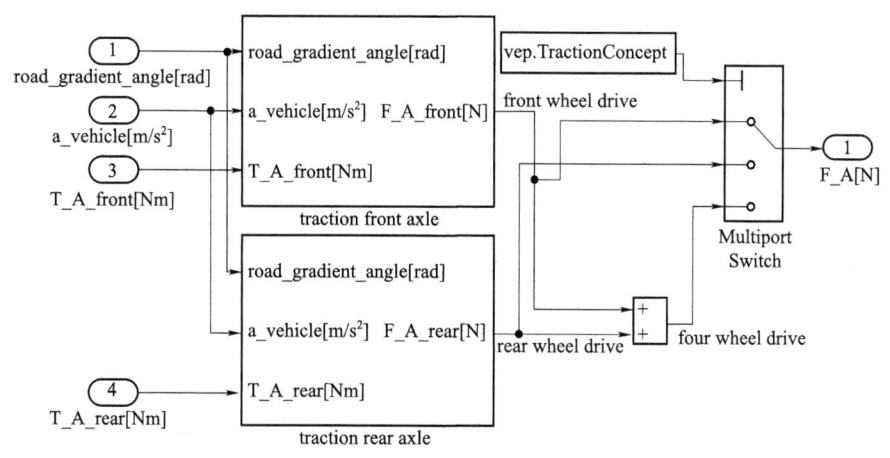

图 2-24 车辆牵引力模块 Simulink 模型

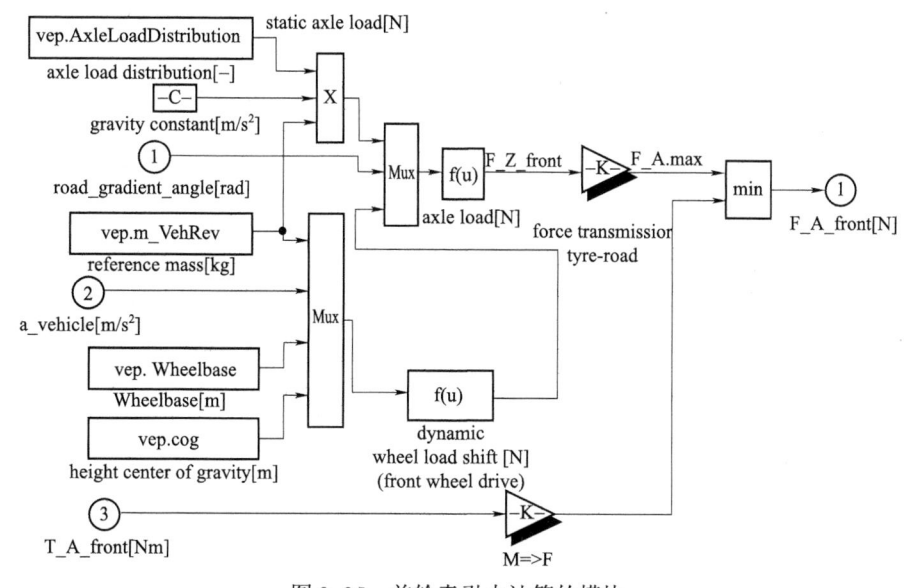

图 2-25 前轮牵引力计算的模块

在图 2-25 中，前轮的牵引力可用 $F_{front} = T_{front} / r_{tire}$ 计算获得，但是车轮牵引力通常都存在一个极限值，通过上式计算的牵引力不得大于这个极限值。这个极限值称为最大车轮牵引力，可通过下式计算：

$$F_{wheel\_max} = \mu_{road} \left[0.5 m_{veh\_ref} g \cos(\sigma(t)) - m_{veh\_ref} a_{veh} \frac{h_{cg}}{h_{base}} \right] \quad (2.23)$$

式中，m_{veh_ref} 为车辆质量（kg），a_{veh} 为车辆加速度（m/s²），μ_{road} 为道路附着

系数，h_{cg} 为车辆质心高（m），h_{base} 为车轮质心高（m）。

因此前后轮的牵引力计算公式为

$$\begin{cases} F_{front} = \min\{\varGamma_{front}/r_{tire}, F_{wheel\_max}\} \\ F_{rear} = \min\{\varGamma_{rear}/r_{tire}, F_{wheel\_max}\} \end{cases} \quad (2.24)$$

5. 行驶阻力模块

行驶阻力包括车轮滚动阻力、空气阻力、坡度阻力和加速阻力。在本模型中，由于加速度不大，所以忽略加速阻力，即总行驶阻力为

$$F_{dr\_res}(t) = F_{air\_res}(t) + F_{roll\_res}(t) + F_{uph\_res}(t) \quad (2.25)$$

图 2-26 所示为行驶阻力模块框图。该模块的输入为车辆速度（v_veh）、坡度角（α）、环境大气压（p_amb）和制动力（brake_reference），输出为总行驶阻力（driving_resistances）和制动力（brake_force）。

图 2-26　行驶阻力模块框图

图 2-27 所示为行驶阻力模块 Simulink 模型。

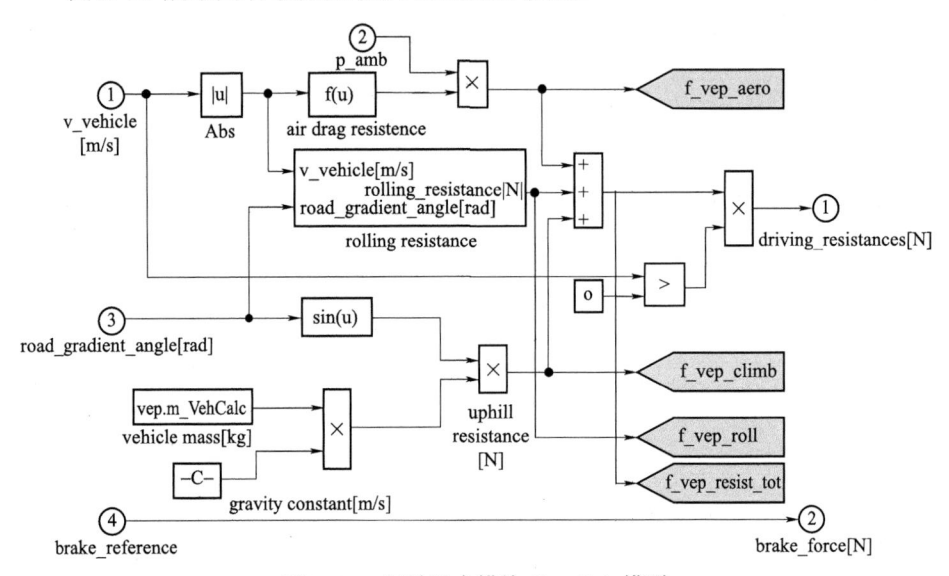

图 2-27　行驶阻力模块 Simulink 模型

坡度阻力可通过下式计算得到：

$$F_{\text{uph\_res}} = m_{\text{veh}} g \sin(\alpha(t)) \qquad (2.26)$$

式中，车辆质量 m_{veh} 为常数。

空气阻力可通过下式计算得到：

$$F_{\text{air\_res}}(t) = 0.5 C_{\text{w}} \sigma_{\text{amb}}(t) A_{\text{veh}} v_{\text{veh}}^2(t) \qquad (2.27)$$

式中，C_{w} 为空气阻力系数；A_{veh} 为迎风面积（m²）；$v_{\text{veh}}(t)$ 为车速（m/s）；$\sigma_{\text{amb}}(t) = \dfrac{\lambda_{\text{air}} p_{\text{amb}}(t)}{R T_{\text{amb}}(t)} \times 10^5$，为空气密度（kg/m³）。

滚动阻力模块被封装为子系统，具体滚动阻力模块的 Simulink 模型如图 2-28 所示。

滚动阻力可根据下式计算得到：

$$F_{\text{roll\_res}} = C_{\text{rr}}(|3.6 v_{\text{veh}}|) m_{\text{veh}} g \cos(\sigma(t)) \qquad (2.28)$$

式中，m_{veh} 为车辆质量，$|3.6 v_{\text{veh}}|$ 将车辆速度从 m/s 换算到 km/h，$C_{\text{rr}}(|3.6 v_{\text{veh}}|)$ 为滚动阻力系数。滚动阻力系数和速度之间可以建立一一对应关系，因此可根据车辆的速度 v_veh，通过查表得出滚动阻力系数 C_{rr}，所以该模块使用了一个 Simulink 的 Look-Up Table 功能。

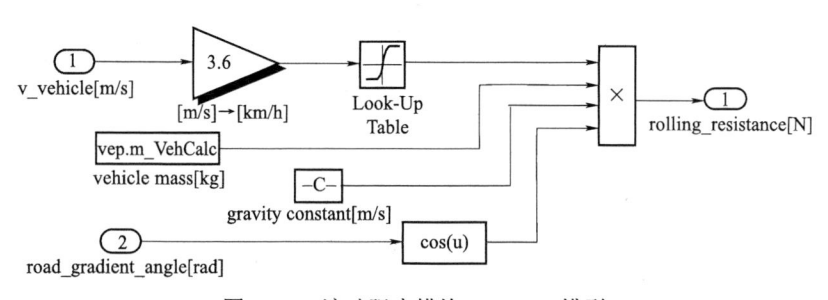

图 2-28 滚动阻力模块 Simulink 模型

最后将滚动阻力、空气阻力、坡度阻力相加即可得到输出的总行驶阻力。

2.6 能量控制单元（ECU）

燃料电池汽车的主能量源为燃料电池，辅助能量源为动力电池或者超级电容，由能量控制单元（ECU）实现混合动力车辆能量系统的控制。

2.6.1 能量系统结构

1. 基本结构

为了提供良好的加速能力和回收制动能量，燃料电池汽车动力系统通常是由燃料电池发动机和相应的储能系统以及电机组成的。储能系统可以采用动力电池或者超级电容，具有能量缓冲的作用。当车辆加速或者爬坡需要提供更大的输出功率时，储能系统提供部分功率；当储能系统能量降低到一定程度时，可由燃料电池发动机提供能量进行储存；车辆进入制动工况时，可以将部分车辆动能通过发电机转化为电能储存在储能系统中。

燃料电池汽车能量系统结构如图2-29所示，存在5种能量流动：

（1）氢气提供给燃料电池发动机，产生的电能通过电压变换器提供给电动机，电动机将电能转化为动能，提供给差速器，随之分配给车轮，驱动车辆行进。

（2）氢气提供给燃料电池发动机，产生的电能通过直流电压变换器提供给电能储存器，将电能转化为储存的化学能。

（3）电能储存器中的化学能转化为电能，通过直流电压变换器和电压变换器提供给电动机，电动机将电能转化为动能，提供给差速器，随之分配给车轮，驱动车辆行进。

（4）车辆动能输送给电动机，电动机反转发电，电能通过电压变换器和直流电压变换器提供给电能储存器，将电能转化为储存的化学能。

（5）车辆动能通过刹车系统转化为热能。

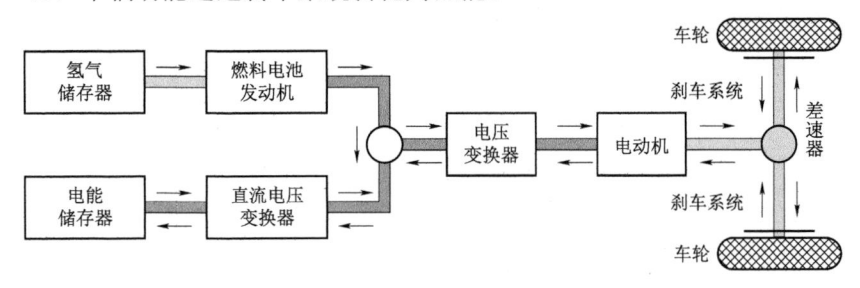

图2-29 燃料电池汽车能量系统结构

以上5种方式，可以出现在车辆相应的运行状态。对于起步、加速和爬坡工况，可以由方式（1）和方式（3）联合，形成燃料电池发动机和电能储存器共同向电动机提供能量，以产生更高的输出功率。当电能储存器中的能量降低到给定范围，需要及时提供能量进行储存，可以实行方式（1）和方式（2）的组合，由燃料电池发动机同时向电动机和电能储存器提供能量。

2. 结构设计方式

车辆行驶时，随着运行工况的不同，对动力系统的功率要求范围很大，一般是 0～100%，同时功率需求的变化也很频繁。燃料电池车辆的能量系统为了满足车辆的这种需求，必须合理控制燃料电池发动机和电能储存器之间的功率分配，在满足车辆行驶功率需求的同时，尽可能优化动力系统的经济性和部件的可靠性。从功率平衡的角度，燃料电池/动力电池混合驱动汽车（FCHV）能量系统的结构设计主要分为负载补偿型和负载跟随型两种方式。

负载补偿型控制策略的基本思想是燃料电池发动机提供缓变的平均功率，运行区域一般设定在效率较高值附近。车辆行驶的峰值功率和动态功率由电能储存器参与提供。当负载功率小于燃料电池的高效工作区域时，多余电能向电能储存器充电。这种控制策略的优点是燃料电池的运行比较可靠，对燃料电池的冲击较小，但要求辅助动力源有足够的容量和功率，另外，燃料电池高效工作范围大的特点没有被充分利用。

负载跟随型控制策略是燃料电池的功率输出尽可能跟随车辆的负载需求，超出燃料电池功率输出能力的动态部分和峰值部分由电能储存器提供。当车辆负载功率小于燃料电池的最大输出功率时，控制策略根据动力系统的状态，适时地控制燃料电池向电能储存器充电。这种控制策略的优点是能够充分利用燃料电池发动机高效工作范围大的优点，降低对电能储存器的容量和功率要求，采用容量较小的动力电池或超级电容。

2.6.2 能量控制策略

燃料电池混合动力系统是由多个子系统构成的，这些子系统具有自己的内部控制策略，通过通信网络与其他系统控制器以及整车控制器 VCU 交换信息，VCU 将子系统看作一个独立部件而实施控制策略。因此，能量控制策略是指整车控制器层面的控制策略。

燃料电池车辆能量控制策略是，在满足车辆行驶所需功率和有关约束的条件下，合理分配动力系统各能量源的功率大小和方向，使动力系统达到性能参数最优。燃料电池汽车能量控制策略首先要满足车辆行驶的功率需求，合理地控制功率分配和能量流向，即功率平衡问题；其次是进一步进行精细控制，实现不同目标下的优化。

能量控制策略总体可以分为规则式控制策略、全局最优控制策略和局部（或实时）最优控制策略。

1. 规则式控制策略

设计人员首先根据能量系统的实验结果和自身的工程经验，找出满足能量系统设计要求的基本控制规则，然后应用阀值模式、模糊逻辑、神经网络等形式将上述基本控制规则变成具体的可执行控制算法。由于燃料电池车辆能量系统的结构和参数多样性，具有多个控制目标，因此规则式控制策略中规则的制定通常是折中的，依赖设计人员的判断和经验。

规则式控制策略设计的关键是规则的制定。Michigan 大学的 Cooky 等提出了一个系统提取规则的方法。首先建立目标车辆的动力学模型，该动力学模型的建立分为两步。第一步依据基本物理原理建立车辆各部件的详细模型，这些部件的详细模型包括微分方程、图谱、表格等表达形式。然后通过一系列开关逻辑将这些部件组合起来，形成表达整车的化学、电气和机械功能关系的模型。这个模型应该能够准确地反映各个变量对车辆性能的影响。第二步是模型简化。由于详细模型的变量很多，因此最优化的计算会过于复杂和耗时，有时甚至不可能实现，所以模型简化成为控制规则提取的关键之一。模型简化的原则是忽略次要参数，找到对控制策略的影响最为紧密的参数。

2. 全局最优控制策略

这种控制策略是根据能量系统的动态特性和车辆的整体行驶工况，采用最优控制理论设计使得某个指标最优的控制策略。显然，这种控制策略对于特定的能量系统和行驶条件而言是严格意义上的最优，对于其他系统和工况则不是最优。

根据控制理论可知，所有的瞬时最优加起来并不等于全局最优。虽然目前有许多成熟的最优控制理论能够实现全局最优的控制策略，但是往往需要预先知道车辆的行驶工况，这给这种控制策略的具体应用带来了困难。为了充分发挥全局最优控制策略的优点，相继出现了一些新的或近似全局最优算法。

Michigan 大学的 Huei Peng 等提出了随机动态编程方法（Stochastic Dynamic Programming Approach），并将这一方法应用于 Daimler Chrysler 汽车公司开发的 Natrium 燃料电池汽车上。这一方法的主要思想是，在对多种典型工况进行分析统计的基础上，应用 Markov 链模型建立一个驾驶员功率需求的离散随机模型，从而能够根据车辆当前的车速及当前的功率需求有效预测下一时间的功率需求，这一功率需求时间序列实际就是循环工况。

这种方法的主要优点是不用预先知道循环工况，因此可以方便地应用于实际车辆。这种控制策略一般针对特定的结构进行优化，因此不同的车型需要对应的参数设定。另外，由于计算量的原因，系统的状态变量不能过多，一般只包括车速、ESS 系统的 SOC 和功率需求。随机动态编程方法的求解一般采用基于 Bellman 的最优方程的迭代算法。

3. 局部（或实时）最优控制策略

局部（或实时）最优控制策略一般是将不同能量源的电能全部转换成统一的等效燃料消耗率。控制策略根据每个能量源的效率图谱，计算当前工况下使得这一等效燃料消耗率最优的功率分配比例。

基于规则的控制策略简单，但不是最优的；全局最优控制策略虽然最优，但是依赖于特定工况，实际应用较为困难。因此，局部最优控制策略成为有可能兼顾二者优点的方法。局部最优控制策略的关键是最优的判定依据和相应的算法，以及对全局的统筹兼顾。目前研究较多的是等效消耗最小策略 ECMS（Equivalent Consumption Minimization Strategy）。Waterloo 大学的 Stevens M B 等提出基于 ECMS 思想的成本最优控制策略（Cost Based Control Strategies）。

2.6.3 ECU 模型

ECU 模型选择规则式能量控制策略。

1. FCS 起停控制

输入是车辆检测速度 v_{veh_m}，输出是 ON/OFF$_{FCS}$ 信号，提供给子模块使电动机运行、燃料电池发动机运行、空转运行，并输出到 CAN 总线。FCS 起停控制逻辑见表 2-1。

表 2-1 FCS 起停控制逻辑

A: $0 \leq v_{veh\_m} \leq v_{OFF}$	B: $dv_{veh\_m}/dt \leq 0$	ON/OFF$_{FCS}$
1	0	1
0	1	1
0	0	1
1	1	0

条件 A 为 1 时，表示车辆在用户定义的速度范围内前向行驶或处于静止状态；为 0 时，表示车辆倒行状态或前向超速状态。条件 B 为 1 时，表示制动或反向加速；为 0 时，表示前向加速。ON/OFF$_{FCS}$ 信号为 1 时，燃料电池发动机运行；为 0 时，关闭。在表 2-1 的 FCS 起停控制逻辑中，只考虑燃料电池汽车在设计定义的速度范围内前向行驶时出现制动指令（B=1）的情况下关闭燃料电池发动机。

2. 电机运行状态控制模块

一般而言，如果运行模式矢量 **OM**=（motorOFF, x, x），模块输出全部设定为 0。在 **OM**=（motorON, 0, 0）的情况下：

（1）如果 ON/OFF$_{FCS}$=0（FCS 关闭）：

① FCS 控制单元的电流请求为

$$I_{\text{ECU\_FCS\_req}} = 0 \tag{2.29}$$

② 给 HV 电路控制单元的电流请求为

$$I_{\text{ECU\_HVP\_req}} = -(I_{\text{veh\_aux\_m}} + I_{\text{mop\_inv\_m}}) \leqslant 0 \tag{2.30}$$

③ 电机实际电流为

$$I_{\text{mot\_avail}} = I_{\text{VCU\_mot\_dem}} \tag{2.31}$$

注意，$I_{\text{ECU\_HVP\_req}} < 0$ 表示能量缓存系统（Energy Buffer System, EBS）是放电，反之则是充电。

(2) 如果 $\text{ON/OFF}_{\text{FCS}} = 1$（FCS 运行）：

① FCS 控制单元的电流请求为

$$I_{\text{ECU\_FCS\_req}} = \max\left\{(I_{\text{veh\_aux\_m}} + I_{\text{VCU\_mot\_dem}} + I_{\text{SOC\_dem}}), \frac{P_{\text{veh\_max}}}{\sigma_{\text{turnDown}} V_{\text{FCS}}}\right\} \tag{2.32}$$

这里 SOC 电流需求 $I_{\text{SOC\_dem}} = \min\{I_{\text{EBS\_HV\_m}}, I_{\text{SOC\_cal}}\}$，实现了以下操作：避免主动充电。$P_{\text{veh\_max}}$ 为车辆的最大需求功率；V_{FCS} 为 FCS 的电压；σ_{turnDown} 为开度，决定了 FCS 运行时从 FCS 送出的最小功率。SOC 需求电流根据用户定义的 SOC 控制算法来计算，如图 2-30 所示。

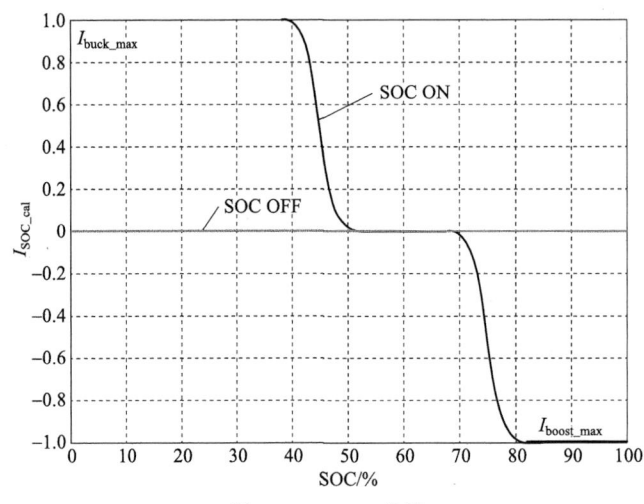

图 2-30 SOC 曲线

② 当 buck/boost 变流关闭时，给 HV 电路控制单元的电流需求 $I_{\text{ECU\_HVP\_req}} = 0$。如果 buck/boost 变流运行，有

$$I_{\text{ECU\_HVP\_req}} = \frac{1}{T_{\text{HVP}}s + 1}(I_{\text{FCS\_net\_desired}} - I_{\text{veh\_aux\_m}} - I_{\text{VCU\_mot\_dem}}) \quad (2.33)$$

式中，$I_{\text{FCS\_net\_desired}} = f(I_{\text{FCS\_avail}}, \text{SOC})$，为用户定义函数（假设 $I_{\text{FCS\_avail}}$ 是已知的）。

③ 电机实际电流为

$$I_{\text{mot\_avail}} = I_{\text{FCP\_avail}} - I_{\text{veh\_aux\_m}} - I_{\text{SOC\_dem}} \quad (2.34)$$

3. 发电运行状态控制模块

一般而言，如果 ***OM*** = (x, generatorOFF, x)，模块输出全部为 0。

在 ***OM*** = (0, generatorON, 0) 的情况下：

（1）如果 $\text{ON}/\text{OFF}_{\text{FCS}} = 0$（FCS 停止）：

① FCS 控制单元的电流请求为

$$I_{\text{ECU\_FCS\_req}} = 0 \quad (2.35)$$

② 给 HV 电路控制单元的电流请求为

$$I_{\text{ECU\_HVP\_req}} = -(I_{\text{veh\_aux\_m}} + I_{\text{mop\_inv\_m}}) > 0 \quad (2.36)$$

③ 电机实际电流为

$$I_{\text{mot\_avail}} = -(I_{\text{veh\_aux\_m}} + I_{\text{buck\_max}}) \quad (2.37)$$

（2）如果 $\text{ON}/\text{OFF}_{\text{FCS}} = 1$（FCS 运行）：

① FCS 控制单元的电流请求为

$$I_{\text{ECU\_FCS\_req}} = \frac{P_{\text{veh\_max}}}{\sigma_{\text{turnDown}} V_{\text{FCS}}} \quad (2.38)$$

② 给 HV 电路控制单元的电流请求：

如果再生制动功能停止，有

$$I_{\text{ECU\_HVP\_req}} = 0 \quad (2.39)$$

如果再生制动功能运行，有

$$I_{\text{ECU\_HVP\_req}} = I_{\text{FCS\_avail}} - I_{\text{veh\_aux\_m}} - I_{\text{mop\_inv\_m}} \quad (2.40)$$

③ 电机实际电流为

$$I_{\text{mot\_avail}} = I_{\text{FCP\_avail}} - I_{\text{veh\_aux\_m}} - I_{\text{buck\_max}} \quad (2.41)$$

4. 怠速运行状态控制模块

一般而言，***OM*** = (x, x, idleOFF)，模块输出全部为 0。在 ***OM*** = (0, 0, idleON) 的情况下：

（1）如果 $\text{ON}/\text{OFF}_{\text{FCS}} = 0$（FCS 关闭）：

① FCS 控制单元的电流请求为

$$I_{\text{ECU\_FCS\_req}} = 0 \tag{2.42}$$

② 给 HV 电路控制单元的电流请求为

$$I_{\text{ECU\_HVP\_req}} = -I_{\text{veh\_aux\_m}} \tag{2.43}$$

③ 电机实际电流为

$$I_{\text{veh\_avail}} = 0 \tag{2.44}$$

（2）如果 $\text{ON/OFF}_{\text{FCS}} = 1$（FCS 运行）：

① FCS 控制单元的电流请求为

$$I_{\text{ECU\_FCS\_req}} = \max\left\{(I_{\text{veh\_aux\_m}} + I_{\text{SOC\_cal}}), \frac{P_{\text{veh\_max}}}{\sigma_{\text{turnDown}} V_{\text{FCS}}}\right\} \tag{2.45}$$

② 给 HV 电路控制单元的电流请求为

$$I_{\text{ECU\_HVP\_req}} = I_{\text{FCP\_avail}} - I_{\text{veh\_aux\_m}} \tag{2.46}$$

③ 电机实际电流为

$$I_{\text{mot\_avail}} = 0 \tag{2.47}$$

2.7 车辆控制单元（VCU）

2.7.1 车辆控制单元介绍

燃料电池电动汽车是一个高度集成的电气系统，各个部件之间的耦合性很强，为了进行合理的能量分配，需要有一个集中的能量控制单元进行动力系统的协调控制，以实现良好的经济性和动力性。除此之外，要判断车辆运行模式和进行模式切换则需要一个车辆控制单元（VCU）。通常情况下，VCU 负责与各个子系统控制单元进行通信，对各个系统进行监控和协调，并根据驾驶员输入和系统运行状态信号进行控制决策，向能量控制单元（ECU）输出相应的控制指令。

车辆控制单元主要实现两大功能：

（1）根据驾驶员信号及当前电机转矩确定下一时刻车辆应处的工作模式（电机是工作在电动机工况还是发电机工况）。

（2）若干子模块根据控制系统的输入量来计算对应模式下电机的需求转矩、制动转矩和对能量控制单元提出的电机电流要求。

2.7.2 车辆控制单元建模

整个车辆控制单元顶层仿真模型如图 2-31 所示。

第 2 章 整车控制系统

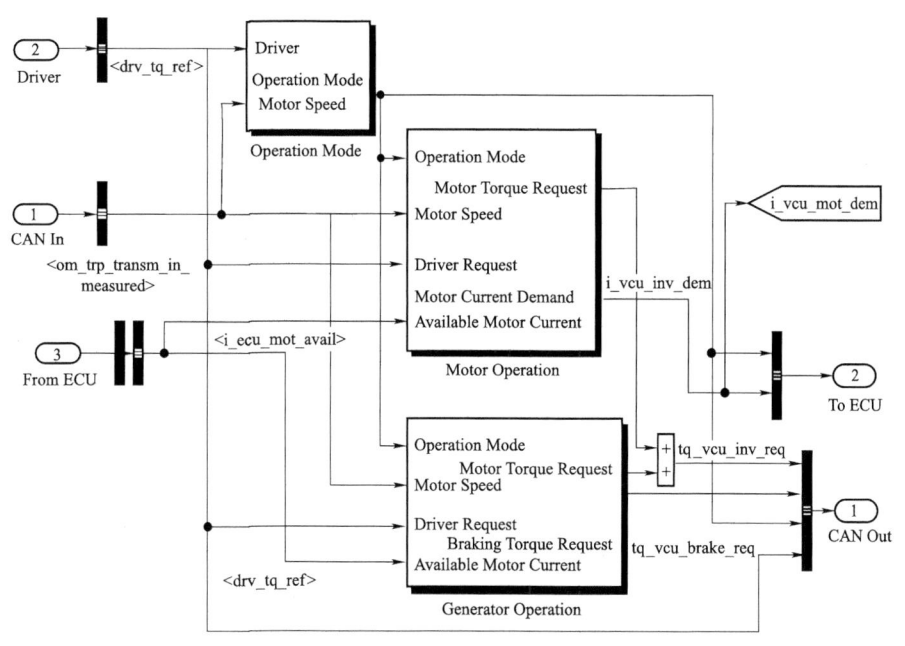

图 2-31 车辆控制单元顶层仿真模型

整个 VCU 模型包括三个子模块：工作模式判断、电动机工况和发电机工况模块。

首先，根据驾驶员模型提出的电机转矩需求和实际电机转速判断工作模式，输出为操作模式向量 OM，这是工作模式判断子模块的主要功能。定义操作模式向量 OM 为

$$OM = f(M_{ref}, \omega_m) = \begin{cases} \begin{cases} \text{motorON}, \\ \text{generatorOFF}, \\ \text{idleOFF}, \end{cases} & \text{if（满足电动机工作模式条件 condMotor）} \\ \begin{cases} \text{motorOFF}, \\ \text{generatorON}, \\ \text{idleOFF}, \end{cases} & \text{if（满足发电机工作模式条件 condGenerator）} \\ \begin{cases} \text{motorOFF}, \\ \text{generatorOFF}, \\ \text{idleON}, \end{cases} & \text{if（满足怠速工作模式条件 condIdle）} \end{cases} \tag{2.48}$$

建模时通过电机需求转矩、电机转速和零之间的逻辑运算，得到当前时刻

燃料电池汽车建模及仿真技术

车辆的工作模式。混合动力情况下，燃料电池电动汽车共有 3 种工作状态：电动机工况（ctrs_vcu_mot_op 为 1）；发电机工况（ctrs_vcu_gen_op 为 1），即车辆制动时能量回收状态；怠速工况（ctrs_vcu_idle_op 为 1）。工作模式判断模型如图 2-32 所示。

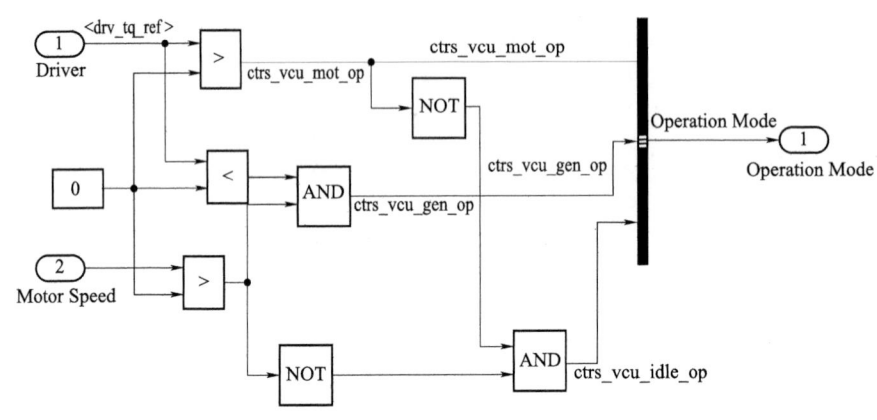

图 2-32　工作模式判断模型

然后，VCU 模型根据操作模式向量 **OM** 判断是利用电动机工况还是发电机工况计算相应参数。在实际建模过程中，两个模块分别计算各自的输出参数，然后与相应的工作模式特征矢量进行逻辑"与"运算，选取实际工况下的 VCU 模块输出参数。

1. 电动机工况

电动机工作模块应当在电动机工况或者怠速工况下，计算 VCU 模块对能量控制单元提出的电流需求和相应的电机转矩需求。

参照实际燃料电池电动汽车的运行情况，在电动机工作模式下，车辆控制单元向能量控制单元发出相应的电机转矩和电机电流需求（即期望值），然后能量控制单元才能根据VCU的需求指令与动力源当前的状态按相应的能量管理策略分别同时设定燃料电池发动机控制器和动力电池控制器的输入指令。本模型主要采用查表法来计算相应的电机转矩需求和电机电流需求。基于已知的电机类型及其特性，可以建立如图2-33所示的电动机工作模式模块。

首先根据当前电机电流和测得的电机转速，查表得到对应的可用电机转矩 tq_vcu_mot_avail，即 $M_{avail} = LUT_{VCU\_mot2}(\omega_m, I_{mot\_avail}) \geq 0$。另外，根据电机转速 ω，查表 $M_{max} = LUT_{VCU\_mot1}(\omega_m) \geq 0$ 得到在当前转速下电机可以达到的最大转矩，并与来自驾驶员模块要求的电机转矩比较取较小值，此为实际可输出的转矩。得到

VCU 要求电机达到的转矩 tq_vcu_mot_requ，利用当前转速和需要达到的转矩查表，$I_{\text{VCU\_mot\_dem}} = \text{LUT}_{\text{VCU\_mot3}}(\omega_{\text{m}}, M_{\text{psl}}) \geq 0$，得到 VCU 对能量控制单元的电机电流要求 i_vcu_inv_dem。最后，电动机工作模块将两个计算值分别与操作模式向量 **OM** 中的 ctrs_vcu_mot_op 进行逻辑"与"运算，输出正确的计算结果。

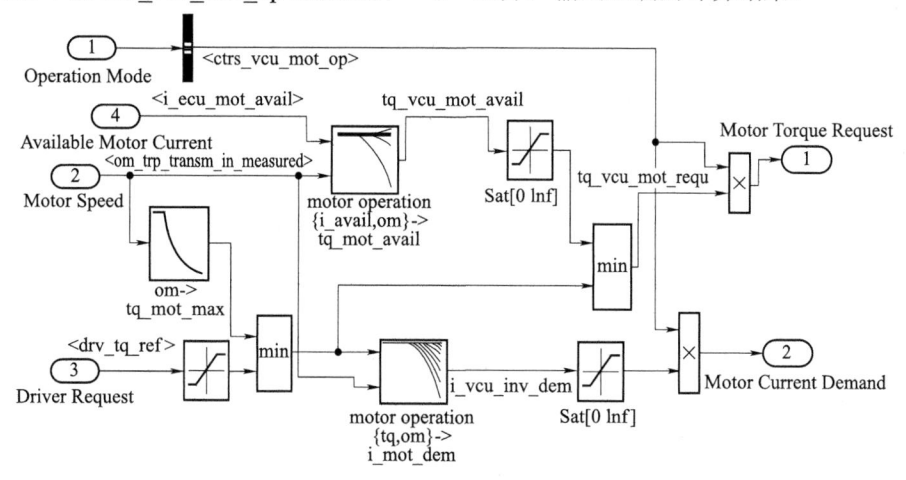

图 2-33 电动机工况子模块

2. 发电机工况

发电机工作模块在发电机工况下，计算发电机的要求转矩和要求的机械制动力矩。发电机工况子模块如图 2-34 所示。

首先根据电机转速查表，$M_{\min} = -\text{LUT}_{\text{VCU\_gen1}}(\omega_{\text{m}}) \leq 0$，得出最小电机转矩 $M_{\min}$，并与驾驶员模块要求的转矩 M_{ref} 相比取最大值，得到发电机的转矩 M_{gen}，通过查表 $\text{LUT}_{\text{VCU\_gen3}}(\omega_{\text{m}}, -M_{\text{gen}})$ 得到发电机在当前转速和转矩 M_{gen} 的情况下可以生成的电流。另外，考虑到能量控制单元必须控制制动能量回收的大小，将限定可用电流大小为 $I_{\text{ECU\_avail}}$，则发电机在当前转速和转矩情况下可能生成的电流 $I_{\text{inv\_psl}} = \max\{I_{\text{ECU\_avail}}, -\text{LUT}_{\text{VCU\_gen3}}(\omega_{\text{m}}, -M_{\text{gen}})\} \leq 0$。然后根据电机转速和可用电流 $I_{\text{inv\_psl}}$ 查表得到生成相应电流发电机的可用转矩，$M_{\text{avail}} = -\text{LUT}_{\text{VCU\_gen2}}(\omega_{\text{m}}, -I_{\text{inv\_psl}}) \leq 0$，则针对电机控制器要求的电机转矩为

$$M_{\text{gen\_VCU}} = \max\{M_{\text{avail}}, M_{\text{gen}}\} \leq 0 \qquad (2.49)$$

发电机工况的另一输出，即制动力矩

$$M_{\text{br\_VCU}} = \frac{\sigma_{\text{gear}}}{\sigma_{\text{diff}}}(M_{\text{ref}} - M_{\text{gen\_VCU}}) \leq 0 \qquad (2.50)$$

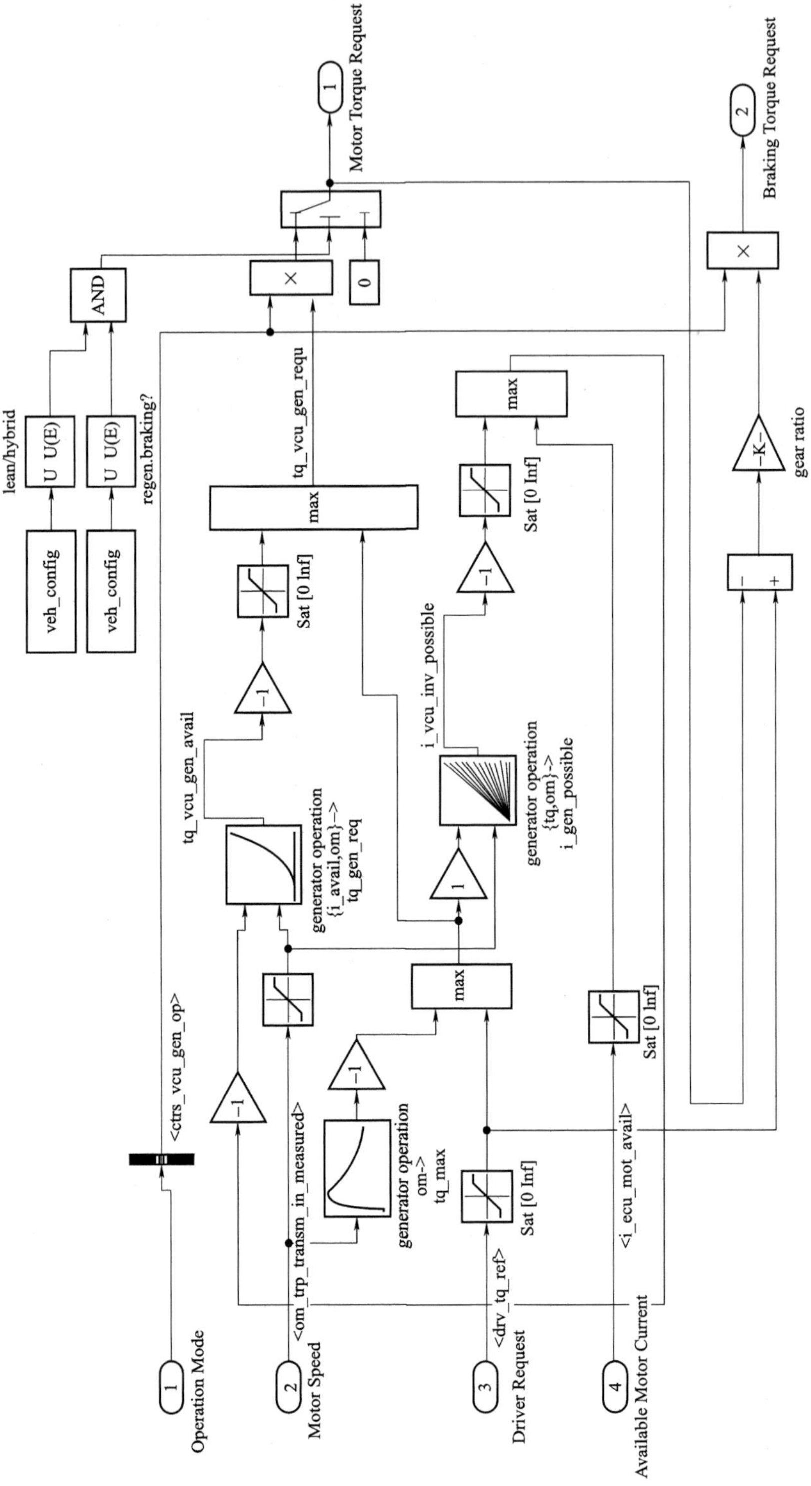

图 2-34 发电机工况子模块

第 3 章

PEMFC 发动机

质子交换膜燃料电池（Proton exchange membrane fuel cell，PEMFC）属于众多燃料电池种类中的一种，最早是由通用电气于 20 世纪 60 年代开发的，并成功地应用于美国的载人航天器中[8]。PEMFC 是研究人员最多、应用领域最广、最早实现商业化的一种燃料电池。PEMFC 是一种通过氧化还原反应将化学能转换为电能的清洁发电装置，其中反应所需的氧化物为氧气，一般直接由空气代替，所需燃料为氢气，可以直接供应纯氢，也可以通过乙醇、天然气及生物燃料重整后获得。不同于动力电池的是，PEMFC 的反应物质并不储存于电池内部，而是由外部子系统供给，因此，只要不断地供给燃料，燃料电池就能持续工作。PEMFC 具有一般燃料电池的共同特点，即噪声小、环境污染小、可靠性高及能量转化效率高。同时，PEMFC 还具有低温起动快、比功率和比能量高、无电解液流出和无腐蚀等优点，不但适用于固定发电站也适用于车辆动力[9]。在 20 世纪 90 年代，美国通用汽车和加拿大巴拉德（Ballard）公司合作，成功开发出 PEMFC 发动机。此后，PEMFC 发动机成为汽车新型动力系统的研究热点。

3.1　PEMFC发动机介绍

PEMFC 发动机是一个复杂的系统，包括空气供应系统、燃料供应系统、电堆、冷却系统、控制系统，如图 3-1 所示。各个系统相互关联并协同完成整个发动机的工作。除了燃料电池外，其余的组成部分都属于燃料电池系统的附件，在整体提高燃料电池发动机性能的同时，这些附属部件的存在会为整个系统的管理和安装带来一定的困难，也给精确建立燃料电池系统模型带来一定的难度。

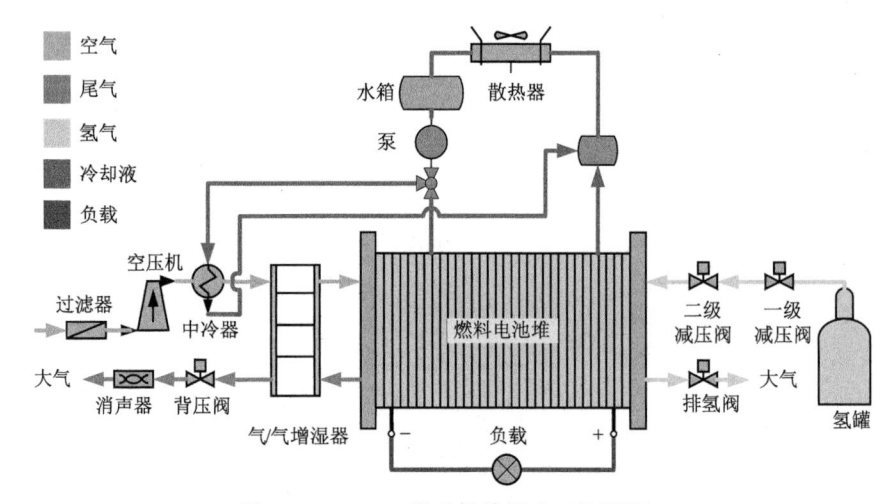

图 3-1　PEMFC 发动机的组成（见彩插）

3.1.1　PEMFC 发动机基本原理

PEMFC 的基本组成为电极（阴极和阳极）、多孔质气体扩散层、质子交换膜和催化层。其中，气体扩散层、质子交换膜和催化层为一个类似于"三明治"的整体，称为膜电极三合一组件。燃料电池的最外层是由改性不锈钢或纯石墨制成的双极板；次外层为密封垫片，材料是聚四氟乙烯或橡胶；接着是集电流网，为经憎水化处理的纤细钛网或镍网；中间为膜电极三合一组件（Membrane Electrode Assembly，MEA）。MEA 是 PEMFC 单体的心脏。PEMFC 单体结构如图 3-2 所示。

图 3-2 PEMFC 单体结构[10]

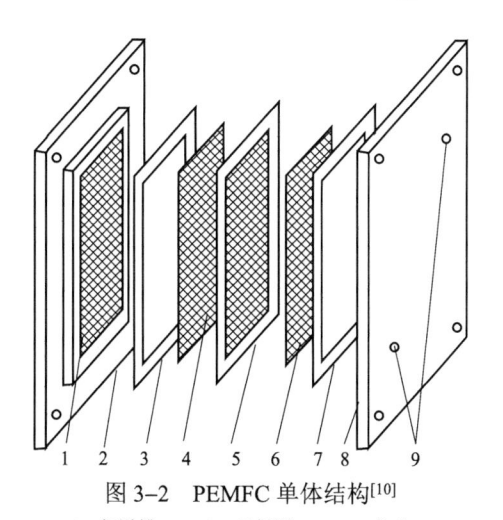

1—气道槽；2，8—双极板；3，7—垫片；
4，6—集电流网；5—MEA；9—进/出气孔

MEA 是燃料电池的关键组件，由表面涂有纯铂（Pt）或碳载铂（Pt/C）或碳载铂钌（PtRu/C）催化剂的多孔气体扩散阳极、阴极和置于二者之间的全氟磺酸型固体高分子聚合物电解质层构成。MEA 是经热压工艺黏合成所需大小的薄膜，厚度一般小于 1 mm。每个单体包含一个 MEA，多个 MEA 串联堆叠，组装在一起成为电堆，共用空气和氢气流道，以提高输出电压，如图 3-3 所示。

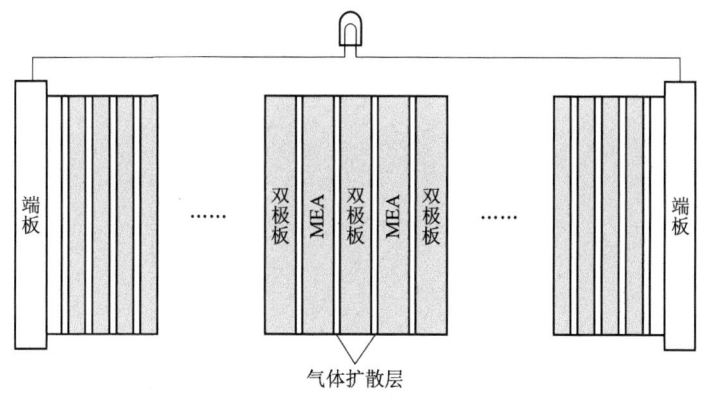

图 3-3 燃料电池堆结构

PEMFC 的工作原理如图 3-4 所示。当分别向双极板进气孔供给湿润的氢气与氧气（或者空气）时，气体在气道槽内流动，并渗透到 MEA 的多孔气体

扩散阳/阴极层中。在 MEA 的阳极层中，氢分子在催化剂作用下被离化为氢离子和电子。氢离子穿过 MEA 的电解质层转移到阴极，电子从外电路负载流向阴极，其化学反应式为

$$H_2 \xrightarrow{Pt} 2H^+ + 2e^- \tag{3.1}$$

在 MEA 的阴极层中，氧分子在催化剂 Pt 的作用下首先分离为氧原子，接着与穿过 MEA 电解质层的氢离子和经外电路流到阴极的电子发生电化学反应生成水，并释放出热量 Q_0。其电化学反应式为

$$2H^+ + 2e^- + \frac{1}{2}O_2 \xrightarrow{Pt} H_2O \tag{3.2}$$

整个反应过程可表示为

$$H_2 + \frac{1}{2}O_2 \rightarrow H_2O \tag{3.3}$$

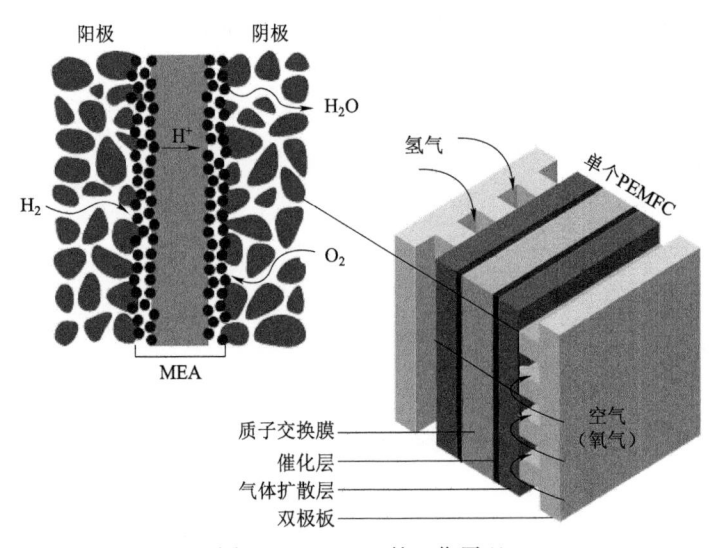

图 3-4 PEMFC 的工作原理

PEMFC 的单体输出电压 v_{cell} 可用式（3.4）表示：

$$v_{cell} = E - v_{act} - v_{ohm} \tag{3.4}$$

式中，v_{cell} 为实际电压，E 为热力学电动势，v_{act} 为活化过电压，v_{ohm} 为欧姆过电压，单位都为 V。

根据氢氧燃料电池的 Nernst 方程，可得其热力学电动势 E 的计算式（3.5）：

$$E = 1.229 - 8.5 \times 10^{-4}(T_{st} - 298) + 4.308 \times 10^{-5} T_{st} \left(\ln \frac{p_{H_2}}{101\,325} + \frac{1}{2} \ln \frac{p_{O_2}}{101\,325} \right)$$
(3.5)

式中，T_{st} 为电堆温度（K），p_{H_2} 为电堆内部氢气分压（Pa），p_{O_2} 为电堆内部氧气分压（Pa）。

活化过电压可由经验公式（3.6）表示：

$$V_{act} = V_0 + V_a(1 - e^{-c_1 i})$$
(3.6)

式中，i 为电流密度（A/cm²），V_0 为电流密度为零时的电压降（V），V_a 和 c_1 为常数。

欧姆过电压主要由质子交换膜的等效膜阻抗和电极与集流板对质子传递的阻抗产生，可由式（3.7）表示：

$$V_{ohm} = iR_{ohm}$$
(3.7)

式中，R_{ohm} 为燃料电池内阻（Ω·cm²），由式（3.8）计算得出：

$$R_{ohm} = \frac{t_m}{\sigma_m}$$
(3.8)

式中，t_m 为质子交换膜厚度（cm），σ_m 为膜传导率（Ω⁻¹/cm）。

由 n 片燃料电池串联在一起就组成了燃料电池堆，其电压 V_{st} 可由式（3.9）表示：

$$V_{st} = n \cdot v_{cell}$$
(3.9)

单个 PEMFC 的电压最大值为其开路电压，一般为 0.97 V。而实际使用电负载的电压等级往往要高于单电池电压值，如 12 V、48 V 或 380 V 等。为了获得更高的输出电压，将一定数量的单个 PEMFC 通过双极板串联起来。由多个单电池串联起来的部件称为电堆，其结构示意如图 3-5 所示。因此，电堆的电压是串联起来的单电池电压的总和。电堆内单电池数量越多，其开路电压越高。为了使电堆安全可靠地运行，必要的辅助零部件，如空压机或鼓风机、增湿器、压力调节器、DC/DC 变换器等安置在电堆周围，构成 PEMFC 系统。PEMFC 系统可按照各子系统功能分为空气/燃料供应系统、冷却系统以及控制系统。

1. 空气/燃料供应系统

PEMFC 的燃料一般为氢气或者富含氢的气体，如甲醇、甲烷等，除纯氢外，其他燃料需要通过一套重整系统处理才能送入电池，阴极侧的氧化剂常用

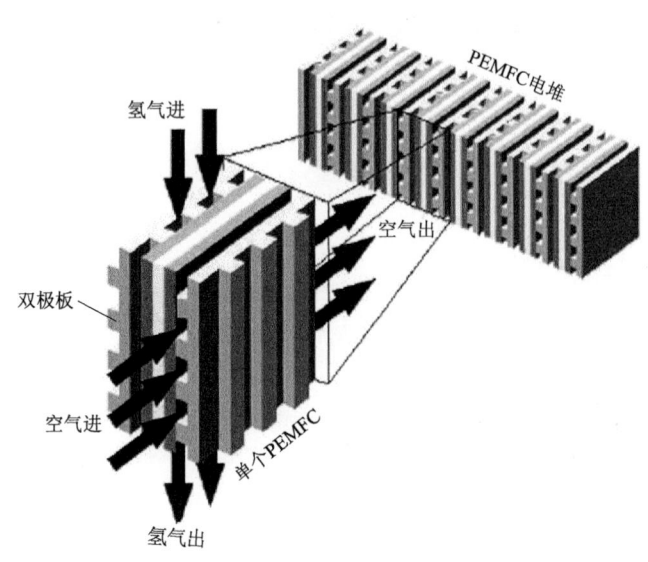

图 3-5　PEMFC 电堆结构示意

的是空气或者纯氧。燃料供应系统采用高压气体容器储氢较为常见，也可用金属材料等固体储氢。空气供应系统主要包括空气泵和空气滤清器，空气泵消耗的能量由燃料电池本身提供，空气在进入电堆之前先经过一个空气滤清器，除去灰尘等杂质。空气供应系统的主要功能如下[11]：

（1）输送空气。空气供应系统为燃料电池堆提供足够的空气量，用以完成电化学反应。

（2）加压。通常情况下，供应给电堆的空气需要加压（常用空气压力为 1.0～2.5 bar①）。

（3）增湿。对空气的增湿与燃料电池系统水/热管理有关。

（4）清洁空气。在空气进入电堆之前，需要将所有颗粒和化学物质（如一氧化碳）除去，因为这些颗粒和化学物质可能对电堆催化剂和电解质膜造成危害。

2. 冷却系统

燃料电池工作时产生的热会使电堆的温度不断升高，而燃料电池的工作温度一般为 70 ℃～90 ℃，这就需要冷却系统对电池温度进行控制。冷却系统一般包括循环泵、散热器、膨胀水箱、电磁阀等，常见的布置方式如图 3-6 所示。

---

① 1 bar=10^5 Pa。

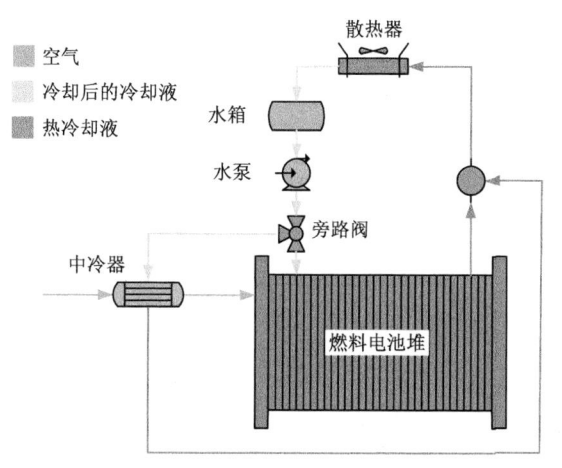

图 3-6 常见的冷却系统布置方式（见彩插）

3. 控制系统

在燃料电池系统中必须有控制系统，保证不同负载条件下反应气体流量、温度和压力等在设定的范围内，以确保燃料电池运行的稳定性和可靠性，同时也要确保系统起动和停止时的可靠性。

燃料电池发动机系统是一种多输入多输出的非线性系统，系统的温度、湿度、压力、流量、负载等诸多变量之间具有非常复杂的非线性关系，各种分布参数和变量之间有强耦合性，例如，系统的温度、湿度、压力等在电堆内部存在较强的耦合关系，进气流量的变化对其他变量的影响很大等。不仅如此，燃料电池发动机系统具有时变性，系统反应物、操作条件和负载等随时都在发生变化且变化速度各异。总之，因为存在系统内部、外部的各种变化，加之系统自身的复杂性，燃料电池发动机系统的内部状态随空间和时间发生变化，这对燃料电池系统的控制提出了很大挑战。

图 3-7 所示为某款燃料电池汽车配置的 PEMFC 系统结构，其子系统中常见辅助零部件功能及类型见表 3-1。

表 3-1 PEMFC 各子系统中常见辅助零部件功能及类型

辅助零部件名称		功　能	类　型
空气子系统	过滤器	除去空气中的尘埃颗粒，降低空压机噪声	一般为干式过滤器
	空压机（或鼓风机）	向电堆提供适量的空气参与电化学反应	离心式、双螺杆等
	中冷器	冷却从空压机出来的空气	利用环境中的空气进行冷却；利用冷却液进行冷却

续表

辅助零部件名称		功　能	类　型
空气子系统	增湿器	为进入电堆的空气进行增湿处理以补偿从电池内部逃逸的水分,达到良好的水平衡	鼓泡型、喷水型、焓轮增湿器和膜增湿器（G/G 及 L/G）
	背压阀	调节电堆内部空气压力	一般为蝶阀
	膨胀机	回收阴极尾气动能,减少空压机消耗	向心式或放射式
氢气子系统	氢罐	储存氢气	高压储氢、液态储氢、吸附储氢和基于特殊材料的储氢技术
	氢气循环泵	将多余的氢气进行循环利用	活塞式、离心式等
	排氢阀	将阳极侧的液态水以及其他气体杂质移出电堆	开关式电磁阀
	增湿器	为进入电堆的氢气进行增湿处理以补偿从电池内部逃逸的水分,达到良好的水平衡	鼓泡型、喷水型、焓轮增湿器和膜增湿器
冷却子系统	散热器	为电堆提供合适温度的冷却液	翅片式
	水泵	为电堆提供合适流量的冷却液	膜片式、活塞式等
	去离子水箱	储存一定量的冷却液,并净化冷却液	不锈钢水箱等
电气子系统	DC/DC变换器	为下游用电设备提供恒压	升压型、降压型

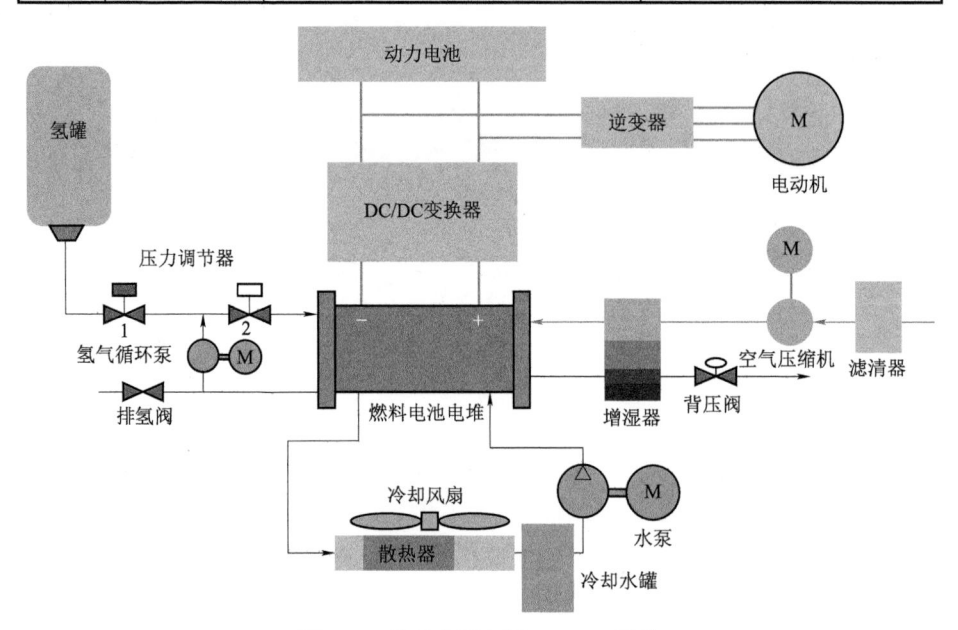

图 3-7 某款典型车用 PEMFC 系统

根据不同的运行条件和不同的膜材料，PEMFC 系统被分为不同的类型。表 3-2 列出了各种 PEMFC 系统的特点和应用。目前，燃料电池汽车（FCV）多数采用高压燃料电池系统，即空气进堆压力达到 0.2~0.4 MPa，空气输送采用空压机。对于车用低压系统的技术路线，近年来也有了一些积累，如同济大学与上汽为 2008 年北京奥运会联合开发的基于 Passat 领驭平台的燃料电池汽车采用的是低压 PEMFC 系统技术路线。PEMFC 系统工作压力一般由空气进堆压力和氢气进堆压力共同确定。氢气进堆压力一般要求高于空气进堆压力 0.2~0.5 bar。对于高压燃料电池系统，空气进堆压力要求大于 0.2 MPa。对于低压燃料电池系统，空气进堆压力最高为 0.2 MPa。在高压系统中，空气和氢气以很高的流速进入燃料电池堆，系统对载荷的变化能够快速响应；而低压系统的动态响应相对而言要慢一些。此外，高压燃料电池系统的进气通道尺寸要比低压燃料电池的小。这样，一方面使得燃料电池的电流密度增大（功率密度也相应增大）；另一方面，对于同样的空气流量，流道背压增加往往需要特殊的空压机与之匹配，使得系统的辅助消耗增加。低压系统由于工作电流密度较低，载荷动态变化较慢，电池堆承受的压力低，系统的可靠性和耐久性会更高些，但低压系统的体积较大，不利于在车载环境下进行安装。国内外车用 PEMFC 系统研发的实践和经验表明，系统工作压力可能会从高、低两端向中间发展，取长补短，这将是未来燃料电池系统的变化趋势之一。在目前的汽车应用中，由于封装和高功率密度的需求，会优先考虑工作压力较高的 PEMFC 系统。

表 3-2 各种 PEMFC 系统的特点和应用

类型	优点	缺点	应用
HT-PEMFC（>90 ℃）	对 CO 的容许量大，对热管理系统的要求低	加工过程困难，金属元件易被腐蚀	实验阶段
LT-PEMFC（<90 ℃）	起动快，电流密度大	对热管理系统要求高	原型阶段
自呼吸式	无须空压机，系统效率高，结构简单	输出功率低，很少用于交通运输工具中	仅限小功率输出（<10 kW）的原型阶段
高操作压力燃料电池（>0.2 MPa）	功率密度大，冷起动简单	功率损失大，密封要求高	原型阶段
低操作压力燃料电池（<0.2 MPa）	密封性要求低，结构简单	功率密度和效率低	原型阶段

3.1.2　PEMFC 模型概述

1. 系统模型概述

当前，已有大量文献报道了有关 PEMFC 建模的研究工作，涵盖了单电池模型、电堆模型以及系统模型。Cheddie 等[12]对 2005 年之前有关 PEMFC 建模的工作做了比较系统的归纳和总结，将 PEMFC 模型概括为解析模型（Analytical Model）、半经验模型（Semi-empirical Model）和机理模型（Mechanistic Model），并总结了各种模型所描述的内容：极化曲线、传递现象、热效应、水管理、CO 中毒、催化剂利用、流场几何形状影响以及质子传导率等。在 PEMFC 研究早期，内部的物质或能量传递现象得到广泛关注，如反应气体在流场、扩散层以及催化层内部的压力、速度、浓度分布以及膜中水传递机制与水含量分布等。因此，分布参数模型被广泛采用，特别是利用计算流体力学（CFD）相关理论建立 PEMFC 分布参数模型得到众多研究者的青睐。目前，已有一些商业化的 PEMFC 分布参数模型软件包，如 Start-CD、Ansys/Fluent、gPROMS 等。在 CFD 建模工作中，具有代表性的研究学者有 Wang、Gurau、Weber、Yao、Promislow、Siegel 和 Shah 等。Wang[13]总结了 2004 年之前 PEMFC 分布参数模型（基于 CFD 模型）的研究工作。Gurau 等[14]对 2009 年之前的 CFD 多相流模型进行了梳理。Weber 等[15]系统地总结了 2004 年之前有关 PEMFC 内部传递现象的模型。Yao 等[16]则分别对 PEMFC 和 DMFC 进行了分布参数模型的总结。Promislow 等[17]对 PEMFC 建模过程中的数学问题，如微观尺度下的电极模型描述、宏观尺度下的单电池及电堆建模方法等进行了详细阐述。Siegel[18]则针对传质与传热的分布参数模型，按照模型的维度进行了详尽的分类。不同之处在于，对各模型的求解方法进行了总结。Shah 等[19]则对最新的（2011 年以前）PEMFC 建模进展和趋势进行了分析。

随着对 PEMFC 内部传递现象的不断揭示，在系统层面上的集总参数建模工作也逐步展开。Meyer 等[20]总结了 2006 年之前用于控制的 PEMFC 系统集总参数动态模型。Bavarian 等[21]分别选取了 PEMFC 和 SOFC 系统的动静态集总参数模型进行归纳和分析。根据 Meyer 等以及 Bavarian 等的模型总结工作，具有代表性的国外有关 PEMFC 的动态集总参数模型研究有：Amphlett 等[22]较早提出了 PEMFC 动态模型。该模型结构为动态的电池内部物料流和能量流模型，耦合稳态的电化学模型。所建立的模型主要用于预测电堆电压和温度输出等。该模型对后来的 PEMFC 系统建模影响甚大，如 Pukrushpan 等[23]根据 Amphlett 电堆动态模型结构，结合空压机动态模型以及增湿器稳态模型等辅助零部件模型构建了 75 kW 级 PEMFC 系统动态模型，但该模型没有考虑电池内部的双层电容效应、电堆温度及膜中水含量的动态变化。Yerramalla 等[24]针对 PEMFC 电堆建立线性和非线性两种集总参数模型，并指出线性模型很难准确预测电池的动态行为。Xue 等[25]则将 PEMFC 系统划分为三个控制体，并在每一个控制体内运用物料、能量守恒原理建立模型，该模型较好地预测了电池电压的动态行为。Pathapati 等[26]则在 Xue 建立的 PEMFC 系统动态模型基础上考虑了电池内部的双层电容效应，改进的模型能够很好地吻合实验数据。Lee 等[27]则在 Pathapati PEMFC 系统模型基础上增加了 DC/DC 模型，使系统模型更加贴近于实际系统。Benziger 等[28]则将 PEMFC 视为 CSTR（连续搅拌釜式反应器），并根据传统的 CSTR 建模方法建立了 PEMFC 动态模型。Nolana 等[29]则关注车用 PEMFC 系统的热管理模型，建立了非线性和简化的线性模型。其结果表明，在热管理建模中，线性模型可以替代原非线性模型。Uzunoglu 等[30]建立了较为简单的 PEMFC 系统动态模型，即在气体压力的动态模型中采用一阶传递函数的形式。Moore 等[31]介绍了 FCVSim 燃料电池汽车仿真工具包，其中 PEMFC 系统动态模型包含空气供应、氢气供应、电堆及水热管理四个子系统动态模型。

国内有关 PEMFC 系统动态模型的研究起步要晚于国外，相关的研究有：周苏等[32~34]将三步催化反应的动力学机理、膜中水含量的动态特性以及基于实验数据查表方法应用在 PEMFC 系统动态模型中，并取得了较为满意的仿真结果。李奇等[35~38]应用 RC 等效电路模拟燃料电池极化特性，并建立了能量和物料守恒方程。基于所建立的 PEMFC 系统动态模型，针对空气过量系数、电堆温度等状态进行相关控制器设计。胡鹏等[39~40]以 10 kW 级 PEMFC 系统为建模对象，分别对氢气端、空气端、电化学及温度进行模拟。该模型用于阴阳两极压差控制器和温度控制器的设计。何海婷等[41]和张竹茜等[42]考虑了气-液在扩散层的传递现象，其中气体的传递应用 Fick 定律，液态水运动方程则利用毛细压力的梯度。电化学模型则采用 RC 等效电路模型，并对电堆进行了相关试验研究。张建琴等[43]将机理建模与经验建模相结合，其中 PEMFC 电堆的电化学采用经验建模方法，辅助零部件（如鼓风机等）采用机理建模。贺建军等[44]通过分析电池工作过程中影响输出的几个主要因素，即电化学电动势、活化极化过电压、欧姆极化过电压、浓度极化过电压与双层电荷层作用，建立燃料电池数学模型，并通过实验数据和参数优化方法确定了模型的参数。包成等[45]针对 PEMFC 系统建立了面向控制的动态模型，该模型包含了氢气在阳极气体回路的循环利用。李曦等[46]及谷靖等[47]针对 PEMFC 系统中的热管理系统进行了建模。

2. 电堆模型概述

电堆是整个 PEMFC 系统的核心部件。由 PEMFC 工作原理可知，当空气、氢气及冷却水连续不断地输入电堆内，且外部电路形成闭路时，电堆就可以充当直流"电源"。因此，电堆电压成为描述其性能的重要指标之一。对其变化进行预测成为 PEMFC 电堆建模的主要目的和重要的检验参数。

在 PEMFC 电堆模型研究的早期，其模型大都采用集总参数模型，即不考虑电堆内单电池在电压上的差别。因此，电堆电压 E_{stack} 通过计算公式（3.10）得到：

$$E_{stack} = n_{cell} E_{cell} \tag{3.10}$$

式中，n_{cell} 为单电池数量，E_{cell} 为单电池电压。

由于电堆在结构上是由一定数量的单片电池通过双极板串联而成的（参见图 3-5），电堆电压为串联在一起的单电池电压的总和，且单电池电压之间存在差异。为了对单电池电压上的差异进行数学描述，往往采用分布参数模型。在电堆分布参数模型中，电堆电压计算公式如下：

$$E_{stack} = \sum_{i=1}^{n_{cell}} E_{cell}(i) \tag{3.11}$$

因此，根据电堆电压计算方式的不同（见式（3.10）和式（3.11）），电堆模型可分为单电池电堆模型和多电池电堆模型。

1）单电池电堆模型

Amphlett 等[48~51]在 1994—1996 年发表了数篇针对 Ballard 公司的 Mark IV PEMFC 电堆模型的文章，所建立的电压经验模型是在单电池机理模型的基础上提炼简化得到的。该模型为后续的电堆模型研究工作奠定了基础。其中，电堆电压计算公式如下：

$$E_{cell} = E_{nernst} + \eta_{act} + \eta_{ohmic} \tag{3.12}$$

式中，E_{nernst} 为电池开路电压，可由 Nernst 公式计算得到：

$$E_{nernst} = 1.229 - 0.85 \times 10^{-3}(T - 298.15) + 4.3085 \times 10^{-5} T \left[\ln(P_{H_2}^*)(P_{O_2}^*)^{1/2} \right] \tag{3.13}$$

η_{act} 为电池阴极活化过电势，其大小已根据机理模型做了如下简化：

$$\eta_{act} = \xi_1 + \xi_2 T + \xi_3 T \ln(C_{O_2}^*) + \xi_4 T \ln(i) \tag{3.14}$$

式中，ξ_i（$i = 1,2,3,4$）为待辨识的参数。

η_{ohmic} 为电池内部的欧姆损失，其计算公式如下：

$$\eta_{\text{ohmic}} = -iR_{\text{internal}}(i,T) \tag{3.15}$$

其中，电池内部面积电阻是电流密度和电池温度的函数，可写成：

$$R_{\text{internal}} = \beta_1 + \beta_2 T + \beta_3 i \tag{3.16}$$

式中，β_i（$i=1,2,3$）为待辨识的参数。

在文献[44]中，Amphlett 等通过实验确定了模型中的待辨识参数，见表 3-3。

表 3-3　Amphlett 等电堆电压经验模型参数

待辨识参数	数值	待辨识参数	数值
ξ_1	−0.951 4	β_1	0.016 05
ξ_2	0.003 12	β_2	−3.5e−5
ξ_3	7.4e−5	β_3	8.0e−5
ξ_4	−0.000 187		

Khan 等[52~53]将 Amphlett 电堆电压经验模型与反应气体动态模型以及电堆热模型相结合，建立了 PEMFC 系统模型，并添加了 DC/AC 变换器模型，并进行了相关的仿真分析。该模型可为控制器设计及性能评估提供有用信息。国内的张杨军等[54]在 Amphlett 电堆电压经验模型基础上，考虑了电堆温度的热惯性，并通过实验进行了验证。该模型对车用环境下的电堆热管理具有较好的指导作用。卢兰光等[55]在 Amphlett 等的研究基础上，结合车用实际情况采用半经验方法建模。与 Amphlett 电堆电压经验模型不同之处在于，电池电压计算公式上添加了浓差极化项，欧姆损失项则采用断电法获得。实验表明，车用低压电堆内阻在较好的增湿范围内只与电堆温度有关。侯永平等[56]则根据实验数据，提出电堆电压动态半经验模型。周苏等[34]则将电堆电压模型进一步简化为

$$E_{\text{stack}} = \zeta_1 + \zeta_2 \ln(P_{O_2}) + (\zeta_3 T + \zeta_4)i \tag{3.17}$$

式中，ζ_i（$i=1,2,3,4$）为待辨识的参数。

通过对电堆电压经验模型的研究，有助于研究人员对电池性能（外特性）的理解。但电压模型仅能提供电堆有限的信息，将电压模型与电堆内的反应气体动态方程、膜中水传递方程及电化学反应动力学相结合，才能体现出模型的价值，拓宽模型的应用范围。因此，对电堆模型的研究开始朝更加复杂的建模方向发展。Pukrushpan 等[23]以应用在 Ford P2000 车型上的 75 kW 级 PEMFC 系统为对象，建立了面向控制的 PEMFC 系统动态模型。整个电堆被抽象成阴极

气室、质子交换膜和阳极气室三个控制体,如图3-8所示。在各控制体内应用机理建模方法,电堆的温度被假设为常数,膜假设处于充分湿润状态。其电堆电压计算模型在Amphlett等提出的经验模型基础上增加了浓差极化项,并将电池内阻与膜的水合状态相联系,具体的电压计算公式如下:

$$E_{cell} = E_{nernst} + \eta_{act} + \eta_{ohmic} + \eta_{conc} \tag{3.18}$$

式中,能斯特电压E_{nernst}与式(3.5)一致。电池阴极活化过电势η_{act}的表达式为

$$\eta_{act} = -v_0 - v_a(1 - e^{-c_1 i}) \tag{3.19}$$

电池内部的欧姆损失η_{ohmic}的表达式为

$$\eta_{ohmic} = -i R_{internal}(\lambda_m, T) \tag{3.20}$$

浓差极化项η_{conc}的表达式为

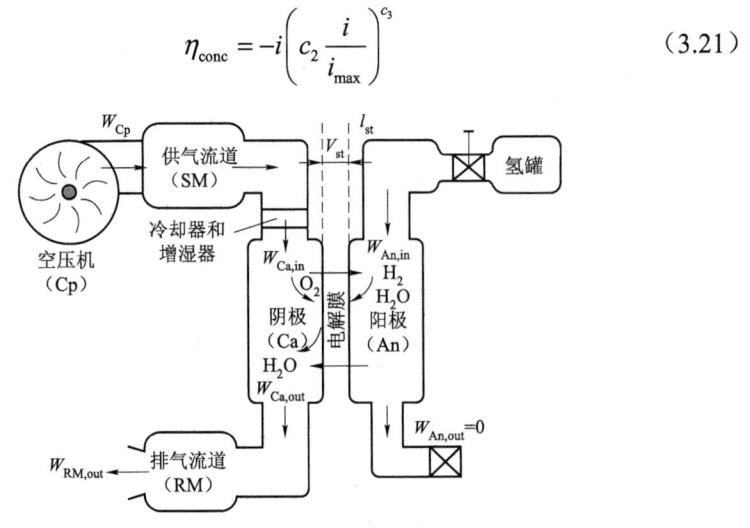

$$\eta_{conc} = -i\left(c_2 \frac{i}{i_{max}}\right)^{c_3} \tag{3.21}$$

图3-8 Pukrushpan等建立的电堆集总参数模型示意图

其他学者则在电堆集总参数模型的基础上进行了改进或其他方面的工作,如Grasser等[57~58]在电堆电压模型中考虑了双极板接触电阻对电池电压的影响。Meiler等[59]则面向硬件在环(HIL)仿真建立了"Uryson"电堆模型。该模型可分为稳态和动态两大部分。稳态部分通过大量的实验确定输入参数对电压、压力及温度等状态的影响,动态部分则是利用一阶传递函数描述各状态的动态行为。Real等[60]针对Ballard Nexa(1.2 kW)PEMFC电堆建立两相流集总参数模型,这也是较早讨论液态水在电堆内运动的面向控制的模型之一。

2）多电池电堆模型

在多电池电堆模型中，主要考虑单电池之间的电压差异性。较早的研究工作则为 Lee 和 Lalk[61~62]于 1998 年发表的多电池电堆稳态模型。建模对象为 350 cm² 有效面积和 125 片单电池的电堆。在其建模方法中，将电堆划分为数个互联的小控制体（图 3-9（a）），并在每一个小控制体内建立气体传输、电化学等模型。在模型求解过程中，采用迭代方式进行计算。选取的电流分布计算结果如图 3-9（b）所示。

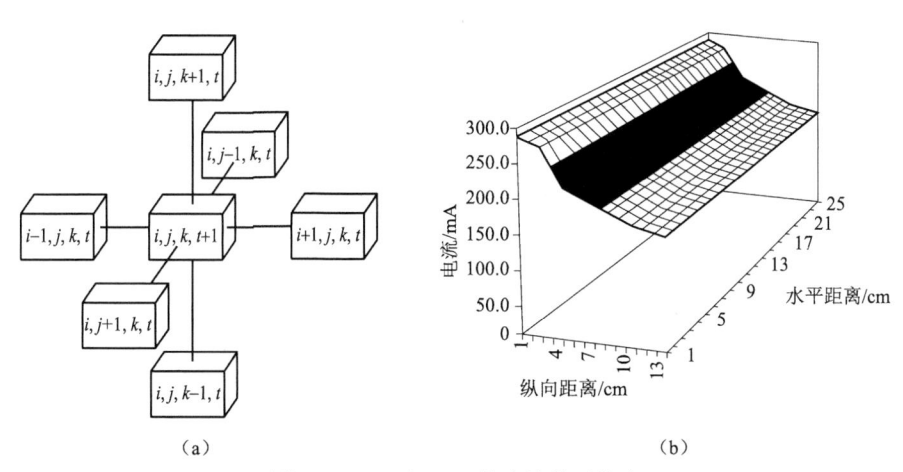

图 3-9　Lee 和 Lalk 的电堆模型信息

Thirumalai 等[63]建立了多电池电堆稳态模型，采取的建模方法与 Lee 和 Lalk 不同，电堆被划分为进气歧管、多个单电池和排气歧管（图 3-10）。单电池的模型则采用 Nguyen 和 White[64]的 1D+1D 模型，其边界条件耦合到歧管模型。随着数值模拟技术的发展，电堆模型也逐步采用 CFD 建模方法。如 Kee 等[65]对平板型电堆内流道网络中气体流道进行模拟，但模型没有涉及电化学反应。Liu 等[66]对含有 6 个单池、有效面积为 8 cm² 的电堆进行了 CFD 模拟。Chang 等[67]将电堆 3D 模型简化为 1D+2D 模型。Philipps 等[68]为含有 6 个单池、有效面积 57 cm² 的电堆建立了计算高效的动态 CFD 模型，使计算负荷大大减小，同时精度不会损失太多。Le 等[69]对含有 3 个单池的电堆应用 CFD 技术建立多相模型，成功模拟出气体通道水淹对电池性能的影响。Ly 等[70~71]从数值计算角度针对电堆 CFD 模型简化问题进行研究，并提出了电堆对称简化模型。Sasmito 等[72]对阴极敞开式电堆（也叫自呼吸式电堆）进行 CFD 模拟。

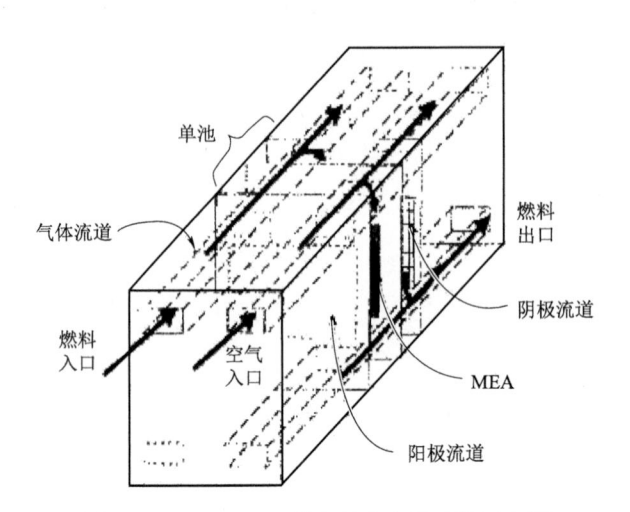

图 3-10　Thirumalai 等文献中电堆建模示意图

除了从 CFD 角度建立电堆模型，一些学者首先对电堆内单电池建立机理模型，然后将数个单电池模型耦合成电堆模型。这种建模方法避开了 CFD 中繁杂的数值求解过程（如 N-S 方程数值求解），而是针对每一片单池以及与单池有关联的进排歧管建立一组集总参数方程。代表性的工作有：Shan 等[73~74]将温度的影响因素考虑到电堆模型中，观察了温度在电堆上的分布以及动态行为。Park 等[75~76]对含有 20 片单池、有效面积为 140 cm^2 的电堆建立了两相动态模型。Gao 等[77~78]为 Ballard Nexa（1.2 kW，47 片电池）电堆建立了单相动态模型，用于考察温度在电堆上的分布情况，并通过实验进行了验证。Karimi 等[79~80]基于流体网络方法建立电堆稳态模型，可为电堆内流道设计和电堆操作条件优化提供指导。Park 等[81]在 Karimi 模型基础上建立了考虑电堆内温度梯度的稳态模型。

3. PEMFC 系统动态建模策略讨论

过程系统是由若干个过程单元，按照一定的拓扑结构并通过物料流和能量流连接成一个完整的体系。过程系统的数学模型主要有描述过程单元的过程单元模型以及描述过程单元间联系的过程系统结构模型。在 PEMFC 过程系统中，其过程单元主要有空压机、增湿器、电堆、阀门、氢罐等。此外，PEMFC 系统拓扑结构多样，如高压 PEMFC 系统往往在电堆阴极出口处安装背压阀，而低压 PEMFC 系统则不采用背压阀；有些 PEMFC 系统安装氢气循环泵，有些则通过引射器（Ejector）实现氢气的循环利用。因此，在获得整个PEMFC系统模型之前,建立过程单元模型和过程系统结构模型是十分必要的。

实际上,过程系统在空间上是连续分布的,这不利于过程单元模型的建立。因此需要在空间上对过程单元进行边界条件划分,得到有限个数的过程单元控制体(Control Volume,CV)。过程单元模型可通过对其CV运用相关守恒定理获得。在PEMFC系统中,过程单元(或零部件)呈现出一些共同特征,如物料(气体)和能量从单元中流入和流出;过程单元内存在压降现象等。而对这些特征进行数学抽象是建立过程单元模型的先决条件。

为清晰说明过程单元建模的策略和过程系统结构模型,以含有三个过程单元CV的系统为例(图3-11)介绍相关内容。在图3-11中,CV1入口处的过程单元为上游单元,其控制体为CV0;CV1出口处的过程单元为下游单元,其控制体为CV2。

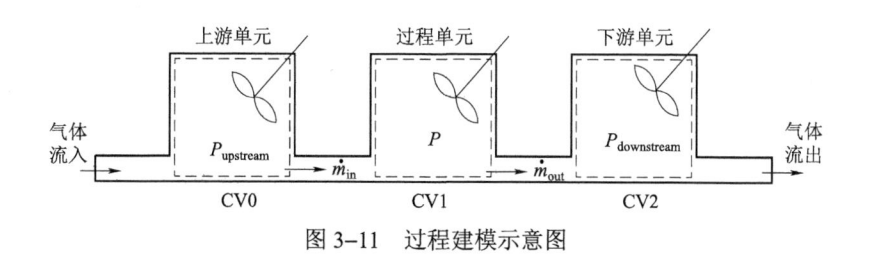

图3-11 过程建模示意图

过程系统结构模型主要体现在过程单元模型的输入输出参数上。CV1的模型输入参数一般有进入CV1的物料/能量流(如气体流量、温度、湿度、气体摩尔组分及焓值)和下游单元CV2的气体压力。输出参数为离开CV1控制体的物料/能量流气体状态以及CV1内的气体压力,如图3-12所示。需要说明的是,若某CV在过程系统中需要额外的控制信号,则在输入参数中还应考虑控制信号的接口。由图3-11所示的系统拓扑结构可以得到CV1在该过程系统中的结构模型(无化学反应):

$$\dot{m}_{in}^{CV1} = \dot{m}_{out}^{CV0}, \quad H_{in}^{CV1} = H_{out}^{CV0} \tag{3.22}$$

$$\dot{m}_{out}^{CV1} = \dot{m}_{in}^{CV2}, \quad H_{out}^{CV1} = H_{in}^{CV2} \tag{3.23}$$

过程单元的封装如图3-12所示。这种对过程单元模型接口的统一定义可方便搭建不同拓扑结构的PEMFC系统动态模型。图3-13显示了在统一接口条件下,过程单元模型之间的连接。需要说明的是,在图3-11中,过程单元存在一些外部扰动参数,分为可测扰动和不可测扰动。在燃料电池过程系统中,空压机的外部可测扰动参数主要为操作环境的大气压力和温度,电堆的外部可测扰动参数为电堆电流。不可测扰动有:电堆内有效面积的变化、空压机转动惯量的变化、电堆内接触电阻的变化等。对于可测扰动的影响,可通过前馈控制策略加以消除;对于不可测扰动的影响,可通过反馈控制策略加以抑制。

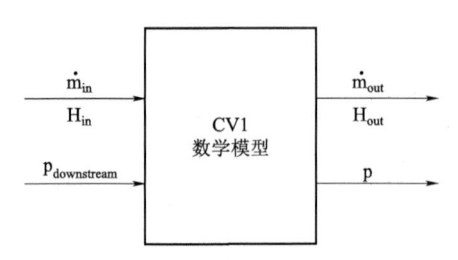

图 3-12 CV1 数学模型封装

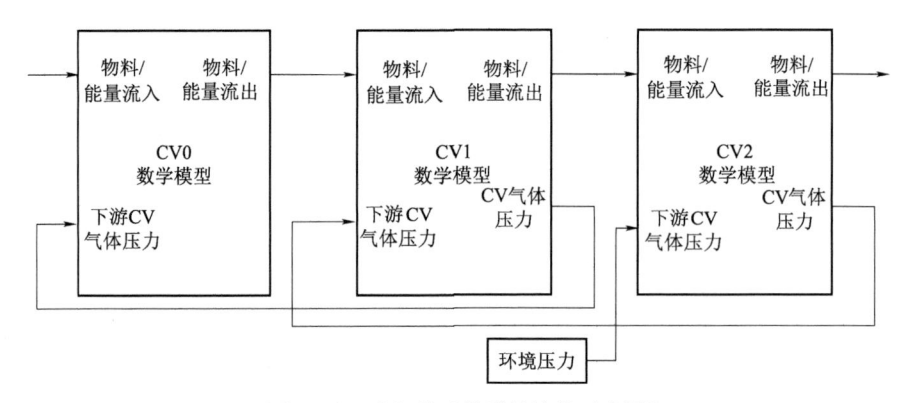

图 3-13 过程单元模型的连接示意图

过程单元 CV1 的动态建模策略主要有以下两种。

1)策略 1

这种建模策略要结合以下假设:应用"迎风 Up-Wind"格式,CV1 内的气体压力等同于 CV1 出口处的气体压力;CV1 入口处的气体压力等同于上游 CV0 的气体压力 $p_{upstream}$;下游 CV2 入口处的气体压力等同于 CV1 内的气体压力(或 CV1 出口处的气体压力)。

在 CV1 内应用质量/能量守恒定律,得

$$\frac{dm_\alpha}{dt} = \dot{m}_{\alpha,in} - \dot{m}_{\alpha,out} - \dot{m}_{\alpha,consumed/generated} \tag{3.24}$$

$$(mc_p)_{CV1} \frac{dT}{dt} = H_{in} - H_{out} - \dot{Q}_{gen} - \dot{Q}_{other} \qquad (3.25)$$

式中，m_α 为 CV1 内的气体 α 质量，$\dot{m}_{\alpha,in}$ 为进入 CV1 的气体 α 质量流量，$\dot{m}_{\alpha,out}$ 为从 CV1 出去的气体 α 质量流量，$\dot{m}_{\alpha,consumed/generated}$ 为气体 α 在 CV1 内反应或生成的速率，T 为 CV1 内的气体温度，H 为气体焓值，$\dot{Q}$ 为产生或交换的热功率，$(mc_p)_{CV1}$ 为 CV1 的与热容相关的模型参数。

在计算 CV1 出口的气体流量时，可根据与下游的压差来确定：

$$\dot{m}_{out} = f(p - p_{downstream}) \qquad (3.26)$$

式中，函数关系式可由 Darcy–Weisbach 公式推导得到：

$$\dot{m}_{out} = k_{D-W} \sqrt{p - p_{downstream}} \qquad (3.27)$$

式中，k_{D-W} 为常数，与出口处的水力直径、雷诺数等有关。当压差较小时，式 (3.27) 可表述为流量与压差的线性函数关系[109]：

$$\dot{m}_{out} = k_{nozzle}(p - p_{downstream}) \qquad (3.28)$$

式中，k_{nozzle} 为常数。

在得出 CV1 出口的气体流量的条件下，可通过各气体组分在 CV1 中的质量分数获得各气体组分的质量流量：

$$\dot{m}_{\alpha,out} = \frac{m_\alpha}{\sum m_\alpha} \dot{m}_{out} \qquad (3.29)$$

CV1 内部的气体压力由理想气体定律计算得到：

$$p = \frac{mRT}{V_{CV1}} \qquad (3.30)$$

式中，V_{CV1} 为 CV1 的体积，R 为气体常数，m 为 CV1 内的气体总质量。

2）策略 2

这种建模策略要结合以下假设：CV1 内的气体压力等同于其出口和入口处的气体压力的平均值；CV1 入口处的气体压力可由入口处的气体流量计算得到；气体的压力动态变化遵循一阶过程动态环节的规律；CV1 内的气体温度等同于其出口和入口处的气体温度的平均值。

由质量/能量守恒定律，离开 CV1 的气体流量和焓值计算如下：

$$\dot{m}_{out} = \dot{m}_{in} - \dot{m}_{consumed/generated} \qquad (3.31)$$

$$H_{out} = H_{in} - \dot{Q}_{gen} - \dot{Q}_{other} \qquad (3.32)$$

流经 CV1 的气体压差可表示为入口流量的函数关系。该函数解析关系较为复杂，在工程应用中，一般以稳态实验值建立入口流量–压差的一维表格 LUT：

$$\Delta p^* = \text{LUT}(\dot{m}_{\text{in}}) \tag{3.33}$$

通过查表方式得到稳态压差，再由假设的一阶动态环节来描述系统的动态压差 Δp：

$$\tau_{p,\text{CV1}} \frac{\text{d}\Delta p}{\text{d}t} = \Delta p^* - \Delta p \tag{3.34}$$

式中，$\tau_{p,\text{CV1}}$ 为用于描述压力动态的时间常数，可由经验或实验确定。

因此，CV1 入口处的气体压力以及内部的压力可计算为

$$p_{\text{in}} = \Delta p + p_{\text{downstream}} \tag{3.35}$$

$$p = \frac{1}{2}(p_{\text{in}} + p_{\text{downstream}}) \tag{3.36}$$

CV1 出口处气体的温度 T_{out} 可通过式（3.31）计算得到。因此，CV1 内气体稳态温度可表示为

$$T^* = \frac{1}{2}(T_{\text{in}} + T_{\text{out}}) \tag{3.37}$$

由假设的一阶动态环节来描述气体温度的变化：

$$\tau_{T,\text{CV1}} \frac{\text{d}T}{\text{d}t} = T^* - T \tag{3.38}$$

式中，$\tau_{T,\text{CV1}}$ 为用于描述温度动态的时间常数，可由经验或实验确定。

虽然两种建模策略所得出的模型结构有所不同，但其最终目的是一致的，即对建模对象的动态行为进行描述，并能够正确地预测系统的动态行为和稳态特性。然而，在模型用途上两者却存在一定的差别：在策略 1 中考虑了 CV 内质量/能量变化，即 CV 内的气体压力和温度动态是通过式（3.25）和式（3.26）体现的，较为严谨地描述了 CV 内物料状态的变化。由于模型采用解析式表达，可在选取的某一工作点上进行线性化，得到标准的状态空间方程，并运用成熟的线性系统优化控制理论设计控制器，但模型准确性（包括稳态值和不同稳态值之间的过渡过程）依赖于参数确定是否合理。在策略 2 中，CV 内质量/能量变化是先通过基于实验数据的查表方式或求解代数方程计算出稳态值，而不同稳态值之间的过渡过程则是通过假设的一阶动态环节来体现。因此，这样的模型能够很好地描述系统输出的稳态特性，但却不能体现系统应有的过渡行为。系统的稳态输出通过查表的方式或求解代数方程而获得，因此，策略 2 在计算负荷上具有优势，适合于 HIL 仿真等场合，

但模型的准确性依赖于表格中实验数值的准确度以及时间常数的合理选取。当然，在 PEMFC 系统建模中，可根据实际情况对不同的过程单元采用不同的建模策略，以期达到建模的目的。

3.2 PEMFC 发动机建模

PEMFC 系统作为汽车发动机，其计算模型由三个子模块构成：燃料电池堆模块、空气供应模块和供氢模块。

3.2.1 燃料电池堆模块

电堆是整个 PEMFC 系统的核心部件，其模型如图 3-14 所示。由燃料电池工作原理可知，当将空气、氢气以及冷却水连续不断地输入电堆内，只要外部电路形成回路，电堆就可以充当直流"电源"使用。

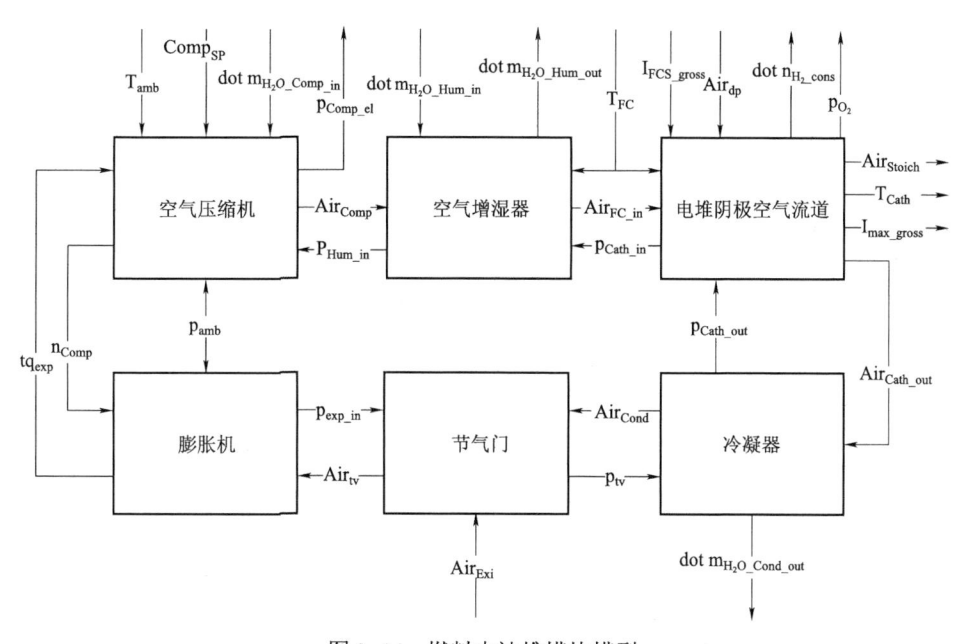

图 3-14 燃料电池堆模块模型

燃料电池堆模块是理论及经验的混合模型，主要用于控制设计时使用。它建立了如下映射关系：

$$\begin{bmatrix} I_{FCS\_gross} \\ \dot{n}^C_{air\_in} \\ \dot{m}_{H_2O\_Comp\_in} \\ \dot{m}_{H_2O\_Hum\_in} \\ p^C_{out} \\ p_{amb} \\ p^A_{out} \\ T_{amb} \\ T_{FC\_out} \\ Air_{dp} \\ Air_{Exi} \end{bmatrix} \rightarrow \begin{bmatrix} I_{max\_gross} \\ \lambda_{O_2} \\ \dot{n}_{H_2} \\ \dot{m}_{H_2O\_Hum\_out} \\ \dot{m}_{H_2O\_Cond\_out} \\ p^C_{in} \\ p_{O_2} \\ T^C \\ p_{Comp\_el} \end{bmatrix} \quad (3.39)$$

燃料电池堆阴极模块模型如图 3-15 所示。

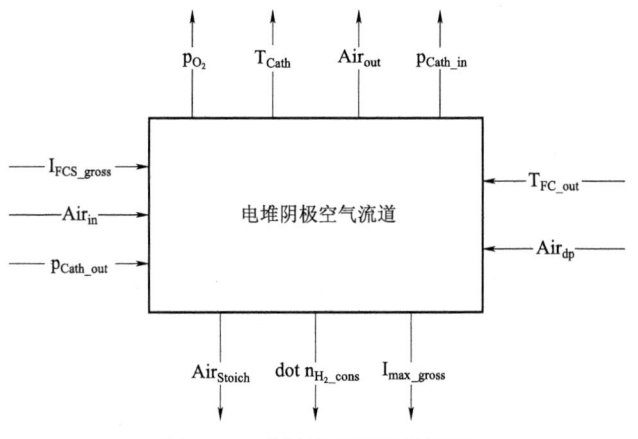

图 3-15 电池堆阴极模块模型

（1）由于阳极气体来源于高压储氢罐，其压力或流量较阴极端更容易得到控制。因此，在一部分电堆模型中，将阳极气体模型忽略或简化为如图 3-16 所示的供氢模型。当外部电路从电堆拉取一定电流时，氢气将被消耗。

图 3-16 供氢模型

耗氢摩尔流量为 $\dot{n}_{\text{H}_2\_\text{cons}}$，根据法拉第定律可得

$$\dot{n}_{\text{H}_2\_\text{cons}} = \frac{N_{\text{cell}} I_{\text{FCS\_gross}}}{2F} \tag{3.40}$$

根据氢氧电化学反应关系，耗氧摩尔流量 $\dot{n}_{\text{O}_2\_\text{cons}} = 0.5 \dot{n}_{\text{H}_2\_\text{cons}}$。

（2）堆电化学反应的空燃比 λ_{O_2}，亦称过氧比，其定义为空气端供应的氧气流量与堆化学反应消耗的氧气流量之比：

$$\lambda_{\text{O}_2} = \frac{\dot{n}_{\text{O}_2\_\text{in}}^{\text{C}}}{\dot{n}_{\text{O}_2\_\text{cons}}} = \frac{\dot{n}_{\text{O}_2\_\text{in}}^{\text{C}}}{0.5 \dot{n}_{\text{H}_2\_\text{cons}}} \tag{3.41}$$

随着电堆工作状态的改变，空燃比的选取也应当相应变化。通常，随着电堆工作电流的增加，空燃比应相应减小直至平稳，图 3-17 所示为空燃比随电堆工作电流的变化曲线。

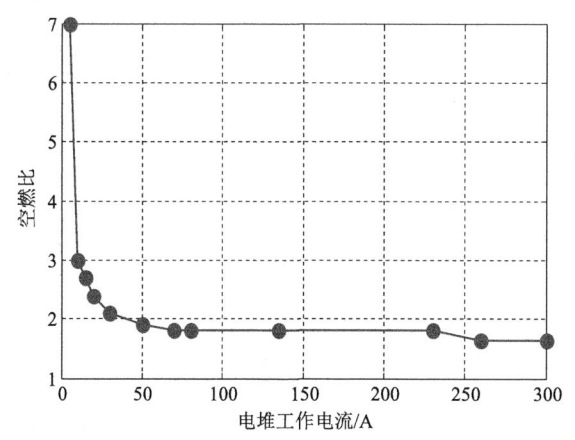

图 3-17 空燃比随电堆工作电流的变化曲线

（3）阴极输出空气摩尔流量 $\dot{n}_{\text{air\_out}}^{\text{C}}$ 按其主要成分氧、氮和水分别计算，其中氧气流量因电化学反应而消耗减少，氮气流量保持不变，输出的空气中不仅包括输入空气中的气态及液态水，而且增加了反应中生成的水分。各成分的计算应根据以下三式进行：

$$\dot{n}_{\text{O}_2\_\text{out}}^{\text{C}} = \dot{n}_{\text{O}_2\_\text{in}}^{\text{C}} - \dot{n}_{\text{O}_2\_\text{cons}} \tag{3.42}$$

$$\dot{n}_{\text{N}_2\_\text{out}}^{\text{C}} = \dot{n}_{\text{N}_2\_\text{in}}^{\text{C}} \tag{3.43}$$

$$\dot{n}_{\text{H}_2\text{O}\_\text{out}}^{\text{C}} = \dot{n}_{\text{H}_2\text{O(g)}\_\text{in}}^{\text{C}} + \dot{n}_{\text{H}_2\text{O(l)}\_\text{in}}^{\text{C}} + \dot{n}_{\text{H}_2\text{O}\_\text{prod}} = \dot{n}_{\text{H}_2\text{O(g)}\_\text{out}}^{\text{C}} + \dot{n}_{\text{H}_2\text{O(l)}\_\text{out}}^{\text{C}} \tag{3.44}$$

式中，$\dot{n}_{\text{H}_2\text{O}\_\text{prod}}^{\text{C}} = \dot{n}_{\text{H}_2\_\text{cons}}$，$\dot{n}_{\text{H}_2\text{O(g)}\_\text{out}}^{\text{C}} = \min\left\{\dot{n}_{\text{H}_2\text{O}\_\text{out}}^{\text{C}}, \dfrac{p_{\text{out\_dew}}^{\text{C}}}{p_{\text{out}}^{\text{C}} - p_{\text{out\_dew}}^{\text{C}}}(\dot{n}_{\text{O}_2\_\text{out}}^{\text{C}} + \dot{n}_{\text{N}_2\_\text{out}}^{\text{C}})\right\}$。

输出空气的湿饱和压根据查表可得，即 $p_{\text{out\_dew}}^C = \text{LUT}(T_{\text{out}}^C)$。

(4) 阴极输入空气压力 p_{in}^C。因实际的环境空气压力 p_{amb} 是一个缓慢变化的物理量，计算空气流量过程某一节点的压力通常由出口处的已知环境压力逆向分段反推进行。计算阴极输入空气压力 p_{in}^C 是假定阴极输出空气压力 p_{out}^C 已知，并根据实测的堆阴极空气通道压降经验公式：

$$\Delta p^C = \lambda_{\Delta p}^C \left[\frac{3600 \bar{n}_{\text{air}}^C \bar{T}^C R}{0.5(p_{\text{in}}^C + p_{\text{out}}^C) \times 10^5} \right]^2 \quad (3.45)$$

因此

$$p_{\text{in}}^C = p_{\text{out}}^C + \Delta p^C \quad (3.46)$$

式中，$\bar{n}_{\text{air}}^C = 0.5(\dot{n}_{\text{air\_in}}^C + \dot{n}_{\text{air\_out}}^C)$，为平均空气摩尔流量；$\bar{T}^C = 0.5(T_{\text{air\_in}}^C + T_{\text{air\_out}}^C)$，为平均阴极空气温度；$\lambda_{\Delta p}^C$ 为堆阴极空气通道压降经验系数。根据式（3.45）和式（3.46），建立如图 3-18 所示的阴极输入压力计算模型。

通常，阴极空气通道压降与阴极入口空气流量之间呈现近似线性的变化关系，如图 3-19 所示为两者之间的变化关系曲线。

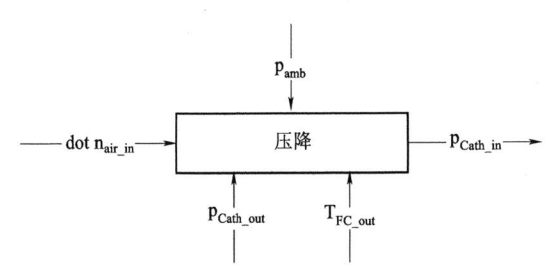

图 3-18 阴极输入空气压力计算模型

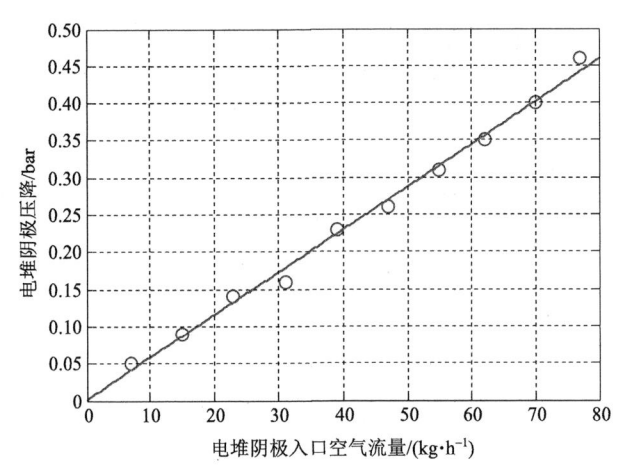

图 3-19 阴极空气通道压降随阴极入口空气流量变化曲线

同时，阴极空气通道工作压力与电堆工作电流之间呈现出如图 3-20 所示的关系，因此，可以根据电堆的工作状态调整阴极入口的空气流量。

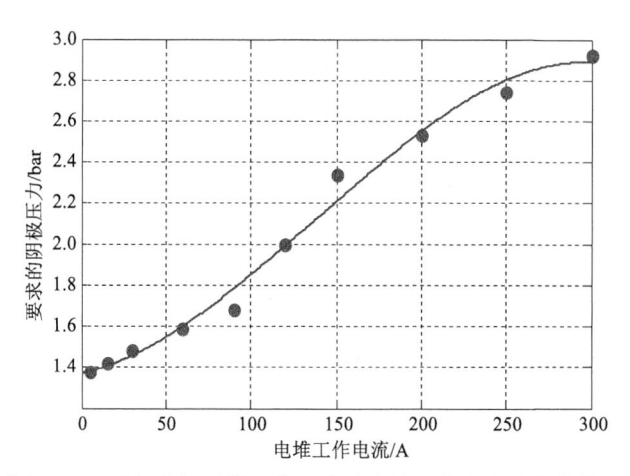

图 3-20 阴极空气通道工作压力随电堆工作电流的变化曲线

（5）阴极极化曲线。依据实测的经验公式，建立如图 3-21 所示的极化曲线计算模型，得出阴极氧气压力、工作温度等参数。

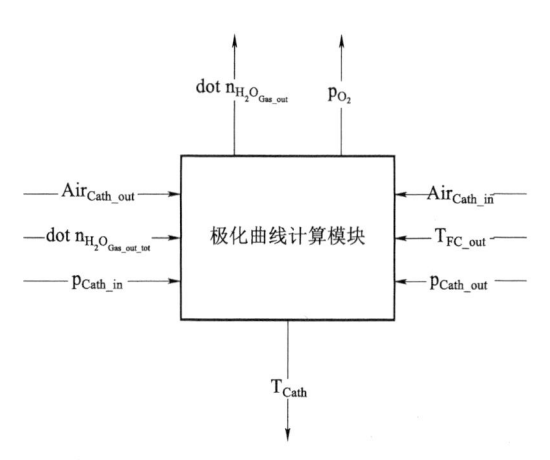

图 3-21 极化曲线计算模型

氧气压力 $p_{O_2}^C$ 由阴极输入氧气压力与输出氧气压力取平均值得到：

$$p_{O_2}^C = 0.5(p_{O_2\_in}^C + p_{O_2\_out}^C) \tag{3.47}$$

相应的氧分压按如下公式求取：

$$p_{O_2\_in}^{C} = \frac{\dot{n}_{O_2\_in}^{C}}{\dot{n}_{O_2\_in}^{C} + \dot{n}_{N_2\_in}^{C} + \dot{n}_{H_2O(g)\_in}^{C}} p_{in}^{C} \quad (3.48)$$

$$p_{O_2\_out}^{C} = \frac{\dot{n}_{O_2\_out}^{C}}{\dot{n}_{O_2\_out}^{C} + \dot{n}_{N_2\_out}^{C} + \dot{n}_{H_2O(g)\_out}^{C}} p_{out}^{C} \quad (3.49)$$

工作温度 T^C 由阴极输入工质温度与输出工质温度取平均值得到：

$$T^C = 0.5(T_{in}^C + T_{out}^C) \quad (3.50)$$

水蒸气输出流量 $\dot{n}_{H_2O_{Gas\_out}}$ 由输入参数 $\dot{n}_{H_2O_{Gas\_out\_tot}}$ 与由饱和蒸汽压计算得到的饱和蒸汽流量 $\dot{n}_{H_2O_{Gas\_out\_max}}$ 的较小值得到。其中，

$$\dot{n}_{H_2O_{Gas\_out\_max}} = \frac{p_{sat}\dot{n}_{air\_out}^{C}}{p_{out}^{C} - p_{sat}} = \frac{p_{sat}(\dot{n}_{O_2\_out}^{C} + \dot{n}_{N_2\_out}^{C})}{p_{out}^{C} - p_{sat}} \quad (3.51)$$

$$\dot{n}_{H_2O_{Gas\_out}} = \min\{\dot{n}_{H_2O_{Gas\_out\_tot}}, \dot{n}_{H_2O_{Gas\_out\_max}}\} \quad (3.52)$$

饱和蒸汽压 p_{sat} 由查表计算得到， $p_{sat} = \text{LUT}(T_{out}^{FC})$。

（6）电堆最大输出电流 I_{max_gross}。电堆最大输出电流 I_{max_gross} 由输入的空气工质所能提供的最大氧气流量计算得到：

$$I_{max\_gross} = \frac{\dot{n}_{O_2\_in} \times 4F}{N_{cell}} \quad (3.53)$$

3.2.2 空气供应模块

此模块主要由空压机、增湿器、空压机冷却器、背压阀和膨胀机构成。

1. 空压机模型

空压机模型如图 3-22 所示，主要包括空气输出量、温度和转速控制。空压机空气输出量和温度控制模块模型如图 3-23 所示。

1）空气输出量控制

所用空压机的静特性如图 3-24 所示。将空压机性能做成数据表，由空压机 MAP 图输出特性可知，空压机出口空气流量 $\dot{m}_{air\_std}$ 由空气压缩比 r_p 和空压机转速 $\dot{n}_{comp}$ 共同决定，其数学表达可写成

$$\dot{m}_{air\_std} = \text{LUT}(\dot{n}_{comp}, r_p) \quad (3.54)$$

式中，空压机的压缩比 r_p 定义为空压机输出空气的压力与输入空气的压力的比值。

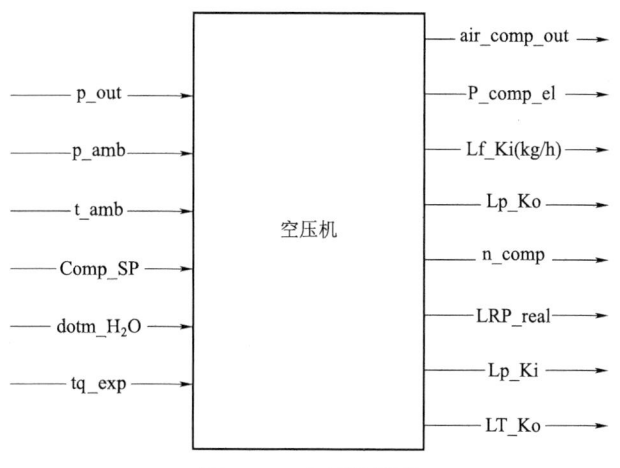

图 3-22　空压机模型

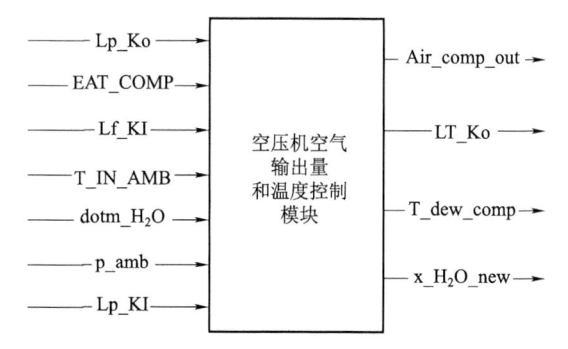

图 3-23　空压机空气输出量和温度控制模块

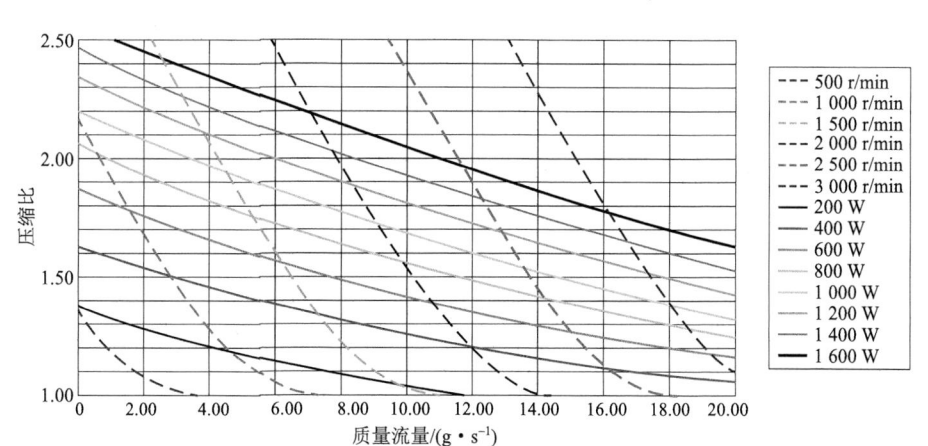

图 3-24　空压机静特性（见彩插）

通过查表方式，确定在标准条件（20 ℃，1.013 bar）下对应于空压机转速 $\dot{n}_{comp}$ 和空压机的压缩比 r_p 的空气流量 $\dot{m}_{air\_std}$。应用下面的关系式：

$$\dot{m}_{air} = \frac{T_{amb}}{T_{std}} \frac{p_{std}}{p_{amb}} \dot{m}_{air\_std} \tag{3.55}$$

由环境温度 T_{amb} 和环境压力 p_{amb} 计算真实条件的空气流量 $\dot{m}_{air}$。

2）转速控制

空压机转速控制模块如图 3-25 所示。

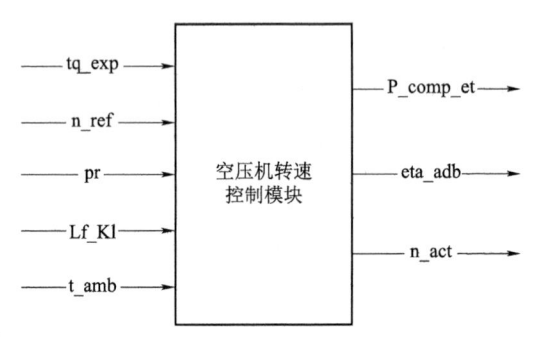

图 3-25 空压机转速控制模块

根据转动惯量定理可得到如下方程：

$$\left(\sum J\right) \frac{d\dot{\omega}_{comp}}{dt} = \sum M \tag{3.56}$$

式中，$\dot{\omega}_{comp}$ 为空压机的角速度，$\sum J$ 为空压机的总转动惯量，$\sum M$ 为空压机的总力矩。

空压机的总转动惯量 $\sum J$ 满足如下方程：

$$\sum J = J_{mot} + J_{comp} + J_{exp} \tag{3.57}$$

式中，J_{mot} 为马达转动惯量，J_{comp} 为空压机转动惯量，J_{exp} 为膨胀机转动惯量。

空压机的总力矩 $\sum M$ 满足如下方程：

$$\sum M = M_{comp\_dr} - M_{comp\_air} - M_{comp\_fric} \tag{3.58}$$

式中，M_{comp_dr} 为驱动力矩（控制变量），M_{comp_fric} 为机械摩擦阻力力矩，M_{comp_air} 为空气阻力力矩。

驱动力矩 M_{comp_dr}，是一 PI 控制器的输出：

$$M_{comp\_dr} = \min\{\text{PI}(\dot{\omega}_{comp\_des} - \dot{\omega}_{comp}), M_{comp\_max}\} \tag{3.59}$$

式中，M_{comp_max} 为最大的驱动力矩，$M_{comp\_max} = \text{LUT}(\dot{\omega}_{comp})$。

空气阻力力矩 $M_{\text{comp\_air}}$ 满足如下方程式：

$$M_{\text{comp\_air}} = \dot{m}_{\text{air}} R_{\text{air}} \frac{\chi}{\chi-1} \left[(r_{\text{p}})^{\frac{\chi-1}{\chi}} - 1 \right] \frac{T_{\text{comp}}^{\text{in}}}{\eta_{\text{comp}}} \frac{1}{\dot{\omega}_{\text{comp}}} \quad (3.60)$$

式中，η_{comp} 为空压机绝热效率，χ 为空气的热比，r_{p} 为空气的压缩比。

机械摩擦阻力力矩 $M_{\text{comp\_fric}} = b_{\text{fric}} \dot{\omega}_{\text{comp}}$。

为了计算空压机出口空气的温度和电消耗，模型含有空压机效率的 MAP 图。一般而言，空压机效率 MAP 图也是采用查表的方式建模，其输入参数为空压机转速和压缩比，其数学表达式由

$$\eta_{\text{comp}} = \text{LUT}(\dot{n}_{\text{comp}}, r_{\text{p}}) \quad (3.61)$$

给出。

机械驱动功率

$$P_{\text{comp\_mot}} = M_{\text{comp\_dr}} \dot{\omega}_{\text{comp}} \quad (3.62)$$

这样，根据实测的经验公式

$$P_{\text{comp\_el}} = \text{LUT}(P_{\text{comp\_mot}}) \quad (3.63)$$

可得到相应的电驱动功率 $P_{\text{comp\_el}}$，空压机需要的电流再由燃料电池堆的 P–I 特性估算 $I_{\text{comp}} = I^{-1}(P_{\text{comp\_el}})$ 或根据燃料电池堆的堆压计算 $I_{\text{comp}} = \dfrac{P_{\text{comp\_el}}}{V_{\text{FC}}}$。

空气经空压机压缩后，温度急剧上升，最高可超过 100 ℃。经压缩后的温度值由以下代数方程表达：

$$T_{\text{comp}}^{\text{out}} = T_{\text{amb}} \left[1 + \left(r_{\text{p}}^{\frac{\gamma-1}{\gamma}} - 1 \right) / \eta_{\text{comp}} \right] \quad (3.64)$$

2. 增湿器模型

增湿器模型如图 3-26 所示。

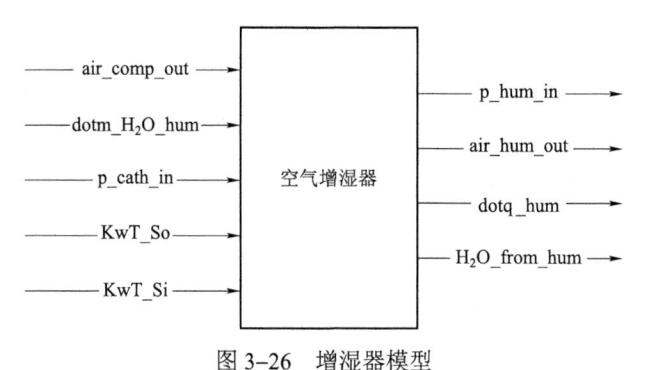

图 3-26 增湿器模型

假设质子交换膜不会发生气体渗透，而且没有液态水生成，输出空气成分（氧、氮及气态水）的摩尔流量模型可以按照以下方式建立。

输入空气的摩尔密度为

$$\bar{M}_{\text{air}} \cong x_{\text{H}_2\text{O}}^{\text{inlet}} M_{\text{H}_2\text{O}} + (1 - x_{\text{H}_2\text{O}}^{\text{inlet}}) x_{\text{O}_2}^{\text{dry}} M_{\text{O}_2} + (1 - x_{\text{H}_2\text{O}}^{\text{inlet}})(1 - x_{\text{O}_2}^{\text{dry}}) M_{\text{N}_2} \tag{3.65}$$

式中，$x_{\text{H}_2\text{O}}^{\text{inlet}}$ 为输入空气的相对湿度，$x_{\text{O}_2}^{\text{dry}}$ 为空气中的氧气含量。

$x_{\text{H}_2\text{O}}^{\text{inlet}}$ 计算公式如下：

$$x_{\text{H}_2\text{O}}^{\text{inlet}} \triangleq \frac{p_{\text{amb\_H}_2\text{O}}}{p_{\text{amb}}} = \frac{\varphi_{\text{H}_2\text{O}}^{\text{amb}} p_{\text{sat\_H}_2\text{O}}}{p_{\text{amb}}} = \frac{\varphi_{\text{H}_2\text{O}}^{\text{amb}} \text{LUT}(T_{\text{amb}})}{p_{\text{amb}}} \tag{3.66}$$

据此，得到输出空气成分氧、氮及气态水的摩尔流量：

$$\dot{n}_{\text{O}_2\_\text{out}}^{\text{comp}} = (1 - x_{\text{H}_2\text{O}}^{\text{inlet}}) x_{\text{O}_2}^{\text{dry}} \frac{\dot{m}_{\text{air}}}{\bar{M}_{\text{air}}} \tag{3.67}$$

$$\dot{n}_{\text{N}_2\_\text{out}}^{\text{comp}} = (1 - x_{\text{H}_2\text{O}}^{\text{inlet}})(1 - x_{\text{O}_2}^{\text{dry}}) \frac{\dot{m}_{\text{air}}}{\bar{M}_{\text{air}}} \tag{3.68}$$

$$\dot{n}_{\text{H}_2\text{O(g)}\_\text{out}}^{\text{comp}} = x_{\text{H}_2\text{O}}^{\text{inlet}} \frac{\dot{m}_{\text{air}}}{\bar{M}_{\text{air}}} \tag{3.69}$$

3. 空压机内冷却器模型

空压机内冷却器模型实现的映射关系为

$$\begin{bmatrix} p_{\text{InCl}}^{\text{out}} \\ T_{\text{comp}}^{\text{out}} \\ \dot{n}_{\text{O}_2\_\text{out}}^{\text{comp}} \\ \dot{n}_{\text{N}_2\_\text{out}}^{\text{comp}} \\ \dot{n}_{\text{H}_2\text{O(g)}\_\text{out}}^{\text{comp}} \end{bmatrix} \rightarrow \begin{bmatrix} p_{\text{InCl}}^{\text{in}} \\ T_{\text{InCl}}^{\text{out}} \\ \dot{n}_{\text{O}_2\_\text{out}}^{\text{InCl}} \\ \dot{n}_{\text{N}_2\_\text{out}}^{\text{InCl}} \\ \dot{n}_{\text{H}_2\text{O(g)}\_\text{out}}^{\text{InCl}} \end{bmatrix} \tag{3.70}$$

其中，经空压机内冷却器后，空气成分氧、氮及气态水的摩尔流量不变，即

$$[\dot{n}_{\text{O}_2\_\text{out}}^{\text{InCl}}, \dot{n}_{\text{N}_2\_\text{out}}^{\text{InCl}}, \dot{n}_{\text{H}_2\text{O(g)}\_\text{out}}^{\text{InCl}}] = [\dot{n}_{\text{O}_2\_\text{out}}^{\text{comp}}, \dot{n}_{\text{N}_2\_\text{out}}^{\text{comp}}, \dot{n}_{\text{H}_2\text{O(g)}\_\text{out}}^{\text{comp}}] \tag{3.71}$$

经空压机内冷却器后，空气有一压降 Δp^{InCl}，满足如下关系式：

$$p_{\text{InCl}}^{\text{in}} = p_{\text{comp}}^{\text{out}} = p_{\text{InCl}}^{\text{out}} + \Delta p^{\text{InCl}} \tag{3.72}$$

$$\Delta p^{\text{InCl}} = \lambda_{\Delta p}^{\text{InCl}} \left[\frac{3\,600 \bar{\dot{n}}_{\text{air}}^{\text{InCl}} \bar{T}^{\text{InCl}} R}{0.5(p_{\text{InCl}}^{\text{in}} + p_{\text{InCl}}^{\text{out}}) \times 10^5} \right]^2 \tag{3.73}$$

式中，$\bar{n}_{\text{air}}^{\text{InCl}}$ 为空气平均摩尔流量，$\bar{T}^{\text{InCl}}$ 为空气平均温度，$\lambda_{\Delta p}^{\text{InCl}}$ 为冷却器压降因子，$p_{\text{InCl}}^{\text{in}}$ 为冷却器空气入压。

空气平均摩尔流量 $\bar{n}_{\text{air}}^{\text{InCl}}$，其数学表达式为

$$\bar{n}_{\text{air}}^{\text{InCl}} = 0.5(\dot{n}_{\text{air\_in}}^{\text{InCl}} + \dot{n}_{\text{air\_out}}^{\text{InCl}}) \tag{3.74}$$

空气平均温度 $\bar{T}^{\text{InCl}}$，其数学表达式为

$$\bar{T}^{\text{InCl}} = 0.5(T_{\text{air\_in}}^{\text{InCl}} + T_{\text{air\_out}}^{\text{InCl}}) \tag{3.75}$$

经空压机内冷却器后，空气的温度应与冷却水进入燃料电池堆的入口温度一致，即

$$T_{\text{air\_out}}^{\text{InCl}} = T_{\text{WEG,in}}^{\text{InCl}} \tag{3.76}$$

为达到这个温度，内冷却器需排出的热量为

$$\Delta Q = [(\dot{n}_{\text{O}_2\_\text{in}}^{\text{InCl}} M_{\text{O}_2} + \dot{n}_{\text{N}_2\_\text{in}}^{\text{InCl}} M_{\text{N}_2}) + (\dot{n}_{\text{H}_2\text{O(g)}}^{\text{InCl}} + \dot{n}_{\text{H}_2\text{O(l)}}^{\text{InCl}}) M_{\text{H}_2\text{O}}] c_p^{\text{air}} (T_{\text{air\_in}}^{\text{InCl}} - T_{\text{air\_out}}^{\text{InCl}}) \tag{3.77}$$

4. 背压阀模型

在高压燃料电池系统（操作压力一般不小于 2 bar）中，往往在空气端出口处安装一开度可调的电控阀来调节电堆内部的压力，这样的阀习惯被称为背压阀。在车用燃料电池系统中，背压阀一般采用汽油机中的节气门阀。开度增大，则电堆内气体压力会降低。因此，背压阀的控制是整个燃料电池系统（高压系统）控制的关键之一。为了更好地了解背压阀的动态行为，有必要对其建模和进行仿真分析。

背压阀建模的方法主要有两种：

（1）将背压阀与连接电堆出口管路视为一个整体，流经背压阀的空气流量则由喷嘴方程计算。背压阀中气体压力等同于电堆内部压力，其动态特性可通过开度的动态来体现。这种模型的输入参数有开度信号、背压阀两端的压力以及气体的温度，模型输出则为空气流量。

（2）建立流量、开度与背压阀两端压降的关系（如 MAP 图），通过对该压降引入一阶动态环节，建立背压阀动态模型。这种模型的输入参数有开度信号、空气流量和温度，模型输出则为背压阀两端压降。

1）采用喷嘴方程

由喷嘴方程可知，流经喷嘴的气体流量主要与两端的压比、喷嘴的有效截面积和入口压力等有关。根据两端的压比，可将气体的流动分为临界流（Critical Flow）和次临界流（Sub-critical Flow），下面给出具体的数学推导。

首先假设背压阀入口压力等同于电堆内的气体压力 p_{st}^{ca}，出口处的压力为环境压力 p_{amb}。上述压比定义为

$$pR_{bpv} = p_{st}^{ca} / p_{amb} \tag{3.78}$$

当 $pR_{bpv} \leqslant 0.528$ 时，气体流动为临界流；当 $pR_{bpv} > 0.528$ 时，气体流动为次临界流。对于临界流而言，气体流量可计算为

$$\dot{m}_{bpv2amb,air}^{ca} = \theta_{bpv} A_T p_{st}^{ca} \frac{C_D}{\sqrt{RT}} \sqrt{\gamma \left(\frac{2}{\gamma+1}\right)^{\frac{\gamma+1}{2(\gamma-1)}}} \tag{3.79}$$

对于次临界流而言，气体流量可计算为

$$\dot{m}_{bpv2amb,air}^{ca} = \theta_{bpv} A_T p_{st}^{ca} \frac{C_D}{\sqrt{RT}} (pR_{bpv})^{\frac{1}{\gamma}} \sqrt{\frac{2\gamma}{\gamma-1}\left[1-(pR_{bpv})^{\frac{\gamma-1}{\gamma}}\right]} \tag{3.80}$$

式中，θ_{bpv} 为背压阀的开度调节信号（取值 0~1），A_T 为背压阀（或喷嘴）的有效截面积，C_D 为气体流动系数。

背压阀开度的动态可由以下方程表达：

$$\tau_{bpv} \frac{d\theta_{bpv}}{dt} = \theta_{bpv}^* - \theta_{bpv} \tag{3.81}$$

2）通过压降 MAP 图建模

在该建模方法中，空气流量是事先给定的。在背压阀两端产生的压力降可以通过一组实验数据（即 MAP 图，如图 3-27 所示）将其表达为空气流量和开度的函数关系，即

$$\Delta p_{bpv}^* = \text{LUT}_{bpv}(\dot{m}_{bpv2amb,air}^{ca}, \theta_{bpv}) \tag{3.82}$$

其动态环节主要通过以下方程体现：

$$\tau_{bpv} \frac{d\Delta p_{bpv}}{dt} = \Delta p_{bpv}^* - \Delta p_{bpv} = \text{LUT}_{bpv}(\dot{m}_{bpv2amb,air}^{ca}, \theta_{bpv}) - \Delta p_{bpv} \tag{3.83}$$

由此计算出背压阀的入口压力

$$p_{bpv,in}^{ca} = p_{amb} + \Delta p_{bpv} \tag{3.84}$$

并以此为依据对整个燃料电池系统空气侧的模型进行反推计算，估算在给定流量和背压阀开度下空压机出口处的气体压力，进而通过查表得出空压机转速的设定值，用于空压机驱动电机控制器。

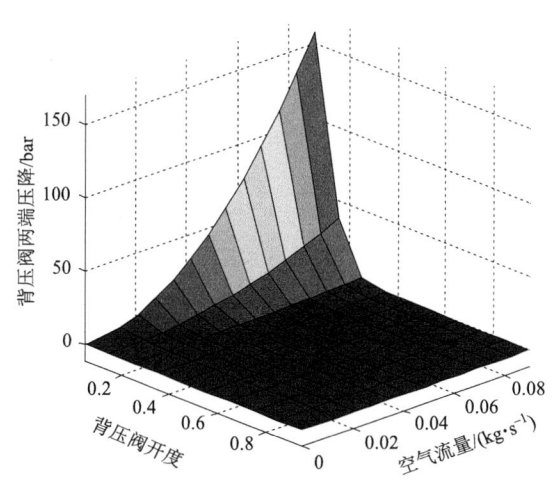

图 3-27 背压阀压降 MAP 图

仿真结果如图 3-28 所示。

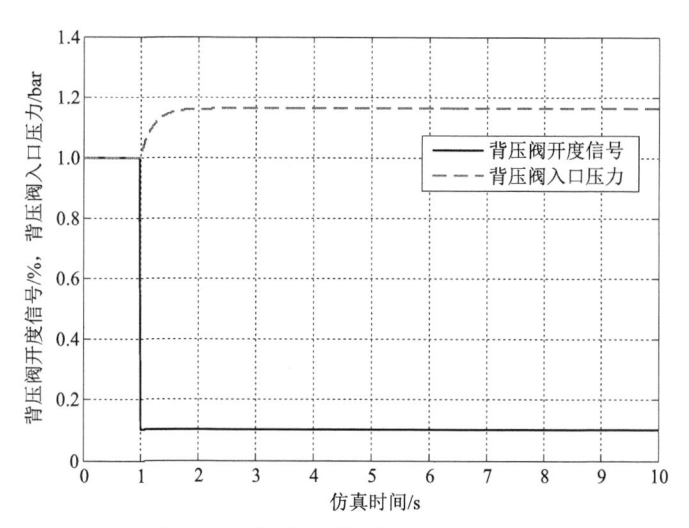

图 3-28 背压阀开度和入口压力的变化

5. 膨胀机模型

膨胀机模型如图 3-29 所示。

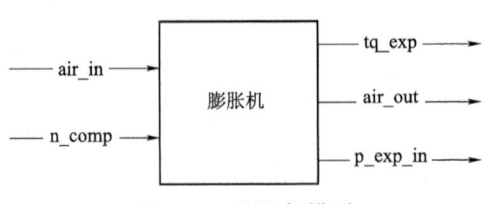

图 3-29　膨胀机模型

空气系统末端空气压力和温度都很高，蕴含可以利用的能量。排出的废气驱动膨胀机，将部分能量传递给同轴的压缩机。膨胀机传递给压缩机的转矩为

$$Tq_{\exp} = rpm_{\exp} \cdot \text{LUT}_5(rpm_{\exp}) * L^{-1}[1/(\tau_{\exp}s+1)] \qquad (3.85)$$

式中，$rpm_{\exp} = Kr_{\exp}rpm_{\text{comp}}$，$\text{LUT}_5$ 为膨胀机转速、转矩实验数据建立的表格模型。

空气通过膨胀机排入大气中，其出口压力为环境大气压力，入口压力为

$$p_{\exp,\text{in}} = p_{\text{amp}} \cdot \text{LUT}_6[\dot{m}_{\exp,\text{in,air}} \cdot p_{\text{std}} \cdot T_{\exp}/(p_{\exp,\text{in}} \cdot T_{\text{std}})] \qquad (3.86)$$

式中，LUT_6 为膨胀机流量-压比模型，由实验数据获得。

空气供应模块模型和空压机模块模型分别如图 3-30 和图 3-31 所示。

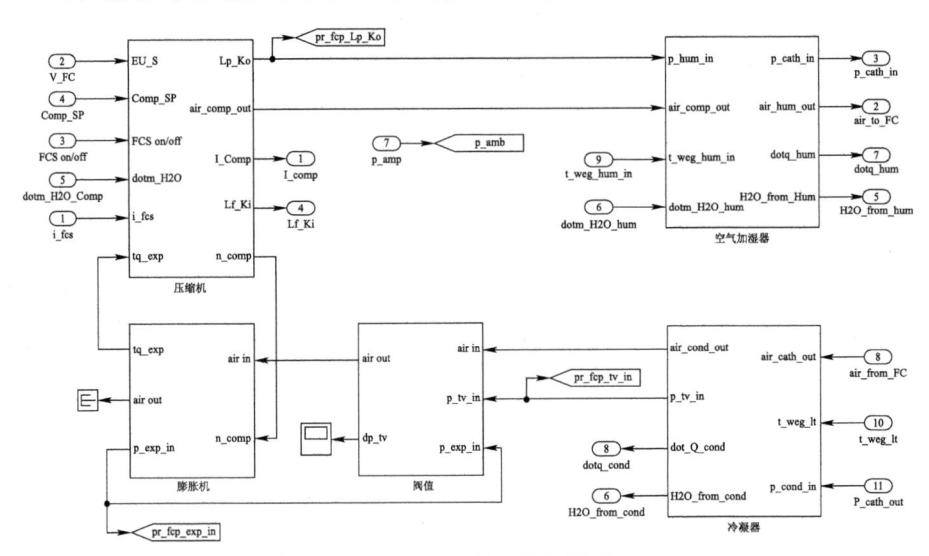

图 3-30　空气供应模块模型

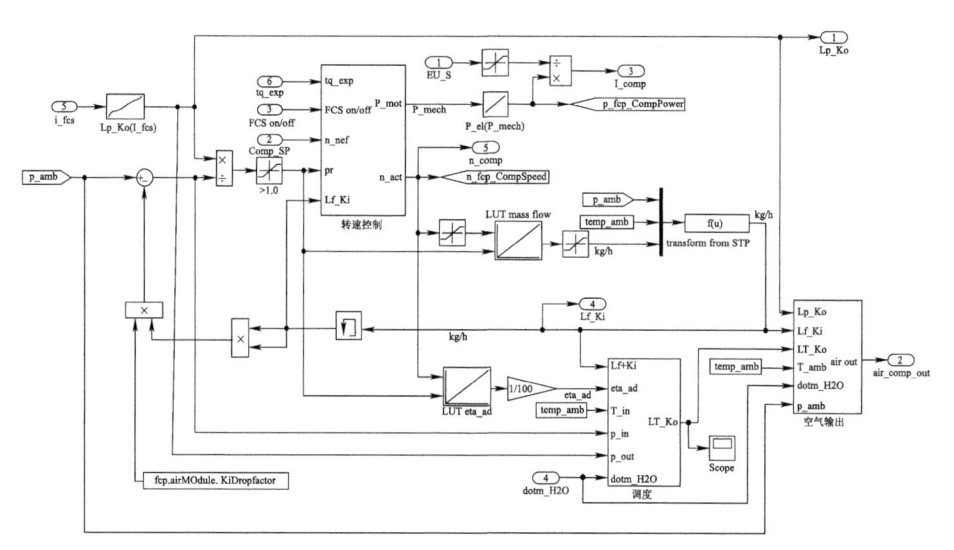

图 3-31 空压机模块模型

3.2.3 供氢模块

储存在高压氢气罐中的氢气通过氢气输送系统，作为燃料电池电化学反应气体进入电堆阳极。高压氢气罐和氢气输送系统构成电堆氢气供应系统。氢气输送系统由高压氢气罐直达电堆阳极入口的氢气管道和从阳极出口至阳极入口的回流管道组成。未参加反应的氢气可以被重复循环使用，以提高氢气利用效率，并保持电堆内氢气的合适湿度，防止过干或过湿。燃料电池的阳极和阴极之间的压力差也应控制在一定范围内，以保证组分的传递、水平衡和质子交换膜的结构稳定。

氢气供应系统为电堆提供一定压力和流量的氢气，具体由氢气罐、调压阀、氢气管道、回流管道和氢气循环泵或引射器等组成。氢气供应系统的模型也是由上述部件的子模型构成的。

国内对于质子交换膜燃料电池电堆的阳极侧，即氢气供应的研究尚属于起步阶段，相关的模型研究也较少。张传升等[82]针对质子交换膜燃料电池的供氢系统提出了一种自适应预测控制算法，并对 5 kW 自呼吸燃料电池电堆进行了仿真研究，较好地减弱了气体压力波动，有助于延长电解质膜寿命。Zhai 等[83]针对 1 kW 自呼吸电堆氢气供/排气阀的工作频率进行了控制研究，但没有对供氢子系统建立相关的数学模型。

国外对于质子交换膜燃料电池供氢子系统模型的研究比国内要多，涉及氢气循环泵、低压调节阀、进气歧管和引射器等部件的模型研究已有很多具有参考意义的成果。一些学者通过研究零部件和整个系统的模型，来理解氢气供应系统的动态行为。如 He 等[84]提出了一个较新颖的供氢系统模型，由两套氢气管道和回流管道、一个压力调节器、一个流量控制阀、一个引射器和一个氢气循环泵组成，如图 3-32 所示。

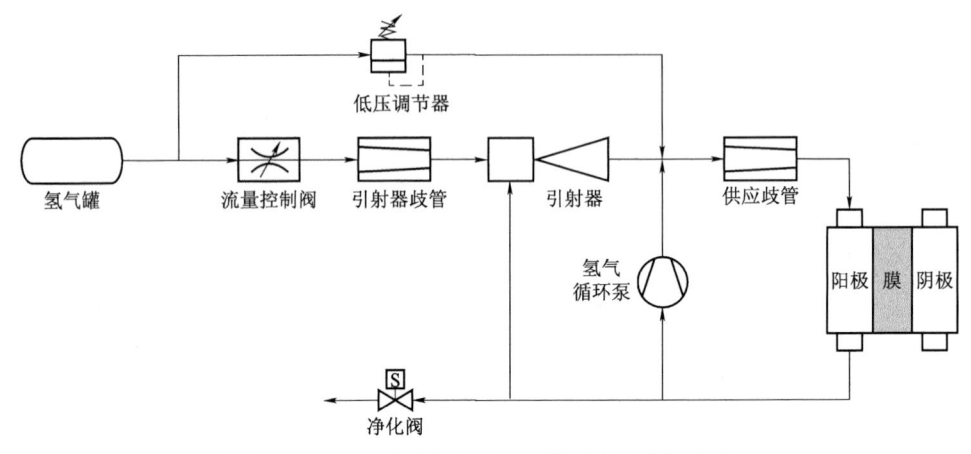

图 3-32 He 等的建模对象——燃料电池供氢系统

Bao 等[85]为开发 PEMFC 的供氢系统建立了一个带引射器的氢气供应管道和回流管道的动态模型，包括加湿器、引射器、歧管、阳极等部件的子模型（图 3-33），可以表征氢气流量、压力和温度的综合影响。

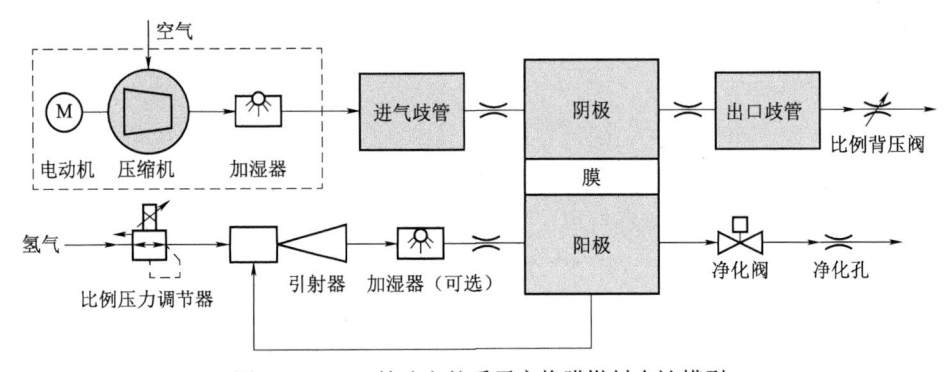

图 3-33 Bao 等建立的质子交换膜燃料电池模型

Karnik 等[86]提出了一个面向控制且带引射器的氢气燃料供应模型。通过对放置在回流线路上的背压阀进行控制，可以达到控制氢气压力的目的。引射器可以使未反应氢气被循环利用，如图3-34所示。

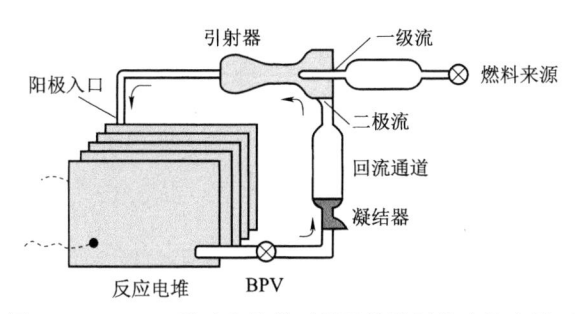

图 3-34　Karnik 等建立的带引射器的燃料供应线路模型

Pukrushpan 等[23]提出了系统模型，建立了反应堆电压模型、阴极和阳极流模型、膜湿润状态模型、压缩机模型、静态空冷器模型、静态加湿器模型、回流歧管模型以及氢气气流模型。该模型虽然涉及电堆内氢气端的动态，但是对供氢系统中的其他部件模型进行了理想化处理，不能用于氢气端压力和流量的控制。

一般而言，由于氢气端采用的是高压储氢方式，气体流量和压力的调节相对简单，系统的响应较快。本书在 He 等建立的供氢系统模型基础上做了相应的简化，删去了氢气引射器。在原模型中，引射器和氢气循环泵是用来在回流线路中吹入或者减少未反应的氢气。控制回流量时引射器起副作用，而氢气循环泵起正作用。当需要的回流量增大时，氢气循环泵的作用就大于引射器的作用；当需要的回流量减小时，引射器的作用就要大于氢气循环泵的作用。简化后的供氢系统如图 3-35 所示，包括一个流量控制阀、一个供应线路歧管、一个回流线路歧管、一个氢气循环泵和反应堆、阳极流道。

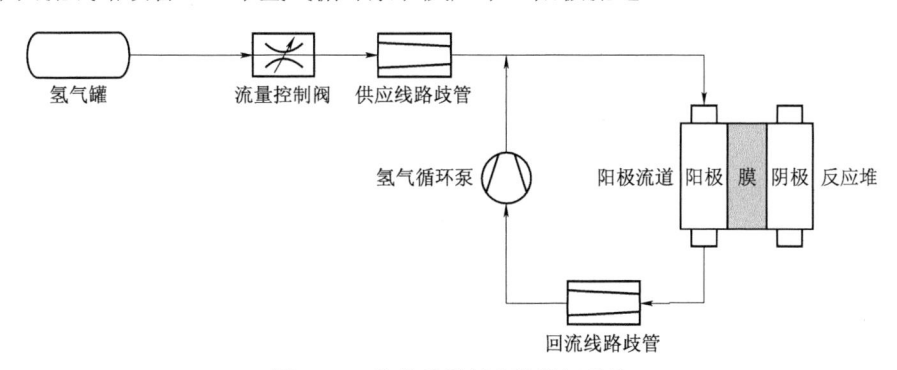

图 3-35　简化的燃料电池供氢系统

1. 供氢系统部件和模型描述

简化的氢气供应系统由歧管（供应歧管和回流歧管）、阳极流道、氢气循环泵和流量控制阀组成。模型基于以下假设：

（1）氢气罐提供的氢气没有杂质，沿管道方向没有压降。
（2）忽略空间变化。
（3）氢气遵循理想气体定律。
（4）歧管和阳极气体流道在等温条件下。
（5）在排氢操作时才能将阳极流道内的液态水排出。

另外，模型所用符号、命名方法和参数见附录。

2. 供应线路歧管和回流线路歧管模型

简化的氢气供应系统可近似为两个歧管，即一个供应线路歧管和一个回流线路歧管。

供应线路歧管是连接流量控制阀、氢气循环泵和电堆的管道。流入供应线路歧管的氢气包括从流量控制阀通过的气体和从氢气循环泵回流的气体。假设没有液态水流入或者流出供应线路歧管，氢气和水蒸气的混合气在供应线路歧管中的动态情况可以描述为

$$\frac{\mathrm{d}p_{\mathrm{H_2,sm}}}{\mathrm{d}t} = \frac{R_{\mathrm{H_2}}T_{\mathrm{sm}}}{V_{\mathrm{sm}}}(W_{\mathrm{H_2,sm,in}} - W_{\mathrm{H_2,sm,out}}) \qquad (3.87)$$

这里假设混合气中的水蒸气不会超过饱和极限而凝结出液态水。根据质量守恒定律：

$$W_{\mathrm{H_2,fcv}} = W_{\mathrm{H_2,sm,in}} = W_{\mathrm{H_2,sm,out}} \qquad (3.88)$$

令通过供应线路歧管的气体压力差为

$$\Delta p_{\mathrm{H_2,sm}} = p_{\mathrm{H_2,sm,in}} - p_{\mathrm{H_2,sm,out}} \qquad (3.89)$$

则供应线路歧管出口处的压力为

$$p_{\mathrm{H_2,sm,out}} = p_{\mathrm{H_2,sm,in}} - \Delta p_{\mathrm{H_2,sm}} \qquad (3.90)$$

$\Delta p_{\mathrm{H_2,sm}}$ 与 $W_{\mathrm{H_2,sm,in}}$ 具有一定的函数关系，可用相应的表格表征，其呈单调变化关系。图 3-36 所示为实现上述计算的氢气供应线路歧管 Simulink 模型。

与供应线路歧管类似，也假设在回流线路歧管中没有液态水流入或者流出。氢气和水蒸气的混合气在回流线路歧管中的动态情况可以描述为

$$\frac{\mathrm{d}p_{\mathrm{H_2,rm}}}{\mathrm{d}t} = \frac{R_{\mathrm{H_2}}T_{\mathrm{rm}}}{V_{\mathrm{rm}}}(W_{\mathrm{H_2,rm,in}} - W_{\mathrm{H_2,rm,out}}) \qquad (3.91)$$

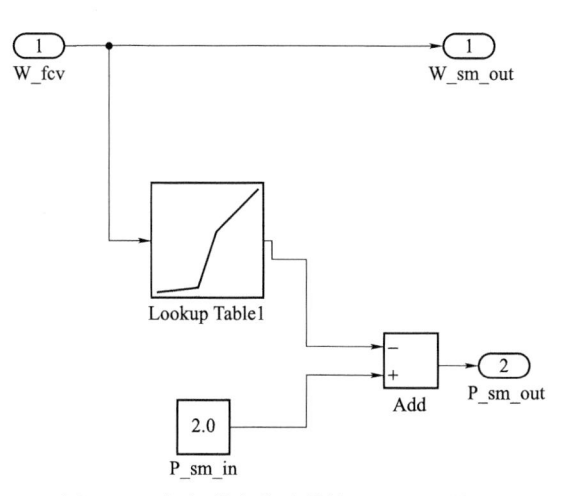

图 3-36 氢气供应线路歧管 Simulink 模型

根据质量守恒定律：

$$W_{H_2, rm, in} = W_{H_2, rm, out} = W_{H_2, st, out} \tag{3.92}$$

令通过回流线路歧管的气体压力差为

$$\Delta p_{H_2, rm} = p_{H_2, rm, in} - p_{H_2, rm, out} \tag{3.93}$$

式中，$p_{H_2, rm, in} = p_{H_2, st, out}$。这样，回流线路歧管出口处的压力为

$$p_{H_2, rm, out} = p_{H_2, st, out} - \Delta p_{H_2, rm} \tag{3.94}$$

同样地，$\Delta p_{H_2, rm}$ 与 $W_{H_2, st, out}$ 具有一定的函数关系，可用相应的表格表征。图 3-37 所示为实现上述计算的氢气回流线路歧管 Simulink 模型。

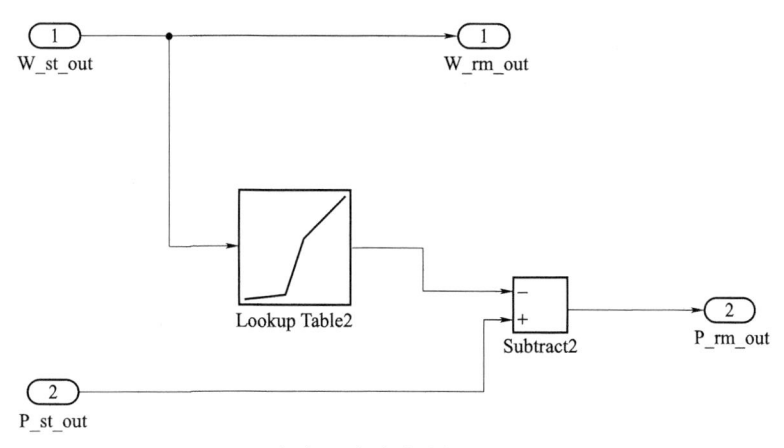

图 3-37 氢气回流线路歧管 Simulink 模型

3. 阳极流道模型

阳极流道近似认为是恒温的，氢气在其中无泄漏。与歧管的模型类似，阳极流道的压力可以近似描述为

$$\Delta p_{H_2, st, out} = p_{H_2, st, in} - \Delta p_{H_2, st} \tag{3.95}$$

式中，$p_{H_2, st, in} = p_{H_2, sm, out}$。所以，阳极流道出口处的压力为

$$p_{H_2, st, out} = p_{H_2, sm, out} - \Delta p_{H_2, st} \tag{3.96}$$

根据质量守恒定律，电堆阳极气体出口流量可以表示为

$$W_{H_2, st, out} = W_{H_2, sm, out} + W_{H_2, bl, out} - W_{H_2, reacted} - W_{v, m} \tag{3.97}$$

式中，$W_{H_2, reacted}$ 为电化学反应中氢气质量消耗速率，$W_{v, m}$ 为阳极到阴极水蒸气扩散速率。

$$W_{H_2, reacted} = N_{cell} \frac{I_{st} M_{H_2}}{2F} \tag{3.98}$$

$$W_{v, m} = \alpha_{net} N_{cell} \frac{I_{st} M_{H_2O}}{F} \tag{3.99}$$

式中，N_{cell} 为电堆单池数目，I_{st} 为电堆电流，F 为法拉第常数，α_{net} 为水分电拖曳系数。

$$\alpha_{net} = n_d - \frac{F A_{fc}}{I_{st}} D_w \frac{\rho_{m, dry}}{t_m M_{m, dry}} (\lambda_{ca} - \lambda_{an}) \tag{3.100}$$

式中，A_{fc} 为电池有效面积，$\rho_{m, dry}$ 和 $M_{m, dry}$ 为每摩尔干燥膜的密度和质量，t_m 为膜的厚度；阴极和阳极两侧的水含量 λ_{ca} 和 λ_{an} 相等时的电拖曳系数

$$n_d = 0.0029 \lambda_{an}^2 + 0.05 \lambda_{an} - 3.4 \times 10^{-19} \tag{3.101}$$

D_w 为水在膜中心的扩散系数，计算如下：

$$D_w = D_\lambda \exp\left[2416\left(\frac{1}{303} - \frac{1}{T_{st}}\right)\right] \tag{3.102}$$

这里 D_λ 是与阳极水含量 λ_{an} 有关的扩散系数：

$$D_\lambda = \begin{cases} 10^{-10} & \lambda_{an} < 2 \\ 10^{-10}[1 + 2(\lambda_{an} - 2)] & 2 \leqslant \lambda_{an} \leqslant 3 \\ 10^{-10}[3 - 1.67(\lambda_{an} - 3)] & 3 \leqslant \lambda_{an} \leqslant 4.5 \\ 1.25 \times 10^{-10} & \lambda_{an} \geqslant 4.5 \end{cases} \tag{3.103}$$

阴极和阳极两侧的水含量 λ_{ca} 和 λ_{an} 与水活性 a_w 相关，可按下式计算：

$$\lambda_{(\cdot)} = \begin{cases} 0.043 + 17.81 a_{w,(\cdot)} - 39.85 a_{w,(\cdot)}^2 + 36 a_{w,(\cdot)}^3 & a_{w,(\cdot)} \leq 1 \\ 14 + 1.4(a_{w,(\cdot)} - 1) & 1 < a_{w,(\cdot)} \leq 3 \\ 16.8 & a_{w,(\cdot)} > 3 \end{cases} \quad (3.104)$$

式中，下标（·）为 an 或者 ca，表示阳极或阴极。因此，从阳极到阴极的水蒸气跨膜运输速率取决于反应堆的电流和阳极流道内水的活性。

从阳极流道流出的氢气的过量比可计算如下：

$$\lambda_{H_2} = \frac{W_{H_2,\,sm,\,out} + W_{H_2,\,bl,\,out}}{W_{H_2,\,reacted} + W_{v,\,m}} \quad (3.105)$$

图 3-38 所示为实现上述计算的阳极流道 Simulink 模型。

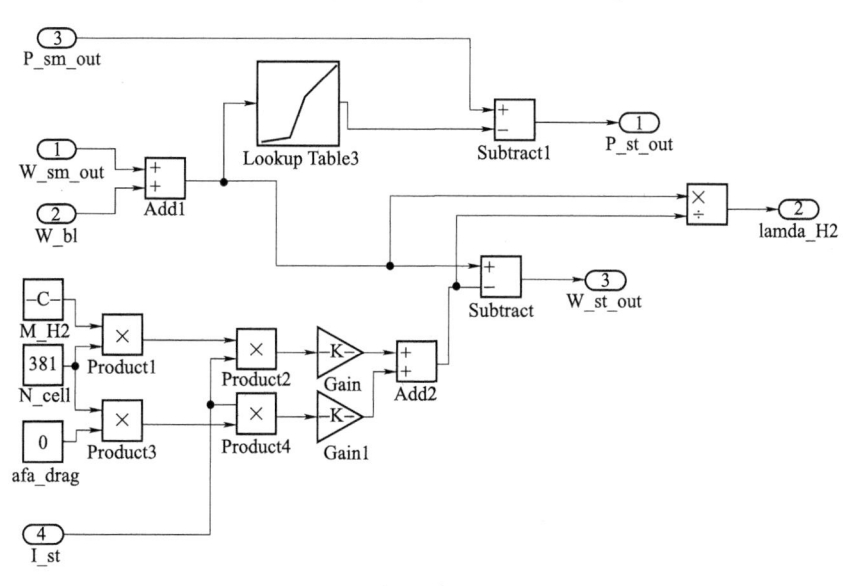

图 3-38 阳极流道 Simulink 模型

4. 氢气循环泵模型

氢气循环泵安置在氢回流管道中，实现未消耗的氢气从阳极出口循环至入口的功能。氢气循环泵由风机和电动马达两部分组成。风机模型采用静态表格形式，可以取用表征其静态工作特性的 MAP 图的信息。风机的 MAP 图描述流量和效率与压比和转速的关系。电动马达采用动态模型，鼓风的速度可以从模型中得出。

假设氢气循环泵进口气体与回流管道出口气体是相同的，氢气循环泵出口气体压力等于供应歧管的压力。氢气循环泵进口气体的状态决定其质量流量，非标准条件下氢气循环泵的质量流量和角速度可由下式计算：

$$W_{bc} = W_{bl} \frac{\sqrt{\frac{T_{rm}}{T_{ref}}}}{\frac{p_{rm}}{p_{ref}}} \tag{3.106}$$

$$\omega_{bc} = \frac{\omega_{bl}}{\sqrt{\frac{T_{rm}}{T_{ref}}}} \tag{3.107}$$

式中，W_{bl} 为标准条件下氢气循环泵的质量流量；T_{ref} 为参考温度 288 K；p_{ref} 为参考压力，为一个标准大气压；ω_{bl} 为标准条件下氢气循环泵的角速度。量纲为 1 的参数 Ψ_{bl} 由下式给出：

$$\Psi_{bl} = \frac{c_{p,an} T_{an}[(p_{sm}/p_{an})^{(\gamma_{g,an}-1)/\gamma_{g,an}} - 1]}{(1/2)U_{bl}^2} \tag{3.108}$$

其中

$$c_{p,an} = c_{p,H_2} y_{H_2,an} + c_{p,v}(1 - y_{H_2,an}) \tag{3.109}$$

$$U_{bl} = \frac{d_{bl}\omega_{bc}}{2} \tag{3.110}$$

式中，$c_{p,an}$ 为回流歧管中压力恒定的加湿氢气的比热；$c_{p,v}$，c_{p,H_2} 为恒压下水蒸气和氢气的比热；U_{bl} 为氢气循环泵转子叶片尖部的速度；d_{bl} 为氢气循环泵转子的直径。标度氢气循环泵流率采用文献[87]的定义式：

$$\Phi_{bl} = \frac{W_{bc}}{\rho_{an}\pi/4 d_{bl}^2 U_{bl}} \tag{3.111}$$

式中

$$\rho_{an} = \frac{p_{an}}{R_{g,an} T_{an}} \tag{3.112}$$

标度氢气循环泵流率和氢气循环泵效率用下式描述：

$$\Phi_{bl} = \frac{a_1 \Psi_{bl} + a_2}{\Psi_{bl} - a_3} \tag{3.113}$$

其中

$$a_i = a_{i1} + a_{i2} Ma \quad (i = 1, 2, 3) \tag{3.114}$$

$$\eta_{\text{bl}} = b_1 \Phi_{\text{bl}}^2 + b_2 \Phi_{\text{bl}} + b_3 \quad (3.115)$$

其中

$$b_i = \frac{b_{i1} + b_{i2} M_{\text{bl}}}{b_{i3} - M_{\text{bl}}} \quad (i = 1, 2, 3) \quad (3.116)$$

$$Ma = \frac{U_{\text{bl}}}{\sqrt{\gamma_{\text{g,rm}} R_{\text{g,rm}} T_{\text{rm}}}} \quad (3.117)$$

式中，a，b 为功能参数；Ma 为叶片尖部的马赫数。可以通过实验数据拟合曲线，得到相应参数。针对某款氢气循环泵，拟合结果如表 3-4 所示。

表 3-4 a 和 b 的值

a	值	b	值
a_{11}	-1.598×10^{-3}	b_{11}	-7923.8
a_{12}	2.663×10^{-2}	b_{12}	1.502×10^4
a_{21}	-3.062×10^{-2}	b_{13}	0.2144
a_{22}	-0.1740	b_{21}	24.91
a_{31}	14.55	b_{22}	-821.5
a_{32}	-15.73	b_{23}	-4.093×10^{-2}
		b_{31}	-4.929×10^{-2}
		b_{32}	0.8529
		b_{33}	1.715×10^{-2}

根据表 3-4 中的数据，通过氢气循环泵的质量流量可以由一个进流和出流的压力和温度及氢气循环泵的角速度方程给出。角速度可以由氢气循环泵马达导出：

$$\frac{d\omega_{\text{bl}}}{dt} = \frac{1}{J_{\text{bl}}}(\tau_{\text{bm}} - \tau_{\text{bl}}) \quad (3.118)$$

$$\tau_{\text{bl}} = \frac{c_{p,\text{rm}} T_{\text{rm}}}{\omega_{\text{bl}} \eta_{\text{bl}}} \left[\left(\frac{p_{\text{sm}}}{p_{\text{rm}}} \right)^{(\gamma_{\text{g,rm}} - 1)/\gamma_{\text{g,rm}}} - 1 \right] W_{\text{bl}} \quad (3.119)$$

$$\tau_{\text{bm}} = \eta_{\text{bm}} \frac{k_{\text{t}}}{R_{\text{bm}}} (u_{\text{bl}} - k_{\text{v}} \omega_{\text{bl}}) \quad (3.120)$$

氢气循环泵风机、氢气循环泵马达及氢气循环泵 Simulink 模型如图 3-39、图 3-40 和图 3-41 所示。

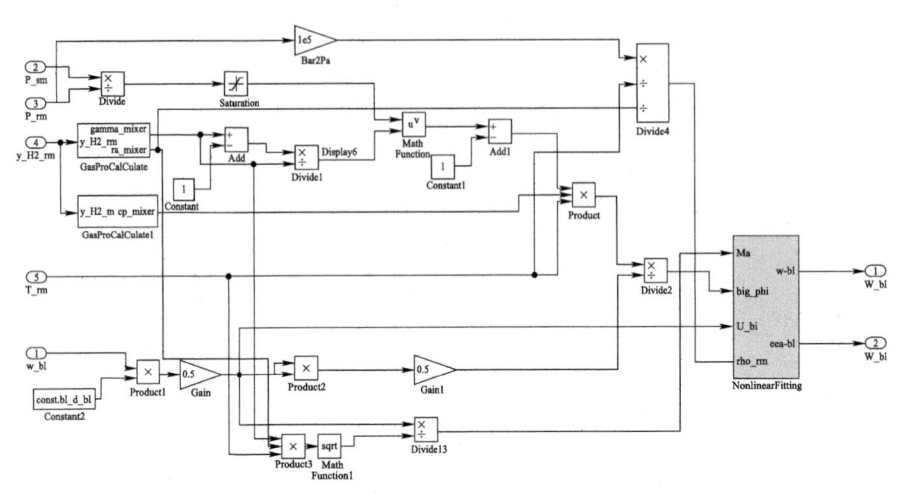

图 3-39 氢气循环泵风机 Simulink 模型

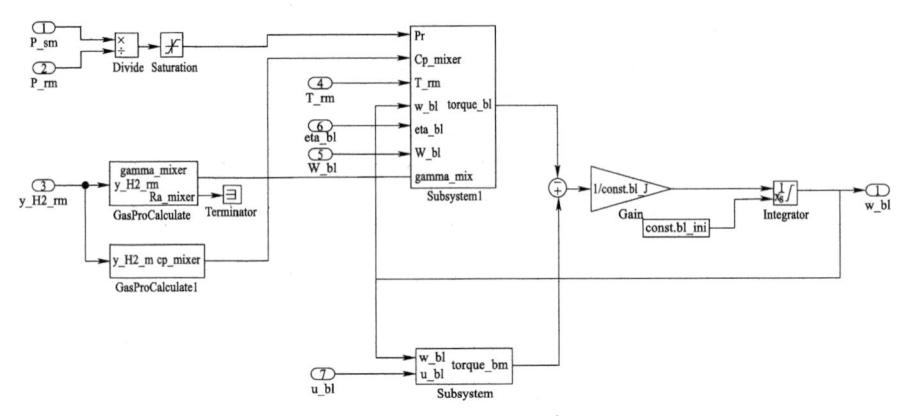

图 3-40 氢气循环泵马达 Simulink 模型

5. 流量控制阀模型

流量控制阀可以被视作有可变颈部面积的喷嘴，它的稳态特性可以近似为一个控制输入信号的线性方程：

$$W_{\text{fcv}} = u_{\text{fcv}} W_{\text{fcv, max}} \tag{3.121}$$

式中，u_{fcv} 为阀门的控制输入信号，可以从 0 变到 1；$W_{\text{fcv, max}}$ 为喷嘴面积全开时的质量流量。其对应的 MATLAB/Simulink 模型如图 3-42 所示。

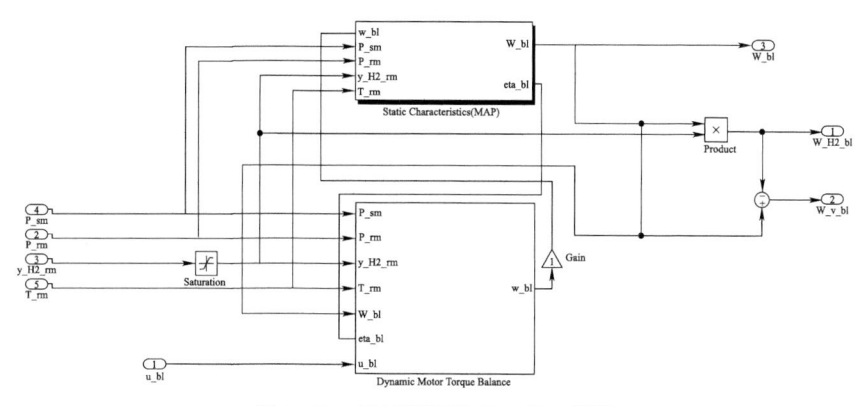

图 3-41 氢气循环泵 Simulink 模型

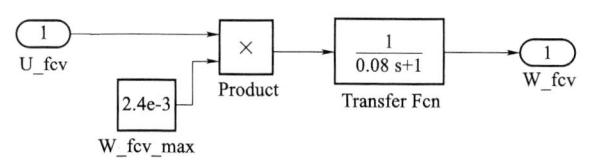

图 3-42 流量控制阀模型

第 4 章

动力电池系统

　　本书研究的燃料电池汽车结构中,动力电池系统主要包括用作辅助动力源的电池系统和用于电压匹配的 DC/DC 系统。

　　动力电池系统无论作为纯电动车的主要动力源还是混合电动车的辅助动力源,都发挥着极其重要的作用。动力电池作为纯电动车的能量源,相当于燃油汽车的汽油或柴油,其主要任务是向电动机输送电能;而在混合电动车,尤其是燃料电池电动车中,由于燃料电池自身的缺陷,如其输出特性软、输出响应慢等,动力电池系统要提供燃料电池车起动时所需的电能,这里包括空气压缩机、增湿器、控制器等部件的供电,在燃料电池开始发电之前这些部件必须先起动运行。同时,当汽车加速或爬坡时,需要短时间的峰值功率,此时,动力电池系统可以辅助燃料电池提供这一能量。另外,在汽车制动时,动力电池可以用来吸收制动回馈的能量,这样,动力电池系统使燃料电池电动车在动力性和经济性上都得到提高。

　　在本书所述的动力电池模型中,动力电池作为燃料电池车的辅助动力源,需要一套合理的动力电池管理系统(Battery Management System,BMS),这样燃料电池车才能更高效、合理地利用动力电池这个辅助动力源。这个管理系统一般以 SOC（State of Charge，荷电状态）的在线估计为核心，对电池的电流、电压、温度、最大充电及放电功率进行计算，并具有热管理、均衡管理、防止电池过充和过放、漏电保护及故障诊断等功能。总之，动力电池系统在能源短缺、混合电动车日趋走俏的今天发挥着至关重要的作用。

　　DC/DC 系统是整个动力系统能量流动的重要环节，DC/DC 变换器是动力电池与其他动力设备（燃料电池和电机）之间进行能量交换的一个周期性通断的开关控制装置，具有电压调节功能。一方面，燃料电池输出电压范围大于动力电池工作电压范围，而且燃料电池输出特性偏软，动力电池偏硬，故二者直接连接不匹配。因此，需要通过 DC/DC 系统将燃料电池输出电压经过降压变换与动力电池连接。另一方面，当电机处于再生制动状态时，再生制动能量通过 DC/DC 系统给动力电池充电，以实现电机再生制动产生的电压与动力电池充电电压匹配。

　　下面首先详细介绍动力电池系统。

4.1　动力电池概述

　　纵观动力电池的发展史，出现了各种各样的电池，如铅酸电池、铁电极电池、镍镉电池、镍氢电池、镍锌电池、氧化银电池、锂离子电池、电化学超级电容等。新电池体系的出现和各种电池在实际应用中的改进，使得电池性能得到了显著提高。下面是两张有关几种电池比能量的图表，从图 4-1 和图 4-2 中可以看到，新的电池体系逐步提高了比能量这一电池性能指标。

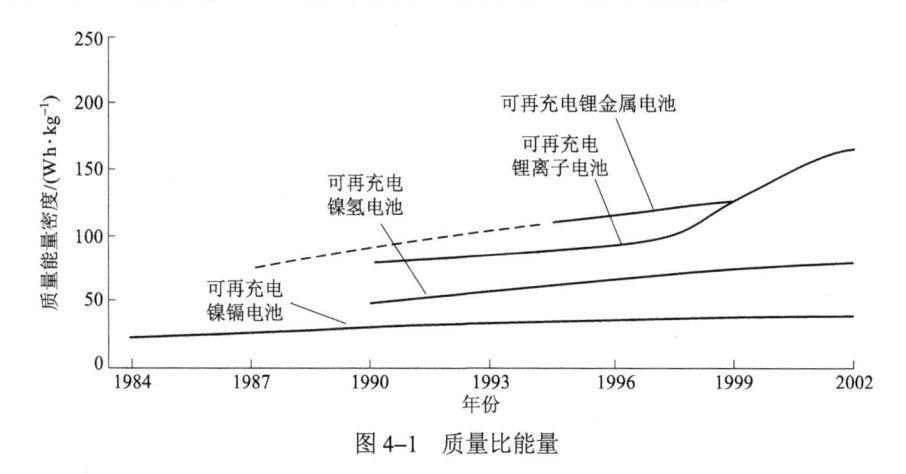

图 4-1　质量比能量

图 4-2　体积比能量

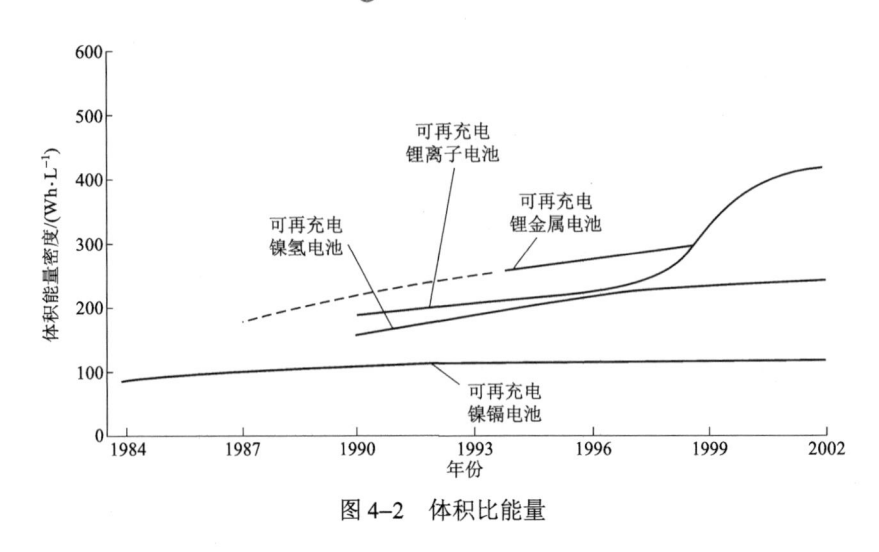

从图 4-2 大致可以看出，锂离子电池的体积能量密度从最初的 150 Wh/L 增加到 450 Wh/L 左右，现在有些电池甚至可以达到更高的能量密度。各种电池特点不同，各具优势，同时也都存在不足，再加上成本、体积上的差异，导致应用的场合不尽相同。综合考虑当今国内外常用的动力电池，这里选择铅酸电池、镍氢电池和锂离子电池进行介绍。

4.1.1　铅酸电池

铅酸电池（Lead-acid Battery）广泛用作内燃机汽车的起动电源。它是一种成熟的电池，具有高可靠性、原材料易得、价格便宜等突出优点；比功率也基本能满足电动汽车的动力性要求。目前，铅酸电池广泛应用于叉车、场地车、观光车、电动自行车等中。

同时，铅酸电池也存在几大缺点：一是循环寿命低（50～500 次），这导致市场化电动车不能使用铅酸电池；二是有限的比能量（30～40 Wh/kg）也不利于在车上使用；三是它的很多组分可能导致爆炸（氢气析出）或者环境污染（铅和硫酸）。

4.1.2　镍氢电池

镍氢电池（Ni-MH Battery）的出现是电池行业的一次技术上的重大突破。镍氢电池和镍镉电池一样，也属于碱性电池，其特性和镍镉电池相似。镍氢电池具有以下显著优点：

（1）能量密度较高，是镍镉电池的 1.5～2.0 倍；

(2) 镍氢电池无镉污染，因此镍氢电池又被称为绿色电池；
(3) 可以大电流快速充放电；
(4) 电池的工作电压为 1.2 V，与镍镉电池有互换性。

但是，镍作为镍氢电池的重要原材料，其价格持续走高，而且镍氢电池能量密度依然满足不了较高续驶里程的要求，所以镍氢电池在汽车动力方面的应用受到一定的限制。

4.1.3　锂离子电池

锂离子电池（Li-ion Battery）是电池行业继镍氢电池之后的又一次技术上的重大突破。锂离子电池以其高比能量和较好的放电能力等优点，在最近十几年里得到了广泛应用，尤其作为车用动力电池，锂离子电池显现出巨大的优势。

锂离子电池是一种锂离子浓差电池，正、负极由两种不同的锂离子嵌入化合物组成。充电时，Li^+ 从正极脱嵌，经过电解质嵌入负极，负极处于富锂态，正极处于贫锂态，同时电子的补偿电荷从外电路移至碳负极，保证负极电荷平衡。放电时则相反，Li^+ 从负极脱嵌，经过电解质嵌入正极，此时正极处于富锂态，负极处于贫锂态。正常的充放电情况下，锂离子在层状结构的碳材料和层状结构的氧化物的层间嵌入和脱出，一般只引起层间距的变化，而不影响晶体结构，负极材料的化学结构也不发生变化。因此，从充放电的可逆性上来说，锂离子电池的化学反应是理想的可逆反应。同时，锂离子电池的工作电压与正、负极的锂离子浓度差有关。

锂离子电池单节电压高达 3.6～4.2 V，相当于 3 节镍氢电池串联；其能量密度高，目前质量比能量可达到 165 Wh/kg，体积比能量可达到 450 Wh/L，是镍氢电池的 2 倍左右；能量效率高，锂离子电池能量效率可达 99% 以上，远高于镍氢电池的平均水平；自放电率低；循环使用寿命长，可以循环充放电 500 次以上；无任何记忆效应；不含重金属以及有毒物质，不污染环境，也是一种绿色电源。

但是，锂离子电池也存在一些缺点，如安全性差，有发生爆炸的危险；低温下性能差；需保护线路，以防止过充电和过放电；必须管理到每一单节电池，对电池管理要求很高。

锂离子电池的应用前景十分广泛。据统计，手机电池中，锂离子电池的使用量就占了总量的 70% 以上。近几年，锂离子电池凭借其能量密度高的优势迅速占领了车用动力电池市场，同时也在逐渐替代传统汽车所用的铅酸蓄电池。例如，如果一吨重的汽车以 32 km/h 的速度行驶，其配置的动力电池质量设定为某一定量,那么配置的铅酸电池、镍氢电池和锂离子电池分别对应的续驶里程数为 80 km、150 km 和 320 km。在成本方面,随着电池技术逐渐成熟,锂离子电池的价格也会随之下降。在电动汽车和以电池为辅助动力源的混合动力车日趋走俏的今天,锂离子电池具有很好的应用前景。

4.2　动力电池系统建模及 SOC 估计

4.2.1　动力电池模型概述

动力电池模型种类繁多,大体可以分成动态模型和静态模型两类。静态模型主要用于电池一些静态指标的表述以及电池的选型和匹配。动态模型可以表征电池的动态特性,很多时候必须用到动态模型,例如电池管理系统中的核心环节——SOC 的估计问题。动力电池建模研究也主要指动态模型的建立。下面介绍动力电池系统的特点以及几种典型的动态模型。

动力电池系统具有明显的时变特性和非线性特性,图 4-3 所示为一次试验中电压脉冲相应的截取。它的工作电压、容量等一些特性受 SOC、温度、放电电流、循环寿命等因素的影响,这种影响关系也是非线性关系。这给动力电池建模带来了一定困难,因此出现了各种不同类型的模型。不同的电池模型适用于不同的场合和范围,各有其优势,也同时有其缺陷,目前还没有一种模型可以准确地表述电池在其整个工作范围内的全部特性。

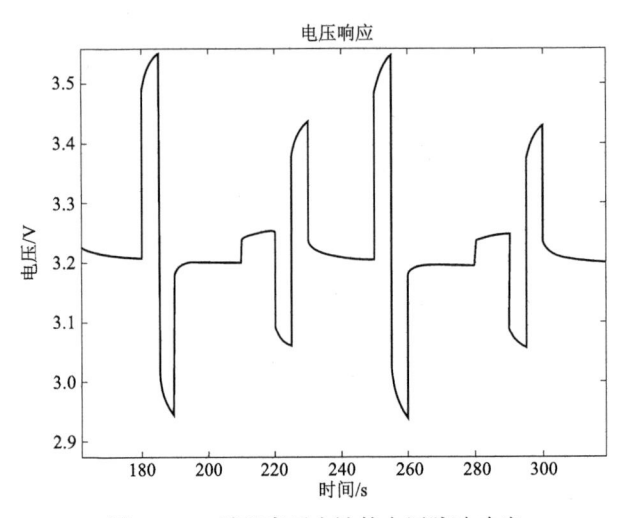

图 4-3　一种锂离子电池的电压脉冲响应

1. 等效电路模型

等效电路模型是基于电池的工作原理和外部动态特性,用电路网络来描述电池的工作特性。根据等效电路元器件的性质,可以分为线性等效电路模型和非线性等效电路模型,主要包括 Thevenin 模型、改进的 Thevenin 模型、FreedomCAR 推荐的一个典型的非线性电池模型(图 4-4)和法国著名电池公司 SAFT 针对自己生产的锂离子电池提出的 RC 模型等。等效电路模型的优势在于其在单片机上的应用简单易行,但是它只能描述电池在一段工作区间的响应,而不能表征过充电/过放电等特征。这类电池模型在一定程度上体现了电池系统的动态特性,且易于实现,目前应用最为广泛。

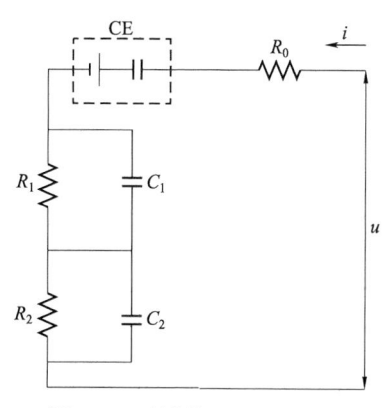

图 4-4 改进的 FreedomCAR 非线性电池模型结构[88]

2. 电化学机理模型

电化学机理模型是基于电化学原理,根据电池内部特性而建立的,其模型常常过于复杂,建模和应用都会有一定的困难,不易直接用于电动汽车动力系统的研发。因此,人们常常对其进行一些简化,形成简化的电化学模型,典型的主要有 Peukert 模型、Shepherd 模型、Unnewehr 模型等。虽然这类模型准确度较高,但是模型受电池本身结构、材料、尺寸的影响,适应性较差,同时要求模型使用者具备较好的电化学知识。

3. 神经网络模型

电池是一个典型的非线性系统,目前还没有在所有工作范围内都适用的解析数学模型。神经网络具有非线性特性、并行结构和学习能力,目前也应用于电池建模和 SOC 估计中。神经网络模型的计算量受输入变量和数据量影响,其精确度受训练数据和训练方法的影响。由一批数据训练的神经网络模型只能在原训练数据的范围内使用,因此神经网络更适用于批量生产的成熟产品。

4. 交流阻抗模型

这类模型描述电池的交流阻抗特性,可以比较精确地反映电池的动态特性,但是,车用动力电池特有的工作环境决定了很难将这种技术在线地应用在实车上。这种方法可以用来预先离线建立电池模型以及对模型初始参数进行辨识。

本章将着重介绍电池机理模型和半机理半经验模型。

4.2.2 机理模型

本书针对特定材料属性的锂离子电池即锰酸锂电池建立数学模型,并对其充/放电性质进行研究。

1. 模型假设与简介

锰酸锂电池的工作原理如图4-5所示。为了模型研究的方便,作如下假设:

(1) 正/负极材料假定为球形颗粒,颗粒内部的扩散行为遵循菲克扩散定律;

(2) 球形颗粒在正/负极内均匀分布;

(3) 电解液可按照稀溶液理论描述其性质。

根据上述假设,这里介绍的模型由沿电极—电解质—电极方向的一维模型及正/负极球形结构模型组成,建模区域如图4-5所示。该模型可模拟以下的电池内部过程:电子传导过程,锂离子在电极、电解质中的传递现象,锂离子在组成电极的球形结构内的传递以及电极动力学特性。

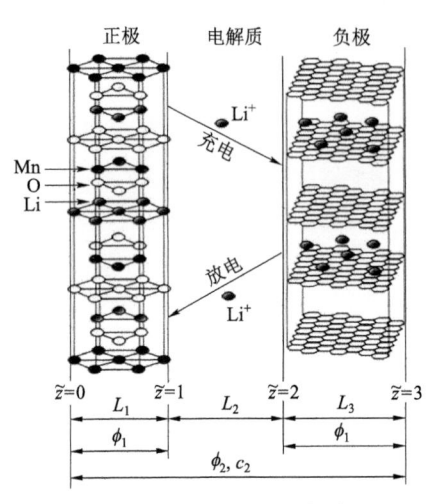

图4-5 锰酸锂电池的工作原理及建模区域示意图

2. 电子传导模型

如图4-5所示,电子传导发生在电池的正极和负极。相对于锂离子的扩散过程,电子传导过程时间很短,因此,在该模型中电子传导可描述为稳态过程。根据电荷守恒和欧姆定律,可得电子电势 ϕ_1 的控制方程:

$$\frac{\partial}{\partial z}\left(\kappa_1^{\text{eff}} \frac{\partial \phi_1}{\partial z}\right) = -S_a j_{\text{loc}} \qquad (4.1)$$

式中,j_{loc} 为电子的局部电流密度,S_a 为电池电极比表面积。考虑到电极孔隙度 ε_1 对电子电导率的影响,有效电子电导率 κ_1^{eff} 可表示如下:

$$\kappa_1^{\text{eff}} = \kappa_1 \varepsilon_1^{\gamma} \qquad (4.2)$$

式中,κ_1 为电子电导率;γ 为布鲁格曼修正系数,通常取 $\gamma = 1.5$。

对于不同的电池,其电极及隔膜的宽度各不相同,为了提高模型应用的普遍性以及便于不同电池之间的横向比较,分别将正负电极和电解质的宽度进行

归一化处理。因此，对式（4.1）进行归一化处理得

$$\frac{\partial}{\partial \tilde{z}}\left(\frac{\kappa_1^{\text{eff}}}{L_i^2}\frac{\partial \phi_1}{\partial \tilde{z}}\right) = -S_a j_{\text{loc}} \quad (i = 1, 3) \tag{4.3}$$

式（4.3）分别应用在正/负极两个区域内。因此在正/负极区域，电极比表面积 S_a 及电子的有效电导率 κ_1^{eff} 可分别表示为

$$S_a = 3\varepsilon_1^m / r_p^m \quad (m = +, -) \tag{4.4}$$

$$\kappa_1^{\text{eff}} = \kappa_1^m (\varepsilon_1^m)^\gamma \quad (m = +, -) \tag{4.5}$$

电子传导模型的边界条件见表 4-1。

表 4-1 电子传导模型的边界条件

界面	边界条件定义	意　义
$\tilde{z} = 0$	$\left(-\dfrac{\kappa_1^{\text{eff}}}{L_1^2}\dfrac{\partial \phi_1}{\partial \tilde{z}}\right)\bigg|_{\tilde{z}=0} = i_{\text{app}}$	i_{app} 表示锂离子电池的充/放电电流密度
$\tilde{z} = 1$	$\left(-\dfrac{\kappa_1^{\text{eff}}}{L_1^2}\dfrac{\partial \phi_1}{\partial \tilde{z}}\right)\bigg|_{\tilde{z}=1} = 0$	表示电子传递通量在正极与电解质的界面处为零
$\tilde{z} = 2$	$\left(-\dfrac{\kappa_1^{\text{eff}}}{L_3^2}\dfrac{\partial \phi_1}{\partial \tilde{z}}\right)\bigg|_{\tilde{z}=2} = 0$	表示电子传递通量在负极与电解质的界面处为零
$\tilde{z} = 3$	$\phi_1\big|_{\tilde{z}=3} = \phi_1^-$	ϕ_1^- 表示锂离子电池负极电子电势，$\phi_1^- = 0$

3. 锂离子在电极和电解质中的传递模型

如图 4-5 所示，ϕ_2 表示锂离子在正/负极以及电解质中的电势，c_2 为锂离子浓度。根据文献[13]建立锂离子的电荷和浓度平衡方程：

$$\frac{\partial}{\partial z}\left[-\kappa_2^{\text{eff}}\frac{\partial \phi_2}{\partial z} + \frac{2RT\kappa_2^{\text{eff}}}{F}\left(1 + \frac{\partial \ln f}{\partial \ln c_2}\right)(1 - t_+)\frac{\partial \ln c_2}{\partial z}\right] = S_a j_{\text{loc}} \tag{4.6}$$

$$\varepsilon_2 \frac{\partial c_2}{\partial t} + \frac{\partial}{\partial z}\left[-D_2^{\text{eff}}\frac{\partial c_2}{\partial z} + \frac{i_2}{F}(1 - t_+)\right] = 0 \tag{4.7}$$

式中，R 为理想气体常数；T 为电池温度；F 为法拉第常数；t_+ 为锂离子迁移系数；κ_2^{eff} 为锂离子的有效传导率；D_2^{eff} 为锂离子在电解质中的有效扩散系数；ε_2 为电解质在整个电池内的体积分数；f 为离子活性系数；$\dfrac{\partial \ln f}{\partial \ln c_2}$ 为锂离子浓度变

化活性系数，在本例中假设电解质为稀溶液，因此 $\frac{\partial \ln f}{\partial \ln c_2} = 0$；$i_2$ 为电解质中的表面电流密度，它满足 $\frac{\partial i_2}{\partial \tilde{z}} = -S_a j_{loc}$。

将式（4.6）和式（4.7）进行归一化处理得

$$\frac{\partial}{\partial \tilde{z}} \left\{ \frac{\kappa_2^{eff}}{L_i} \left[-\frac{\partial \phi_2}{\partial \tilde{z}} + \frac{2RT\kappa_2^{eff}}{F}(1-t_+)\frac{1}{c_2}\frac{\partial c_2}{\partial \tilde{z}} \right] \right\} = L_i S_a j_{loc} \quad (4.8)$$

$$\varepsilon_2 \frac{\partial c_2}{\partial t} + \frac{\partial}{\partial \tilde{z}} \left(-\frac{D_2^{eff}}{L_i} \frac{\partial c_2}{\partial \tilde{z}} \right) = \frac{L_i S_a j_{loc}}{F}(1-t_+) \quad (4.9)$$

锂离子电势控制方程（4.8）以及浓度平衡方程（4.9）分别作用在整个电池模型区域，即 $i = 1, 2, 3$。因此，在整个电池模型区域中，锂离子的有效传导率 κ_2^{eff} 与电子有效传导率相似，可表示为

$$\kappa_2^{eff} = \kappa_2(c_2)(\varepsilon_2^m)^\gamma \quad (m = +, sep, -) \quad (4.10)$$

式中，锂离子传导率 κ_2 是关于锂离子摩尔浓度的函数，可用多项式近似表示为

$$\kappa_2(c_2) = 1.509\ 4\times 10^{-3}(c_2)^3 - 4.721\ 2\times 10^{-3}(c_2)^2 + 5.007\times 10^{-3}c_2 + 4.125\ 3\times 10^{-4} \quad (4.11)$$

同理，锂离子在电解质中的有效扩散系数 D_2^{eff} 及电解质在整个电池内的体积分数 ε_2 可分别表示为

$$D_2^{eff} = D_2(\varepsilon_2^m)^\gamma \quad (m = +, sep, -) \quad (4.12)$$

$$\varepsilon_2 = \varepsilon_2^m \quad (m = +, sep, -) \quad (4.13)$$

锂离子传递模型的边界条件见表4–2及表4–3。

表 4–2 锂离子电势控制方程边界条件

界面	边界条件定义	意　义
$\tilde{z} = 0$	$\left\{ \frac{\kappa_2^{eff}}{L_1} \left[-\frac{\partial \phi_2}{\partial \tilde{z}} + \frac{2RT\kappa_2^{eff}}{F}(1-t_+)\frac{1}{c_2}\frac{\partial c_2}{\partial \tilde{z}} \right] \right\}\bigg|_{\tilde{z}=0} = 0$	表示锂离子电荷通量在此界面为零
$\tilde{z} = 3$	$\left\{ \frac{\kappa_2^{eff}}{L_3} \left[-\frac{\partial \phi_2}{\partial \tilde{z}} + \frac{2RT\kappa_2^{eff}}{F}(1-t_+)\frac{1}{c_2}\frac{\partial c_2}{\partial \tilde{z}} \right] \right\}\bigg|_{\tilde{z}=3} = 0$	表示锂离子电荷通量在此界面为零
说明：在 $\tilde{z} = 1$ 和 $\tilde{z} = 2$ 处为连续边界条件		

表 4–3 锂离子浓度平衡方程边界条件

界面	边界条件定义	意　义
$\tilde{z} = 0$	$\left(-\dfrac{D_2^{\text{eff}}}{L_1}\dfrac{\partial c_2}{\partial \tilde{z}}\right)\bigg|_{\tilde{z}=0} = 0$	表示锂离子摩尔通量在此界面为零
$\tilde{z} = 3$	$\left(-\dfrac{D_2^{\text{eff}}}{L_3}\dfrac{\partial c_2}{\partial \tilde{z}}\right)\bigg|_{\tilde{z}=3} = 0$	表示锂离子摩尔通量在此界面为零
说明：在 $\tilde{z} = 1$ 和 $\tilde{z} = 2$ 处为连续边界条件		

4. 锂离子在组成电极材料的球形结构内的简化传递模型

锂离子电池的电化学反应发生于电池的正/负极，而球形颗粒表面的锂离子浓度对整个电化学反应有着直接的影响。因此，为了全面地描述电池电极内的传递现象，除了电子传导模型和球形结构内锂离子的传递模型外，有必要建立球形颗粒内部锂离子传递过程的模型。根据 Fick 扩散定律，在球形坐标系中建立锂离子在球形颗粒内的浓度平衡方程：

$$\frac{\partial c_1}{\partial t} + \frac{1}{r^2}\frac{\partial}{\partial r}\left(-r^2 D_1 \frac{\partial c_1}{\partial r}\right) = 0 \tag{4.14}$$

式中，c_1 为锂离子在球形结构中的浓度，r 为球形结构半径坐标变量，D_1 为锂离子在球形结构中的扩散系数。

相对于锂离子浓度的扩散过程，球形颗粒内的电化学反应速度很快，锂离子在球形颗粒内的传递过程可看作是一个稳态过程。因此，式（4.14）可简化为

$$\frac{1}{r^2}\frac{\partial}{\partial r}\left(-r^2 D_1 \frac{\partial c_1}{\partial r}\right) = 0 \tag{4.15}$$

引入量纲为 1 的变量 $y = r/r_p$，其中 r_p 是球形结构半径，并对方程（4.15）进行归一化处理得

$$\frac{\partial}{\partial y}\left(-y^2 \frac{D_1}{r_p}\frac{\partial c_1}{\partial y}\right) = 0 \tag{4.16}$$

其中，只需考虑颗粒表面（即 $y=1$ 处）的锂离子浓度 c_1^{surf}。根据锂离子在颗粒表面的脱嵌摩尔通量与局部电流密度的关系可得

$$\left(-y^2 \frac{D_1}{r_p}\frac{\partial c_1}{\partial y}\right)\bigg|_{y=1,\tilde{z}} = -\frac{j_{\text{loc}}}{F} \tag{4.17}$$

相对于锂离子电池正/负极及电解质的厚度，球形颗粒的半径很小，锂离子在球形颗粒表面的浓度微分可近似为：$\dfrac{\partial c_1}{\partial y} \approx \dfrac{c_1^{\text{surf}} - c_1^0}{1-0}$，其中 c_1^0 为球形颗粒中心（即 $y=0$ 处）锂离子平均浓度，可视为常数（假设正极为 1 100，负极为 7 500，单位为 mol/m³）。因此，c_1^{surf} 可表示如下：

$$c_1^{\text{surf}} = \dfrac{j_{\text{loc}}}{F} \dfrac{r_p}{D_1} + c_1^0 \tag{4.18}$$

将式（4.18）分别应用于电池的正极和负极，因此，c_1^{surf} 可表示为

$$c_1^{\text{surf}} = c_1^{\text{surf},m} = \dfrac{j_{\text{loc}}}{F} \dfrac{r_p^m}{D_1^m} + c_1^0 \quad (m=+,-) \tag{4.19}$$

5. 电极动力学模型

在正负电极动力学模型中，Bulter–Volmer 电极动力学公式被广泛采用。该公式描述了电极中的局部电流密度 j_{loc} 与反应物浓度（c_1^{surf}，c_2）、电极过电势 η 的非线性关系。针对本模型，Bulter–Volmer 公式描述如下：

$$j_{\text{loc}} = i_0 \left[\exp\left(\dfrac{F}{2RT}\eta\right) - \exp\left(-\dfrac{F}{2RT}\eta\right) \right] \tag{4.20}$$

式中，i_0 为交换电流密度，η 为驱动电化学反应的过电势，可分别表示为

$$i_0 = k_0^m \sqrt{c_2(c_1^{\max,m} - c_1^{\text{surf},m})c_1^{\text{surf},m}} \quad (m=+,-) \tag{4.21}$$

$$\eta = \phi_1 - \phi_2 - E_{\text{ref}} \tag{4.22}$$

式中，k_0^m 为正/负极的反应速率；$c_1^{\max,m}$ 为正/负极内最大锂离子浓度；E_{ref} 为电池电极在标准条件下的可逆电动势，可表示为正/负极内 ξ^+ 和 ξ^- 的函数，即

$$E_{\text{ref}} = E_{\text{ref}}^+ - E_{\text{ref}}^- = f_1(\xi^+) - f_2(\xi^-) \tag{4.23}$$

其非线性关系如图 4-6 所示。ξ^+ 和 ξ^- 的定义如下：

$$\xi^{\pm} = \dfrac{c_1^{\text{surf},\pm}}{c_1^{\max,\pm}} \tag{4.24}$$

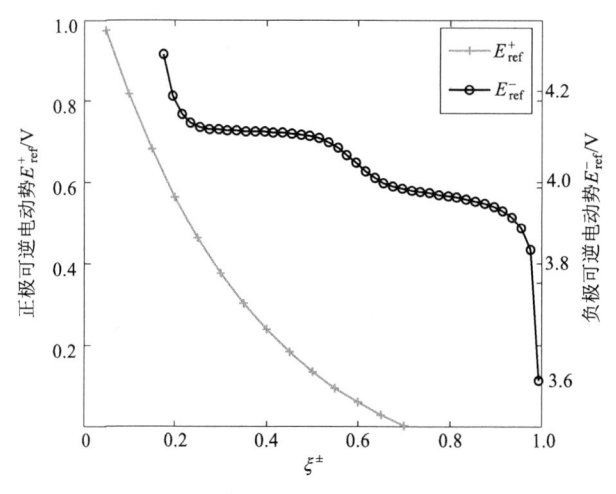

图 4-6 标准条件下正/负极可逆电极电动势

此外，通过对上述模型的求解，可得电池电压为

$$U = \phi_1|_{\bar{z}=3} - \phi_1|_{\bar{z}=0} \qquad (4.25)$$

综上所述，建立的锰酸锂电池机理模型由若干动、静态偏微分方程和代数方程组成。通过这个模型，可以研究电池性能与设计参数（如正/负极材料的种类，活性材料颗粒的大小等）之间的关系。例如，根据表4-4给出的参数值，可以得到如图4-6所示的标准条件下正/负极可逆电极电势。

表 4-4 模型参数

参数类型	名称	符号	数值	单位
电池参数	正极厚度	L_1	183e-6	m
	电解质厚度	L_2	52e-6	m
	负极厚度	L_3	100e-6	m
	正极球形结构半径	r_p^+	8e-6	m
	负极球形结构半径	r_p^-	12.5e-6	m
传递参数	正极电导率	κ_1^+	3.8	S/m
	负极电导率	κ_1^-	100	S/m
	锂离子扩散系数	D_2	7.5e-11	m²/s
	锂离子在正极球形结构中的扩散系数	D_1^+	1e-13	m²/s

续表

参数类型	名称	符号	数值	单位
传递参数	锂离子在负极球形结构中的扩散系数	D_1^-	3.9e–14	m^2/s
物理化学参数	理想气体常数	R	8.314	$J/(mol·K)$
	法拉第常数	F	96 485	C/mol
	正极孔隙度	ε_1^+	0.297	—
	负极孔隙度	ε_1^-	0.471	—
	电解质在正极中的体积分数	ε_2^+	0.444	—
	电解质在负极中的体积分数	ε_2^-	0.357	—
	电解质体积分数	ε_2^{sep}	1.0	—
	锂离子迁移系数	t_+	0.363	—
	正极电化学反应速率系数	k_0^+	2e–6	—
	负极电化学反应速率系数	k_0^-	2e–6	—
操作参数	电池温度	T	298	K
	充/放电电流密度	i_{app}	自定义	A/m^2

4.2.3 半机理半经验模型

在电池系统中，SOC 涉及电池充放电控制策略和电池能量管理，温度影响电池的性能和安全性，开路电压和内阻关联电池的输出电压。本书根据电化学反应机理、热力学特性和观测到的实验现象，导出了荷电状态 SOC、温度 T、开路电压 U0 和内阻 Ri 这些变量的状态方程式和相关的工作电压方程式（输出方程），构建了以 SOC 子模块、开路电压子模块、工作电压子模块和内阻子模块以及热力学子模块组成的电池系统半机理半经验模型，本书称为 Gassing 模型（图 4-7）。模型中工况电流 current、热

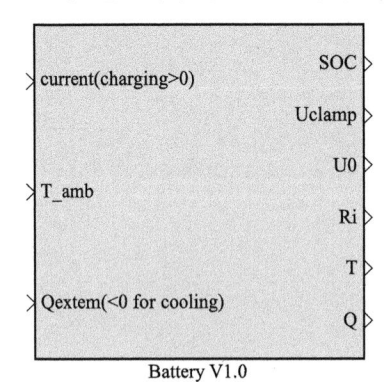

图 4-7 动力电池模型封装接口

量交换 Qextem 和环境温度 T_amb 为输入信号，电池工作电压 Uclamp 为系统输出信号。电池的内部状态变量如开路电压 U0、内阻 Ri、温度 T 和 SOC 等也作为模型输出。MATLAB/Simulink 仿真模型通过数据总线的形式获取各子模块的输入量、输出量及系统的状态变量，用于各个子模块的计算。

整个模型的输入和输出映射关系可用下式表述：

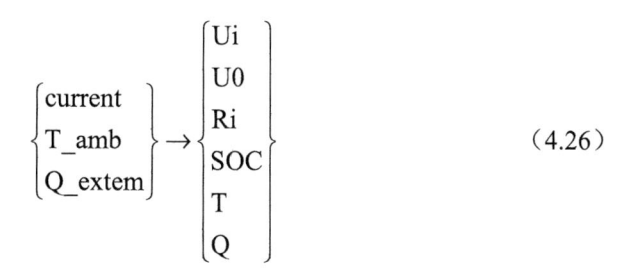

$$\begin{Bmatrix} \text{current} \\ \text{T\_amb} \\ \text{Q\_extem} \end{Bmatrix} \rightarrow \begin{Bmatrix} \text{Ui} \\ \text{U0} \\ \text{Ri} \\ \text{SOC} \\ \text{T} \\ \text{Q} \end{Bmatrix} \quad （4.26）$$

可以看出，这个模型的功能是尽可能准确地描述在输入激励下的输出动态响应，这其中也包括 SOC 计算问题。动力电池 Simulink 模型结构如图 4-8 所示。

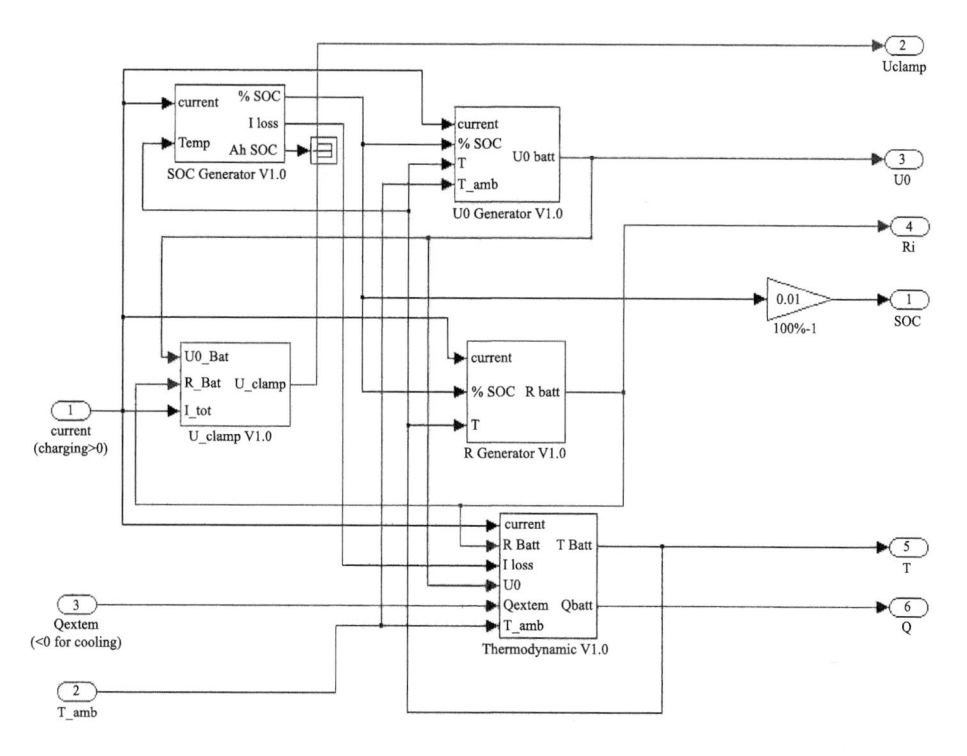

图 4-8　动力电池 Simulink 模型结构

下面分别介绍动力电池模型中的五个子模块。

1. SOC 子模块

SOC 值本身是电池状态的一个重要参数，又涉及其他变量的计算，因此，SOC 计算模型是整个模型中最重要的子模块。本书的 SOC 子模块以安时法为基础，并考虑了电化学反应中的析气现象。

析气现象指的是，当电极电位超过某一特定值时，电解液便会发生电化学反应，表现为负极发生析氢，正极发生析氧。这个特定的电压值称为析气电压。发生析气现象时，电流损失增加，利用率降低，同时由于发生析气现象，温度变化明显，出现温度升高的现象，温度作为锂电池系统的一个状态变量，其变化影响到这个系统的各个变量。再者，由于析气现象的发生，电池性能有所下降。

铅酸电池的析气现象很明显，一度被科研人员所关注。锂离子电池在放电和充电非临界情况时（SOC<85%）并不会发生析气现象，因此在锂离子电池模型中，人们也很少考虑析气现象对 SOC 的影响。但是，若要研究电池充电的临界状态特性，则必须考虑析气现象。

充电临界情况下，电池的析气现象较为明显。当锂离子电池正、负极两端的电压超过析气电压时，进入充电临界情况，开始出现析气现象。析气现象发生时，充电电能有一部分用于析气反应，没有全部用来充电。电极电位越高，析气现象越严重，电流的利用率越低。因此，本书在 SOC 子模块中引入了析气现象对 SOC 值的影响因素。

根据析气现象的机理，引入析气系数 η 描述充电电流对 SOC 变化的影响。图 4-9 所示为松下某一款镍氢电池的析气系数与 SOC 和温度 T 的关系示意图。析气系数 η 的确定与产生析气现象的诸多因素有关。有文献指出，析气电压受电解液含碱度、温度和放电深度等因素的影响。因此，为突出主要影响因素，本书把析气系数定义为 SOC 和温度 T 的函数：

$$\eta = f_1(\text{SOC}, T) \tag{4.27}$$

一般来讲，SOC 随时间的变化率与电流成比例关系，应用安时法可得到以下 SOC 动态方程：

$$\frac{d\text{SOC}}{dt} = \frac{\eta}{3\,600C} \cdot I \tag{4.28}$$

这里定义充电时电流为正，放电时为负。

图 4-9　析气系数示意图

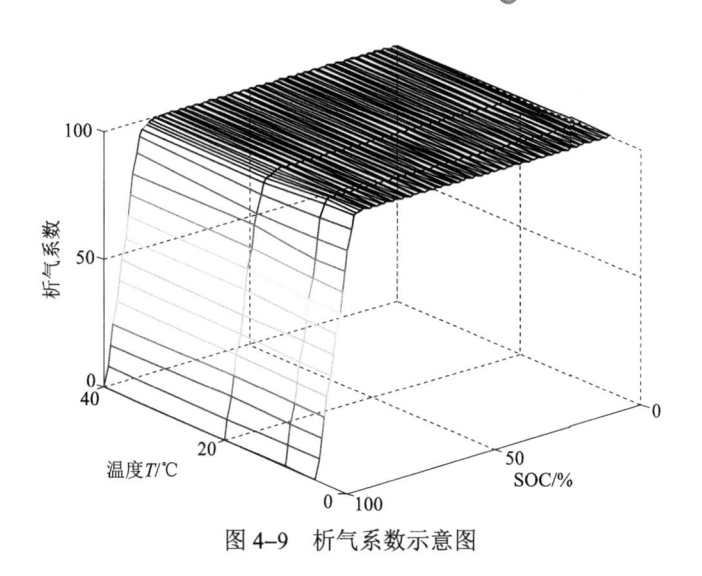

2. 开路电压子模块

开路电压（Open Circuit Voltage，OCV）是指在外电路中没有电流流过时电极之间的电位差。OCV 的重要性表现在它与 SOC 存在着一定的关系。这个关系取决于电池内部的电化学反应机理，它与电池本身的正负极材料有关，更确切地说，它与正负极材料的标准电极电位相关，因此 OCV 与 SOC 之间存在着相对稳定的一一映射关系。大量的实验证明，在标准温度下，开路电压的稳态值 $U'_{0,\mathrm{std}}$ 通常可用以下关系式表达：

$$U'_{0,\mathrm{std}} = f_2(\mathrm{SOC}) \tag{4.29}$$

实验数据表明（图 4-10），开路电压的变化是一个动态过程，达到稳态值需要一定的时间。本书用一阶惯性环节来近似地模拟这一动态过程：

$$\frac{\mathrm{d}U_{0,\mathrm{std}}}{\mathrm{d}t} = \frac{1}{\tau_1} \cdot (U'_{0,\mathrm{std}} - U_{0,\mathrm{std}}) \tag{4.30}$$

式中，$U'_{0,\mathrm{std}}$ 为标准温度下的开路电压值，τ_1 为开路电压时间常数。

考虑到温度对于开路电压的影响，根据吉布斯自由能的表达式：

$$\mathrm{d}G = -S\mathrm{d}T + V\mathrm{d}p \tag{4.31}$$

在定压条件（$\mathrm{d}p=0$）下，对于单位摩尔反应量，有

$$\left[\frac{\mathrm{d}(\Delta g)}{\mathrm{d}T}\right]_p = -\Delta s \tag{4.32}$$

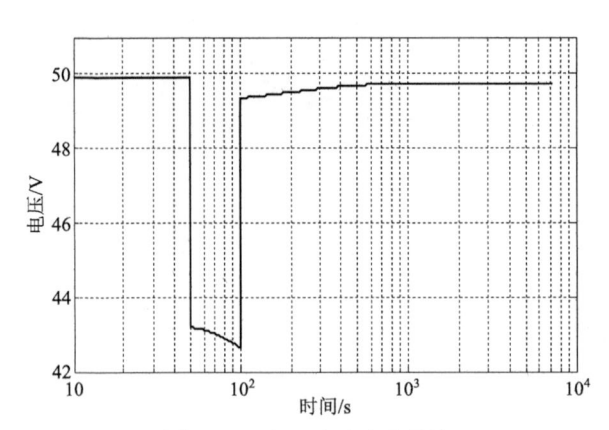

图 4-10　电压脉冲响应曲线

吉布斯自由能的变化量与电动势的关系为

$$\Delta g = -nFE \tag{4.33}$$

联合式（4.32）和式（4.33）可得

$$\left(\frac{\mathrm{d}E}{\mathrm{d}T}\right)_p = \frac{\Delta s}{nF} \tag{4.34}$$

因此，电动势随温度的变化率与温度成比例关系。开路电压在数值上等于电动势，所以，开路电压随温度的变化率同样与温度成比例关系。令 $k_T = \Delta s/nF$，得开路电压的表达式为

$$U_0 = U_{0,\mathrm{std}} + k_T \cdot (T - T_{\mathrm{std}}) \tag{4.35}$$

3. 工作电压子模块

电池的工作电压又称负荷电压，是指在有电流流过时电池两极之间的电位差。电池的工作电压受放电规则影响，即放电时间、放电率、环境温度等。一般开路电压和工作电压存在以下关系：

$$U_i = U_0 + R_i \cdot I \tag{4.36}$$

式中，U_i 为工作电压，U_0 为开路电压，R_i 为电池内阻。其中电流具有方向性，规定充电为正，放电为负。

这个计算公式主要基于开路电压 OCV 子模块和内阻子模块，根据工作电流 I 就可以方便地获得工作电压值。

4. 内阻子模块

内阻应该分为两大部分，但是极化内阻很难解析表达。电化学反应的极化现象导致极化内阻，可分为活化极化和浓差极化两种形式。在标准温度下，本书假定内阻的稳态值 $R'_{i,\mathrm{std}}$ 是 SOC 的函数 f_3（SOC），可得表达式：

$$R'_{i,\text{std}} = f_3(\text{SOC}) \tag{4.37}$$

内阻的变化亦为一动态过程，与开路电压子模块类似，这里也用一阶惯性环节来近似地模拟这一动态过程：

$$\frac{dR_{i,\text{std}}}{dt} = \frac{1}{\tau_2} \cdot (R'_{i,\text{std}} - R_{i,\text{std}}) \tag{4.38}$$

式中，$R_{i,\text{std}}$ 为标准温度下的内阻值，τ_2 为内阻时间常数。

欧姆内阻和极化内阻都会受温度的影响，由文献可知，其解析表达的公式中，温度因子的影响作用比较复杂，其中电导率的表达式为

$$\gamma_i = (B/T)\exp[-K/(kT)] \tag{4.39}$$

式中，B 为常数，K 为平衡常数，k 为波尔兹曼常量。工程上通常不使用上式，这里引入温度补偿系数 η_T（可由实验数据获取）表征温度对内阻的影响，得到内阻表达式：

$$R_i = R_{i,\text{std}} \cdot \eta_T(T) \tag{4.40}$$

5. 热力学子模块

在实际锂离子电池系统中，温度 T 对 SOC、开路电压 U_0 及内阻 R_i 都有影响。然而迄今很少有模型将温度作为一个动态变量纳入模型之中，通常只是利用温度修正模型。根据热力学第一定律，可得以下温度动态方程：

$$\frac{dT}{dt} = \frac{1}{m_{\text{batt}} \cdot c_{\text{batt}}} \cdot (\dot{Q}_{\text{ext}} + \dot{Q}_{\text{trans}} + \dot{Q}_{\text{Iloss}} + \dot{Q}_{\text{S}} + \dot{Q}_{\text{R}}) \tag{4.41}$$

式中，c_{batt} 为电池的比热容，$\dot{Q}_{\text{ext}}$ 为外界流入的热流量，$\dot{Q}_{\text{trans}}$ 为温差产生的热流量，$\dot{Q}_{\text{Iloss}}$ 为析气反应所生成的热流量，$\dot{Q}_{\text{S}}$ 为熵变产生的热流量，$\dot{Q}_{\text{R}}$ 为电流通过内阻产生的热流量。

$$\dot{Q}_{\text{trans}} = \alpha \cdot S_{\text{batt}} \cdot (T - T_{\text{amb}}) \tag{4.42}$$

$$\dot{Q}_{\text{Iloss}} = (1-\eta) \cdot I \cdot U_0 \tag{4.43}$$

$$\dot{Q}_{\text{S}} = \delta_s \cdot T \cdot I \tag{4.44}$$

$$\dot{Q}_{\text{R}} = I^2 \cdot R_i \tag{4.45}$$

式中，α 为散热系数，S_{batt} 为电池散热表面积，δ_s 为熵变系数，其他参数同上。

式（4.41）描述的动力电池热力学模型考虑了外界输入热量、充/放电、析气现象和电池物理参数等对温度过程的影响，相应的 Simulink 模型模块输出为电池的温度以及式（4.41）中等号右边后四项热流量之和。

综上所述，本书介绍的半机理半经验动力电池模型（亦称为 Gassing 模型）

是一个典型的状态空间描述形式,其中表征系统的子模块如 SOC 模块可以根据研发需要嵌入不同的内容(如进行 SOC 估计等)。Gassing 模型引入了与析气现象相关的气化因子矩阵,特别是引入了气化矩阵,可以比较真实地模拟电池临界工作状态。

4.2.4 SOC 估计算法

长久以来,SOC 估计一直是困扰人们的问题,显然 SOC 不能直接通过测量获得,而 SOC 又与电源管理系统中其他子系统密切相关。到目前为止,没有一种算法可以很准确地对 SOC 进行估计。很多算法都是在不同的程度上让估计值与真实值的误差尽可能地小,例如 10%,甚至 5%。

下面介绍几种 SOC 估计的方法及其特点。

1. 安时法

安时法是一种简单常用的 SOC 估计方法,它对电流进行积分,得到电池放出的电量,这个方法的准确性首先取决于电流测量的准确性。如果电流测量存在较大的误差,随着积分的累积,误差也将越来越大,所以隔一段时间需要采用其他方法进行校正。其次,SOC 的初始状态也对 SOC 估计的准确性有很大影响。鉴于安时法的简单易行,这种估计方法较多应用于对 SOC 值精度要求不高的场合,如铅酸电池作为动力电池驱动的电动汽车的能量管理。

2. 开路电压法

由前文可知,电池的开路电压跟 SOC 存在着一一对应的关系,利用这个关系,可以用开路电压来估计 SOC。但是,电池在其一个工作点处断开与负载的连接后的开路电压往往需要一个恢复时间才能稳定至与 SOC 值对应的开路电压值。这个恢复时间(也称为静置时间)一般需 2 h 左右,这就决定了这个方法有很大缺陷。但是,开路电压法在电池充电的初期和末期效果不错,所以开路电压法常常和其他方法配合,较多地应用于对 SOC 值精度要求较高的场合,如锂离子电池作为动力电池驱动的电动汽车的能量管理。

3. 负载电压法

如果电池工作的工况是恒定电流,那么相应的工作电压与开路电压一样,也存在与 SOC 值一一对应的关系。汽车行驶时,载荷通常变化较大,所以这种方法很难单独用于电动汽车的能量管理。和开路电压法一样,负载电压法往往与其他方法结合使用。

4. 内阻法

内阻可以分成直流内阻和交流内阻,通过测量直流内阻估算 SOC 的内阻法广泛应用于传统汽车车载电源铅酸电池充放电管理。在铅酸电池充电后期，直流阻抗随 SOC 发生明显变化，可以利用直流阻抗估计这时的 SOC 值。但是内阻，特别是交流内阻受温度影响很大，这种信号干扰影响内阻法的 SOC 估计精度。镍氢电池和锂离子电池的内阻与 SOC 的关系相对复杂许多。因此，内阻法也很难在现在的电动车上应用。

5. 放电实验法

放电实验是最准确的测量 SOC 的方法。在电池的某一个工作点，采用恒定的电流放电至电池的工作截止电压，放电时间与放电电流的乘积即放出的电量，也就是电池在这个工作点的剩余电量，据此可以得到这个工作点的准确的 SOC。这个方法需要电池停止工作，而且需要一定的时间，不能即时得到 SOC 的值，所以只能在实验室使用，一般用于 SOC 的标定。

6. 卡尔曼滤波法

近几年，卡尔曼滤波器在电池 SOC 估计中的应用备受关注。这个方法可以应用于电动车各种复杂的工况，它把电池看成一个动态系统，SOC 作为一个状态变量，电流、温度等作为输入变量，工作电压作为输出变量，通过在线迭代对 SOC 进行最优估计。这个方法具有较强的适应性，同时可以给出估计的误差，但对于硬件的要求较高，计算量较大，同时卡尔曼滤波法的前提是假设所有噪声为白噪声，这也是它的一个局限性。

7. 支持向量机法

这是一种基于支持向量机（Support Vector Machine，SVM）的 SOC 估计算法。由于支持向量机自身对状态量的变化比较敏感，因此其在非线性估计中的估计精度一般高于最小二乘类的估计。在 SOC 估计中，支持向量机利用很多数据点进行训练并将训练结果退化成一组支持向量（Support Vector，SV）。如果 SVM 可以较好地优化，那么该算法可以提供比较高的 SOC 估计精度。

8. 神经网络法

采用非线性映射的神经网络估计 SOC 的方法称为神经网络 SOC 估计法。神经网络法目前常采用 3 层典型神经网络结构：输入、输出层神经元个数由实际问题的需要来确定，中间层神经元个数取决于问题的复杂程度及分析精度。用于 SOC 估计的神经网络的输入变量一般为电压、电流、累计放出电量、电池温度、内阻、环境温度等。该方法适用于各种电池，神经网络如果训练得较好，SOC 估计误差可以达到小于 10%，但其估计精度受训练样本和训练方法的影响很大，且易受干扰。

以上各种方法的优缺点总结如表 4-5 所示。

表 4–5 SOC 估计方法优缺点比较

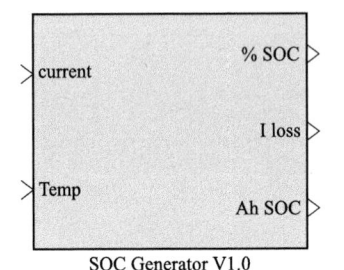

SOC 估计算法	优 点	缺 点	适用场合
卡尔曼滤波法	适应性强，可以同时估算误差	计算量较大；硬件要求较高	各种电池，尤其适用于工况变化激烈、复杂的混合动力汽车和电动汽车
安时法	简单易行	受电流采集精度的影响，导致累积误差；受温度和库仑效率的影响；在温度和电流变化激烈的工况误差较大	适用于所有车载电源
放电实验法	可靠，准确	需要脱机测量；需要大量时间	电池维修检测和 SOC 标定
开路电压法	简单易行，准确	需要脱机；需要较长的稳定时间	用于试验测量，电池维护
负载电压法	可以在线测量	不适用于变电流工况	很少用于实车
内阻法	适应性较好，精度较高	内阻测量困难	用于放电后期 SOC 的估计
支持向量机法	对于初始状态和测量精度的鲁棒性较高	适应性不强	适用于小电流恒工况
神经网络法	快速，方便，精度较高	需要大量训练；误差受训练数据和训练方法影响较大	各种电池

图 4–11 SOC 子模块

本书模型中的 SOC 子模块（图 4–11）实现了一种基于查表（Look Up Table）的 SOC 估计算法。建模考虑了析气现象对 SOC 的影响，通过引入与 SOC 值和电池温度相关的气化矩阵可以得到相应的气化系数（即库仑效率），拓展了安时法的应用。

这种方法简单易行，尤其是能够表征电池 SOC 大于 85% 的极限充电状态下的动态过程。

4.3 动力电池系统控制策略

动力电池模块在整个车辆系统中需要与其他模块配合运行，其他模块的输出量自然对其产生影响。实际系统中，动力电池的充/放电指令是由 ECU 给出的，电池管理系统（BMS）是 ECU 下层的一个功能模块，其任务就是按照设定的规则实施相应的充/放电和调节电池的工作状态。在建模中，动力电池控制器类似于 BMS，只是功能简单一些，即根据 SOC、OCV、电池温度和内阻等计算最大容许充/放电电流。另外，这一节还介绍了 ECU 有关动力电池开关控制策略的内容。

4.3.1 动力电池控制器

动力电池控制器单元的主要功能是根据电池的实时状态计算电池实时容许的最大充/放电电流值，用于动力电池系统充/放电的实时控制，并通过 CAN 总线将实时容许的最大充/放电电流值和电池的其他变量（如工作电压、温度和 SOC 等）传递至 ECU 模块或其他功能模块以供使用。

动力电池控制器的核心子模块是电池管理系统的充/放电极限值计算模块（BMS–Charge/Discharge Limit Calculation），如图 4–12 所示。这个模块的输入量为开路电压（OCV）、电池温度（battery temperature）、电池内阻（internal resistance），输出量为最大充电电流（max charge current）和最大放电电流（max discharge current），其映射关系可表述为

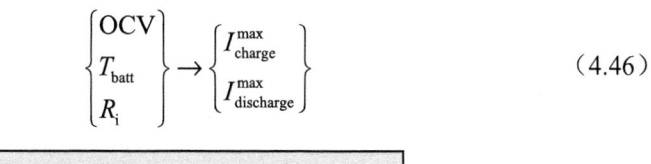

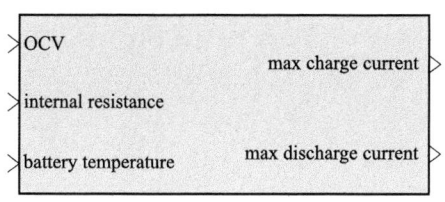

$$\begin{Bmatrix} \text{OCV} \\ T_{\text{batt}} \\ R_i \end{Bmatrix} \rightarrow \begin{Bmatrix} I_{\text{charge}}^{\max} \\ I_{\text{discharge}}^{\max} \end{Bmatrix} \tag{4.46}$$

图 4–12 电池充/放电极限值计算模块

首先，计算根据实时的 OCV 值和内阻值估算最大充/放电电流值。在模型的初始化文件中，作为参数预置了电池的最大容许电压值 $U_{\max}$ 和最小容许电压值 $U_{\min}$，这个数据一般可以从供应商提供的产品说明书中获得。根据欧姆定律，最大充/放电电流可以表示为

$$I_{\text{charge}}^{\max} = \frac{U_{\max} - \text{OCV}}{R_i} \tag{4.47}$$

$$I_{\text{discharge}}^{\max} = \frac{U_{\min} - \text{OCV}}{R_i} \tag{4.48}$$

式中，$U_{\max}$ 为电池允许的最大工作电压，$U_{\min}$ 为电池允许的最小工作电压。

然后，考虑热力学的影响，最终确定最大充/放电电流。设 $T_{\text{batt}}^{\max}$ 为电池工作允许的最高温度，通过一些逻辑计算来判定，当连续 20 s 的平均温度大于 $0.8T_{\text{batt}}^{\max}$ 时，对前面计算得到的最大充/放电电流进行热力学校正。校正公式如下：

$$\Delta I = 10^{-7} \times \int_0^{20} (T_{\text{batt}} - T_{\text{batt}}^{\max}) \mathrm{d}t \tag{4.49}$$

$$\begin{aligned} I_{\text{charge}}^{\max}{}^{*} &= I_{\text{charge}}^{\max} - \Delta I \\ I_{\text{discharge}}^{\max}{}^{*} &= I_{\text{discharge}}^{\max} - \Delta I \end{aligned} \tag{4.50}$$

这样就得到了最终的最大充/放电电流。电池管理系统还有另一个重要作用，就是控制电池模块的开关，这个功能在本书介绍的 Simulink 模型中没有嵌入动力电池控制器而是嵌入 ECU 中。下节将对开关的控制策略做简单的介绍。

动力电池系统建模主要包括系统本身的状态描述和相应的控制器模型。动力电池固有的电化学机理导致系统呈复杂的非线性特征，因此，建模往往需要在准确性和适用性之间权衡，本书也是更多地从工程应用的角度介绍了查表模型和气化矩阵等在模型中的应用。

4.3.2 动力电池开关控制策略

动力电池的开关控制策略是由一些变量的逻辑运算予以描述的。这里首先给出状态标识变量的定义，ON/OFF$_{\text{ebp}}$、ON/OFF$_{\text{charge}}$、ON/OFF$_{\text{discharge}}$ 分别表示电池系统开/关、充电开/关和放电开/关。电池系统的开/关状态取决于充电开/关状态和放电开/关状态：

$$\text{ON/OFF}_{\text{ebp}} = (\text{ON/OFF}_{\text{charge}}) \text{OR} (\text{ON/OFF}_{\text{discharge}}) \tag{4.51}$$

ON/OFF$_{\text{charge}}$、ON/OFF$_{\text{discharge}}$ 的状态取决于 SOC 值和其他状态，具体的逻辑关系用表 4-6 和表 4-7 阐述。

表 4-6　ON/OFF$_{\text{charge}}$ 函数逻辑

$S(t)$ (SOC $\geqslant$ SOC$_{\max}$) 持续 0.115 1 s	$R(t)$ (SOC $<$ SOC$_{\max}$ $-$ 0.1)	$Q(t-1)$	$Q(t)$	ON/OFF$_{\text{charge}}$
0	0	0	0	1
0	0	1	1	0
0	1	0	0	1
0	1	1	0	1

续表

$S(t)$ (SOC $\geqslant$ SOC$_{max}$) 持续 0.115 1 s	$R(t)$ (SOC $<$ SOC$_{max}-0.1$)	$Q(t-1)$	$Q(t)$	ON/OFF$_{charge}$
1	0	0	1	$\exp(-kt)>0.5\to 1$ $\exp(-kt)<0.5\to 0$
1	0	1	1	$\exp(-kt)>0.5\to 1$ $\exp(-kt)<0.5\to 0$

表 4-7　ON / OFF$_{discharge}$ 函数逻辑

$S(t)$(SOC $\leqslant$ SOC$_{min}$) 持续 0.115 1 s	$R(t)$ (SOC $>$ SOC$_{min}+0.1$)	$Q(t-1)$	$Q(t)$	ON/OFF$_{discharge}$
0	0	0	0	1
0	0	1	1	0
0	1	0	0	1
0	1	1	0	1
1	0	0	1	$\exp(-kt)>0.5\to 1$ $\exp(-kt)<0.5\to 0$
1	0	1	1	$\exp(-kt)>0.5\to 1$ $\exp(-kt)<0.5\to 0$

4.4　DC/DC 变换器

DC/DC 变换器即直流/直流变换器，是一种将直流电能变换成负载所需的电压或电流可控的直流电能的装置。它通过高速通断控制把直流电压斩成一系列的脉冲电压（所以也叫斩波器），通过控制通断占空比或通断周期或两者的变化来改变这一脉冲序列的脉冲宽度，以实现对输出电压平均值的调节，再经过输出滤波器的滤波，最后在被控负载上得到电流或电压可控的直流电能[89]。

DC/DC 变换器从电路拓扑结构上可分为非隔离型和隔离型两类；按所用功率开关管的数量又可分为单管、双管和四管三类。单管非隔离直流变换器有六种基本类型：降压变换器（Buck）、升压变换器（Boost）、升降压变换器（Buck–Boost）、Cuk 变换器、Sepic 变换器和 Zeta 变换器等，其中前两种是最基本的结构，后四种是前两种基本结构的组合形式。

本书建模所用的变换器为双向升降压变换器，因此本章只针对该类型变换器的基本工作原理和稳态工作特性做具体分析。考虑到 DC/DC 变换器响应很快，对整车控制而言可不考虑其瞬态响应；另一方面，由于DC/DC变换器是高频开关器件，要想对动态模型进行精确仿真，其仿真步长要取得非常小，这无疑会大大增加仿真时间。因此，本书将其模型简化为以效率为基础的稳态模型。

通过本章的学习，读者将对DC/DC变换器的基本工作原理、稳态建模、模型的MATLAB实现以及DC/DC变换器在能量管理系统中的功能有一个全面的了解。

4.4.1 DC/DC变换器的工作原理

人们所熟知的DC/DC变换器多数是单向工作的。在一些需要能量双向流动的场合，若仍使用单向DC/DC变换器，虽然可以将两个单向的DC/DC变换器反向并联，但这样总体电路会变得复杂。实际上完全可以将这两个变换器的功能用一个变换器来实现，即双向DC/DC变换器[90]。

图4-13所示为动力电池系统所使用的Buck-Boost型升降压双向变换器的电路简图。如图4-13所示，通过控制开关管V_1的通断，可使得DC/DC变换器工作在升压（Boost）模式，能量从电池系统传送到直流母线上，即电池处于放电状态。当V_1为ON（开）时，能量从电池系统流出，存入电感L_1中。当V_1为OFF（关）时，存在L_1中的能量通过D_2传送到电容C中，然后进入直流母线。电感L_2可以使进入直流母线的电流脉动减小。此时，DC/DC变换器的输入端电压为电池系统的端电压U_{ebp}，输出端电压为直流母线电压U_{bus}，两者的电压关系如下：

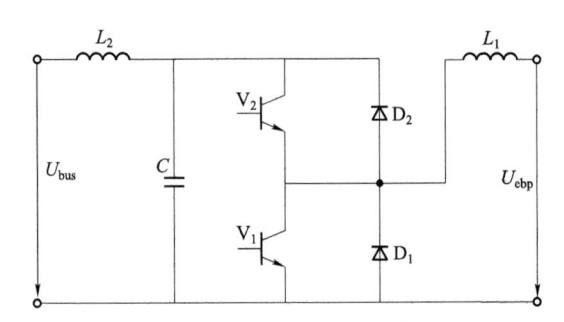

$$U_{bus} = \frac{1}{1-n_1} U_{ebp} \tag{4.52}$$

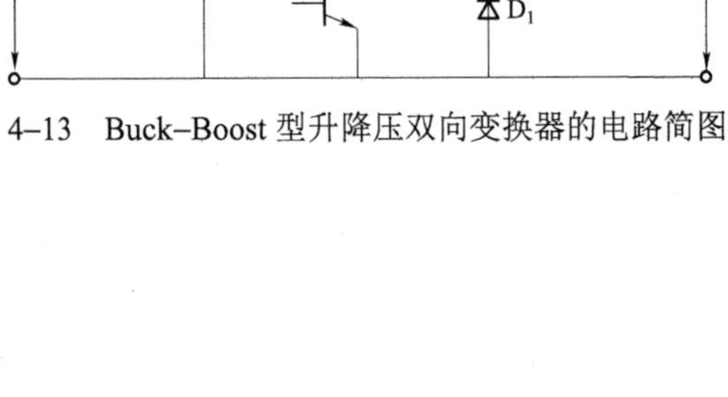

图4-13 Buck-Boost型升降压双向变换器的电路简图[1]

通过控制开关管 V_2 的通断，可使 DC/DC 变换器工作在降压（Buck）模式，来自直流母线的能量通过 DC/DC 变换器充入电池系统，电池处于充电状态。当 V_2 为 ON 时，能量从直流母线端（来自于燃料电池系统输入或制动回馈或二者兼之）流入电池系统，电感 L_1 存储其中的部分能量。当 V_2 为 OFF 时，存储在 L_1 中的能量流入电池系统。此时，DC/DC 变换器的输入端电压为直流母线电压 U_{bus}，输出端电压为电池系统电压 U_{ebp}，两者的电压关系如下：

$$U_{ebp} = n_2 U_{bus} \tag{4.53}$$

式中，占空比 $n_2 = t_2/T_2$，t_2 为 V_2 导通时间，T_2 为开关动作周期。

通过以上分析可知，电池系统通过双向 DC/DC 变换器与直流母线相连接，通过控制双向 DC/DC 变换器的工作模式和占空比，可以实现对电池系统的充放电控制。在放电状态下，DC/DC 变换器工作在升压（Boost）模式，充电状态下则工作在降压（Buck）模式。

4.4.2　DC/DC 变换器的稳态模型

本书介绍的燃料电池汽车结构中，燃料电池系统、动力电池系统、DC/DC 系统、辅助系统、逆变器及电机采用图 4-14 所示的结构连接。显然，DC/DC 系统一端与燃料电池输出相连接的电压（直流母线电压）由燃料电池输出电压和电机能量回馈制动所得电压共同决定。燃料电池的输出特性由燃料电池在能量转换过程及结构上的特性所确定，当输出电流变化时，其输出电压波动较大。由燃料电池的伏安特性曲线可知，由于受活化损失的影响，在小电流段电压下降幅度非常大。随着电流增加，电压下降速度减慢，但仍比普通电池大得多。在高电流区，由于受传质损失的影响，电压下降速度骤然加大。因此，燃料电池的输出特性相对较软，而动力电池特性较硬，在这样的情况下势必要在直流母线和动力电池系统中增加一个双向 DC/DC 系统，一方面可以起到电压匹配的作用（直流母线电压和动力电池电压匹配）；另一方面，双向 DC/DC 系统还可以利用动力电池吸收制动回馈能量以提高续驶里程。

在阐述稳态模型前，下面先对 DC/DC 系统效率进行简单介绍。电流流入 DC/DC 系统后将产生一定的功率损耗，其主要可分为有源功率器件的开关损耗、导通损耗和电感元件的铁损、铜损以及电容的寄生电阻损耗。此处不考虑对这些具体损耗做机理建模，仅引入系统效率用于相应的计算。在不同的模式（Buck 模式和 Boost 模式）下，系统的效率并不相同，可分别定义如下：

燃料电池汽车建模及仿真技术

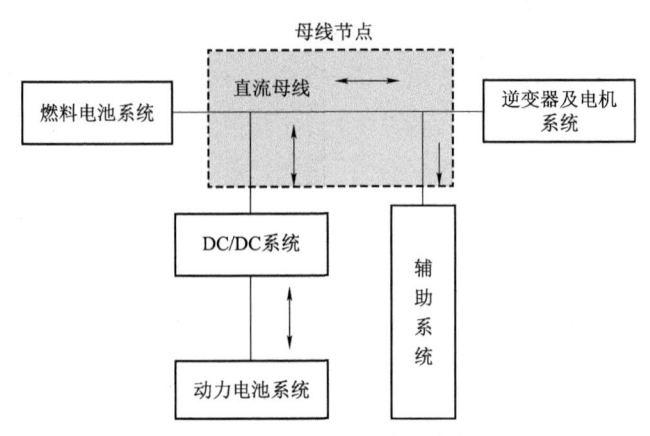

图 4-14 DC/DC 在燃料电池汽车中的拓扑结构

$$\eta_{HV\_buck} = \frac{电池端输出功率}{直流母线端输入功率} \quad (4.54)$$

$$\eta_{HV\_boost} = \frac{直流母线端输入功率}{电池端输出功率} \quad (4.55)$$

式中，η_{HV_buck} 和 η_{HV_boost} 分别为 Buck 模式下系统效率和 Boost 模式下系统效率。η_{HV_buck} 和 η_{HV_boost} 依赖于各自的传输功率和 DC/DC 系统两端的电压差。它们还具有以下特点：

（1）效率仅依赖于输出电压和输入电压的比值，而不是绝对电压值本身。

（2）对于某个确定的电压比值，效率随着功率的增加而增加，当达到某个功率值后又缓慢下降，如图 4-15 所示。

动力电池系统的物理特性决定其最大充/放电电流，分别标记为 I_ebp_max_charge 和 I_ebp_max_discharge；双向 DC/DC 系统在 Buck 模式和 Boost 模式也具有最大工作电流的限制，分别为 I_hvp_buck_max 和 I_hvp_boost_max。这两个子系统串接在一起组成新的系统后，根据其电流方向可得最大工作电流 I_dcdc_buck_max 和 I_dcdc_boost_max，这是 ECU 进行功率分配的约束条件，可以避免因为过大的充/放电电流而损坏电池系统。根据功率平衡和电机工作状态，系统最大容许工作电流按下式计算：

$$I\_dcdc\_buck\_max = \min\left\{I\_hvp\_buck\_max, \frac{I\_ebp\_max\_charge * U\_lv\_max}{\eta_{HV\_buck} U\_hvp\_measured}\right\}$$

$$(4.56)$$

第 4 章 动力电池系统

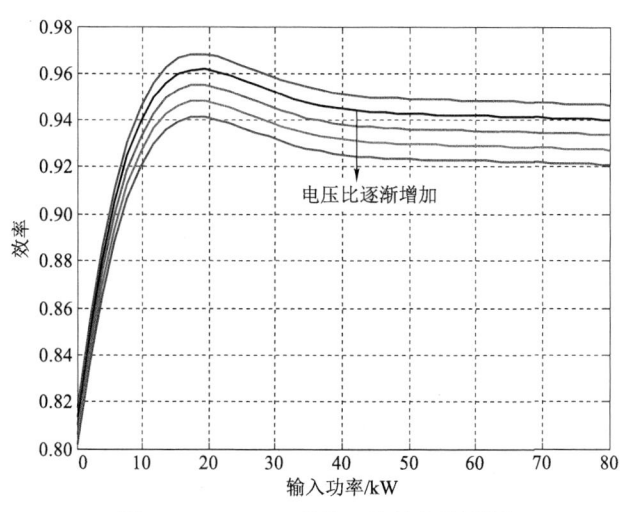

图 4-15 DC/DC 系统二维效率简图[91]

$$I\_dcdc\_boost\_max = \max\left\{I\_hvp\_buck\_max, \frac{\eta_{HV\_boost}I\_ebp\_max\_discharge * U\_lv\_min}{U\_hvp\_measured}\right\}$$

（4.57）

式中，U_hvp_measured 为 DC/DC 系统高压端的测量电压；U_lv_max，U_lv_min 分别为动力电池最大充电电压和最小放电电压。另外，当电机处于发电状态时，直流母线电压 U_hvp_measured 由发电机发出的电功率决定，反之则由燃料电池输出电压决定。相应模型的 Simulik 实现如图 4-16 所示。

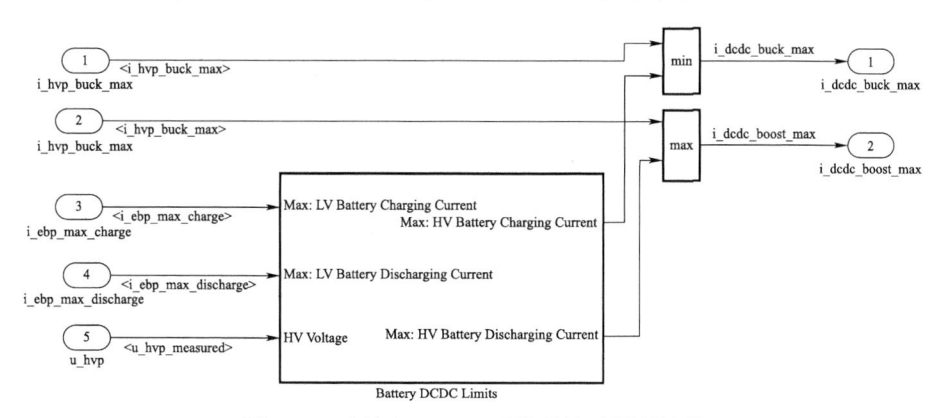

图 4-16 电池和 DC/DC 系统的电流限制计算

根据燃料电池汽车整车系统控制分析的需要,建立双向 DC/DC 系统的输入/输出模型如图 4-17 所示。其中输入量为:ECU 给出的需求电流 I_ecu_hvp_req(A),辅助单元消耗总电流 I_aup_veh_aux_tot(A),电机逆变器需求电流 I_mop_inv(A),燃料电池系统端电压 U_fcp(V),电池单元端电压 U_ebp(V)及燃料电池系统开关状态 FCS_on/off(on=1,off=0);输出量为:DC/DC 系统高压端电流 I_hvp_hv(A),DC/DC 系统低压端电流 I_hvp_lv(A),燃料电池系统净输出电流 I_hvp_fcs_net(A)及 DC/DC 系统高压端电压 U_hvp(V)。

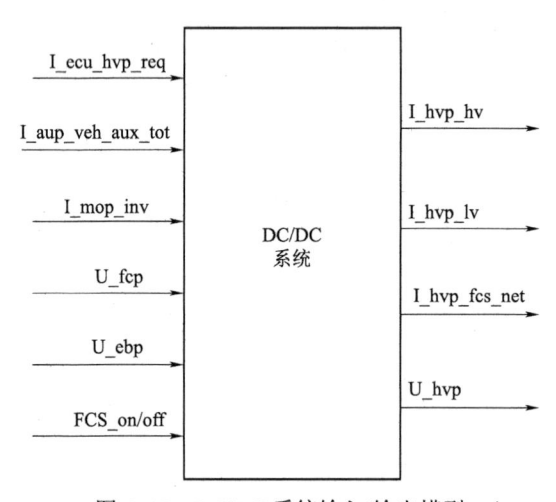

图 4-17 DC/DC 系统输入/输出模型

由系统功率平衡方程得

$$I\_hvp\_lv = \begin{cases} \dfrac{U\_fcp * I\_hvp\_hv}{U\_ebp * \eta_{HV\_boost}} < 0 & 放电 \\ \dfrac{U\_fcp * I\_hvp\_hv * \eta_{HV\_buck}}{U\_ebp} \geqslant 0 & 充电 \end{cases} \quad (4.58)$$

在图 4-14 的母线节点处采用霍尔基夫电流定理可得:
当 FCS_on/off =1 时,

$$\begin{cases} I\_hvp\_fcs\_net = I\_hvp\_hv + I\_aup\_veh\_aux\_tot + I\_mop\_inv \\ I\_hvp\_hv = I\_ecu\_hvp\_req \end{cases} \quad (4.59)$$

$$U\_hvp = U\_fcp \quad (4.60)$$

当 FCS_on/off=0 时,

$$\begin{cases} I\_hvp\_hv = -I\_aup\_veh\_aux\_tot - I\_mop\_inv \\ I\_hvp\_fcs\_net = 0 \end{cases} \quad (4.61)$$

$$U\_hvp = 定值 \quad (4.62)$$

综合式（4.58）～式（4.62），DC/DC 系统模型的 Simulink 实现如图 4-18 所示。

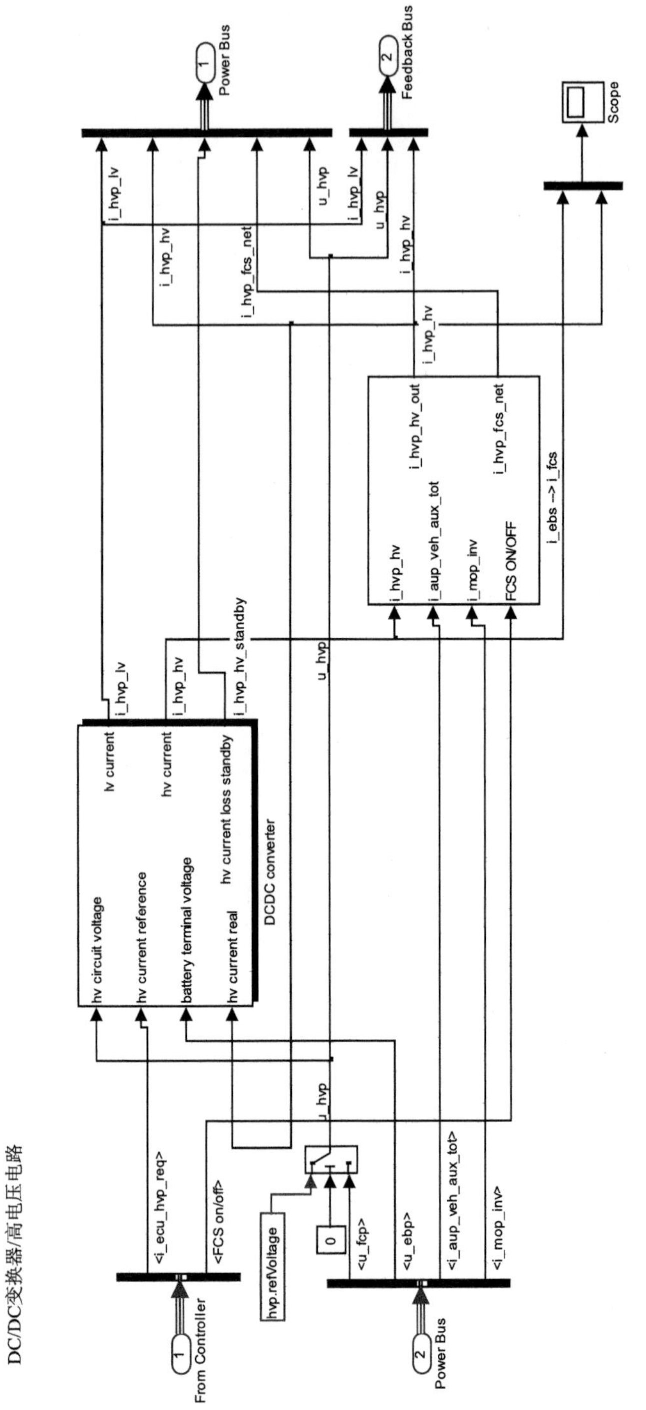

图4-18 DC/DC系统模型Simulink实现

第 5 章

驱动电机系统

电机在汽车上的应用很广（图 5-1），从电动油泵到电动空调，从电动车窗到驱动引擎，众多汽车部件中电机都是核心器件，不可或缺。驱动电机及其控制系统更是燃料电池汽车的关键部件，其性能优劣直接影响整车动力性、经济性等多项重要指标。

图 5-1　电机在汽车上的应用

燃料电池汽车用电机系统与其他工业用电机系统有着显著的不同（表 5-1），这主要是由于：

（1）受到车辆空间限制和使用环境的约束。

（2）来源于电池的电能转化为机械能需要高效率转化，这要求电机控制器和电机之间的匹配尽可能利用电池输出的能量。

正因为如此，与一般工业用电机相比，燃料电池汽车驱动电机系统有以下特殊要求：

（1）驱动速度、转矩变化范围大，既能运行在恒转矩区，又能运行在恒功率区。理想的驱动电机机械特性是低速恒转矩及高速恒功率：基速以下大转矩以适应快速起动、加速、负荷爬坡、频繁起停等要求，基速以上恒功率、宽范围以满足最高车速、公路飞驰、超车等要求。

（2）系统效率高：电动车供电电源能量有限，尤其受当前动力电池成本和整车布置的限制，提高电驱动系统的效率是提高汽车续航里程和经济性的重要手段。

（3）过载能力强，功率密度高。

（4）能在恶劣的工作环境下可靠工作（如防水、防尘能力）。

（5）可靠性好，结构简单，维修方便，成本低，体积和质量小。

表 5-1 电机系统性能比较

项目	工业应用	汽车应用
封装尺寸	空间不受限制，可用标准封装配套各种应用	布置空间有限，必须根据具体产品进行特殊设计
工作环境	环境温度适中（−20 ℃~40 ℃）；静止应用，振动较小	温度变化大（−40 ℃~105 ℃）；振动剧烈
可靠性要求	较高，以保证生产效率	很高，以保障乘车者安全
冷却方式	通常为风冷（体积大）	通常为水冷（体积小）
控制性能	多为变频调速控制，动态性能较差	需要精确的力矩控制，动态性能较好
功率密度	较低（0.2 kW/kg）	较高（1.0~1.5 kW/kg）
总体性价比	一般	极高：既要性能好又要价格便宜

针对以上特点，燃料电池汽车主流驱动电机大致可分为以下 4 类：直流电机、交流感应电机、永磁同步电机（无刷直流电机）及开关磁阻电机等。其中，交流感应电机较多应用于纯电动汽车（包括轿车及客车），永磁同步电机主要应

用在混合动力汽车（包括轿车及客车）。下面介绍燃料电池汽车常用的驱动电机，并以永磁直流无刷电机为例描述了电机系统的建模方法和涉及的一些研发问题。

5.1 典型驱动电机介绍

5.1.1 直流电机[92]

1. 直流电机结构及原理

直流电机由定子、转子、换向器、电刷等组成，定子上有磁极，转子上有绕组。作为电动机运行时，电机通电后的转子上也形成磁场（磁极），定子和转子的磁极之间有一个夹角，在定、转子磁场（N 极和 S 极之间）的相互吸引下，电机旋转。改变电刷的位置，就可以改变定、转子磁极夹角（假设以定子磁极为夹角起始边，转子磁极为另一边，转子磁极指向定子磁极的方向就是电机的旋转方向）的方向，从而改变电机的旋转方向。作为发电机运行时，过程正好相反，旋转的转子绕组切割定子形成磁场，绕组感应生电，完成机械能转化为电能的过程。

2. 直流电机特性

直流电机具有机械特性好、调速平滑、控制简单且成本低廉和技术成熟等一系列优点。直流电机的磁场和电枢可以分别控制也可以联合控制，因此控制起来比较容易，而且控制性能好。另外，直流电机的容量范围广，可以根据需要的转矩和最高转速选用所需容量，避免大马拉小车的现象。

3. 直流电机控制

在控制策略上，直流电机通常采用晶体管斩波器进行脉冲宽度调制（PWM），将固定的直流电压变成可调的直流电压，从而实现调压和调磁调速。

然而，直流电机需要电刷和换向器等接触部件，长期运行容易磨损，特别在高速旋转时电刷和换向器之间会产生火花，严重时形成"环火"，这就限制了直流电机的最高转速，因此直流电机最高转速较低，体积大，功率密度低，使用寿命短，尤其是火花现象对以氢气为燃料的燃料电池汽车而言无疑是一大安全隐患。目前，直流电机主要应用在低成本、性能要求不高的中小型电动汽车中。

5.1.2 交流感应电机[1]

1. 交流感应电机结构及原理

交流感应电机又称异步电机，主要由转子和定子构成，在转子与定子之前没有相互接触的滑环、换向器等部件。在运行时，定子通过交流电而产生旋转磁场，旋转磁场切割转子中的导体，在转子导体中产生感应电流，转子的感应电流产生一个新的磁场，两个磁场相互作用而使转子转动。

2. 交流感应电机特性

交流感应电机具有结构简单、成本低、效率较高和免维护等一系列优点，目前已经成为工业中应用最为广泛的拖动电机。三相交流感应电机结构简单，可靠性好，使用寿命长，功率范围宽，转速可达到 12 000～15 000 r/min。冷却方式可采用空冷或水冷，对环境适应性好，并能够实现再生反馈制动。与同样功率的直流电机相比，其效率较高，质量小，价格便宜，维护方便。其不足之处在于耗电量较大，转子容易发热，功率因数较低，并且调速性能相对较差。

3. 交流感应电机控制

相对于直流电机而言，交流感应电机的调速系统比较复杂。由于动力电池和燃料电池输出直流电，因此必须先将直流电转变为交流电才能驱动交流感应电机，实现变流的装置称为逆变器。逆变器的工作原理是通过电力电子器件的开关及合理的变流电路将直流电逆变成交流电。现代电力电子技术的发展，为交流感应电机调速性能的改善提供了硬件条件。

感应电机的转速公式为

$$n = \frac{60f(1-s)}{p_n} \qquad (5.1)$$

式中，n、f、p_n 和 s 分别为电机转速、供电频率、极对数和转差率。由式（5.1）可以看出，电机调速方法主要包括转差率调速、变频调速、变极对数调速等方案。这些方案主要应用于 20 世纪 90 年代早期的电机中，但是因转速控制范围小，转矩特性不理想，对于需频繁起动、加减速的电动车并不适合。

近年来，交流感应电机多采用矢量控制技术。矢量控制理论日趋成熟，在线能准确辨识电机的参数，控制性能已基本满足电动汽车的动力性要求。矢量控制策略的方案有很多，常见的有转差频率矢量控制、无速度传感器矢量控制、参数自适应补偿矢量控制等。随着微处理器运算能力越来越强大，处理复杂算法的实时性也越来越有保障，其应用范围会更广泛，国内外研制生产的电动汽车几乎全部采用各种类型的矢量控制系统。

随着交流电机在电动车驱动系统中的应用，基于模糊控制、自适应控制、神经网络、鲁棒控制、滑模控制思想的控制算法也越来越多地被应用到电机控制中。

5.1.3　永磁同步电机

1. 永磁同步电机结构和原理

永磁同步电机是利用永磁体建立励磁磁场的同步电机，其定子产生旋转磁场，转子用永磁材料制成。同步电机实现能量转换需要一个直流磁场，产生这个磁场的直流电流称为电机的励磁电流。根据励磁电流的供给方式，凡是从其他电源获得励磁电流的电机，称为他励电机；从电机本身获得励磁电流的，则称为自励电机。

永磁无刷电机包括永磁无刷直流电机和永磁无刷交流电机两种类型，作为电动机运行时均需变频供电。前者只需要方波型逆变器供电，后者需要正弦波型逆变器供电。

2. 永磁同步电机特性

永磁无刷交流电机因产生的转矩比较稳定，目前多用在伺服系统中。永磁无刷直流电机因控制相对简单，而且对相同容量的电机，可产生比永磁交流电机更大的转矩，因此更适用于牵引系统。

永磁同步电机由于转子无导条，无铜耗，所以转子惯量可以做得很小。与普通直流电机和异步电机相比，它具有功率密度大、体积小、转矩/惯量比大、动态响应快等一系列优点。但目前由于成本较高，调速范围也没有交流感应电机宽且有退磁危险，所以应用范围还比较有限。国外对这两类电机在电动车上的应用都有研究，而国内则相对较少。

3. 永磁同步电机控制

永磁同步电机的控制技术与感应电机类似，控制策略主要集中在提高低速恒转矩和高速恒功率性能。目前，永磁同步电机低速时常采用矢量控制，包括气隙磁场定向、转子磁链定向、定子磁链定向等；高速运行时，永磁同步电机通常采用弱磁控制。

5.1.4　开关磁阻电机[93]

1. 开关磁阻电机结构及原理

开关磁阻电机是 20 世纪 70 年代以后的一种新型驱动装置，是磁阻同步电机和电力电子开关电路相结合而产生的一种机电一体化新产品。开关磁阻电机有很多不同的结构形式，各有其不同的性能特点。它的定子和转子铁芯均由硅钢片叠压而成，定转子冲片均有一齿槽，构成双凸极结构，依定子和转子片上齿槽的多少，形成不同的极数。开关磁阻电机的工作原理遵循"磁阻最小原理"，即因磁阻不等,磁通总是沿磁阻最小的路径形成闭合磁路,通电的定子以磁力吸引铁磁性的转子,使磁力产生切向分力,产生对转子的转矩。磁阻电机转速是由电机的驱动力矩和负载的阻力矩共同决定的。

2. 开关磁阻电机特性

作为一种驱动装置,开关磁阻电机综合了交流感应电机和直流电机的许多优点,是极具潜力的电动汽车驱动电机。开关磁阻电机具有简单可靠、在较宽转速和转矩范围内高效运行、控制灵活、可四象限运行、响应速度快、成本较低等优点。近年来,这类电机在电动汽车中也得到了一定的应用。但开关磁阻电机有转矩波动大、工作噪声大、需要位置检测器、非线性特性等缺点,所以目前应用还受到限制。

3. 开关磁阻电机控制

开关磁阻电机具有明显的非线性特性,建模有一定的难度,一般的线性控制方式不适合开关磁阻电机系统。变结构控制技术用于开关磁阻电机,可以得到较好的动、静态特性,减少电机的转矩脉动,抑制系统抖振。香港大学将模糊逻辑控制(FLC)和滑模控制(SMC)结合,提出模糊滑模控制(FSMC),实现对开关磁阻电机的控制。此外,神经网络方法也被用于这类电机的控制。

表 5-2 给出了电动汽车驱动电机在技术指标、经济性和可靠性等方面的比较。

表 5-2　电动汽车用电机性能比较[94]

电机类型 性能指标	传统直流电机	感应电机	永磁电机	开关磁阻电机
功率密度	低	中	高	较高
峰值效率/%	<90	90~95	95~97	<90
负荷效率/%	80~87	90~92	85~97	78~86
可控性	控制简单	较复杂	弱磁难	较复杂
可靠性	一般	好	优	好
散热性	较差	较差	好	好
尺寸及质量	大,小	一般,一般	小,小	小,小
高速性能	差	优	较好	优
结构坚固性	较差	好	较好	优
电机成本/(美元·kW^{-1})	10	8~10	10~15	6~10
控制器成本	低	高	高	一般
综合性能	较差	一般	最好	好

5.2 驱动电机模型

燃料电池汽车所要求的驱动电机输出特性（图5-2），主要包括两个工作区：

（1）基速（额定转速）以下的恒转矩工作区，主要保证燃料电池汽车的载重能力。

（2）基速以上的恒功率工作区，主要保证燃料电池汽车有充足的加速空间。

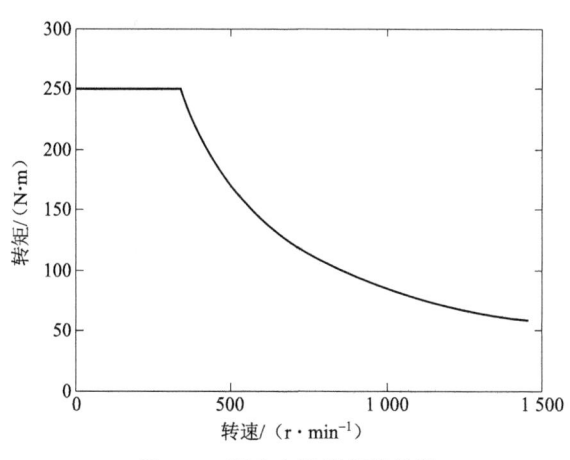

图 5-2 驱动电机期望外特性

电机在启动时，可以提供恒定转矩，一旦电机达到基速，输出功率就达到了额定功率。此后，电机将工作在恒功率状态下，直到电机达到最高转速。电机恒功率工作区的范围取决于电机的类型和控制策略。对一给定电机，显然整车的载重能力和加速性能是相互制约的。

在本书所研究的燃料电池汽车中，电机驱动系统主要由逆变器、电机和控制器构成，如图 5-3 所示。供电系统提供一定功率的直流电，逆变器根据控制器给定的控制策略将直流电逆变成特定的交流电或直流电用于驱动电机。

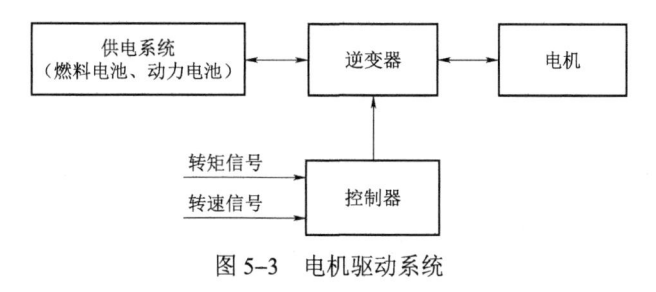

图 5-3 电机驱动系统

建模采用输入/输出的系统观点,重点放在电机驱动系统模型的输入/输出特性上(此时逆变器、电机、控制器作为一个整体),同时考虑电机系统在运行过程中产生的热流量,忽略其内部复杂的物理过程,然后通过能量守恒建立输入/输出之间的函数关系。燃料电池汽车驱动电机系统要求电机可以工作在电动机和发电机两种不同的模式。电动机模式下提供动力驱动汽车行驶,发电机模式下实现制动能量回馈。因此,电机模型必须能够同时满足模拟这两种工作模式的要求。

根据燃料电池汽车整车系统控制分析的需要,电机及驱动系统的输入/输出模型如图 5-4 所示。输入量:期望转矩 Γ(N·m)、电源总线电压 U(V)及与传动系统相连的转速 ω_m(rad/s);输出量:电机转矩 Γ_m(N·m)、电机转动惯量 J_m(kg·m^2)、期望输入电流 I_m(A)(注:发电机状态下为期望输出电流),以及产生的热流量 dq_m/dt(J/s)。

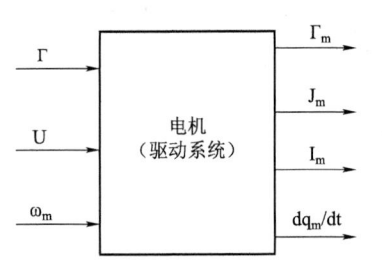

图 5-4 电机及其驱动系统的输入/输出模型

建模方法一般可以分为机理建模法和实验建模法两种。应用机理法时,建模者从电机的工作原理及相关电气原理建立关于电机系统的数学方程式,从而实现电机系统动态建模;而应用实验法时,建模者根据电机系统的实验数据进行插值处理,完成电机系统的稳态建模。下面介绍这两种电机建模方法。

5.2.1 驱动电机机理法建模

电机系统是典型的机电转换装置,其机理建模理论是众所周知的麦克斯韦方程组。根据建模难度和精度要求的不同,机理建模法分为电路法、电路磁路法、有限元法等[95]。几种机理建模法的难度和精度比较如图 5-5 所示。

三种建模方法中,有限元法将电机空间划分为微小的网格空间,设置边界条件和电压激励后,通过仿真软件(如 Ansys、Ansoft/Maxwell 等)对微小网格空间的电磁特性求解,得到整个电机的电磁场分布,继而得到转速、转矩等变量的特性。有限元法能完整而精确地呈现电机瞬态和稳态特性,但运算过于复杂,且结果依赖于具体结构,不利于对普遍特性进行分析和改善。电路磁路法是将电场和磁场分离,电场采用电路模拟,磁场采用磁路模拟,基于电路定律和磁路定律,求解出电机的电流、磁密度等,进而得到电机的动力性能。电路

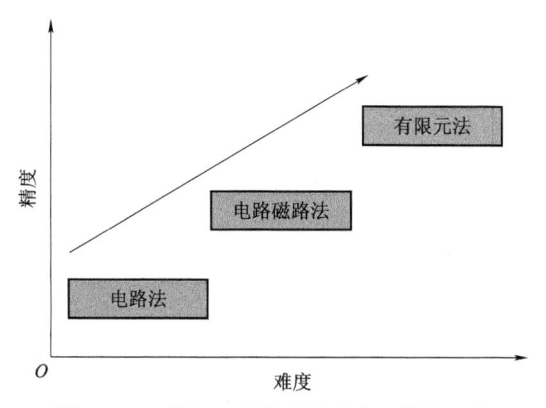

图 5-5　几种机理建模法的难度和精度比较

磁路法一定程度上降低了模型的运算量，但仍存在依赖电机结构的问题。电路法以磁链、电感等变量替代磁路的分析，根据电磁感应定律将这些变量融入电路结构中，电机简化为单一的电路模型，降低了建模的复杂度，精度方面虽有所下降，但相关参数的补偿可以改善这一点。因而，电路法成为多数电机研究人员的首选。

下文以永磁无刷直流电机（以下简称"无刷直流电机"）为例，介绍其基于电路法的数学模型及基本的控制策略。

1. 无刷直流电机数学模型[96]

无刷直流电机的功率驱动方式有半桥式、全桥式、C-Dump 式、H 桥式和四开关式，其中全桥式又分为两两导通与三三导通方式，不同的功率驱动方式其数学模型也不尽相同。无刷直流电机的数学模型可分为微分方程模型、状态空间模型与传递函数模型。以两两导通三相六状态无刷直流电机（图 5-6）为例，下面推导其对应的微分方程数学模型。

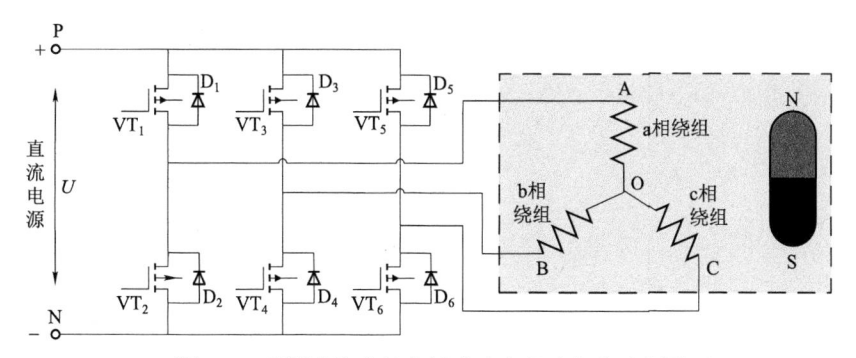

图 5-6　无刷直流电机全桥式功率驱动电路示意图

通常为简化分析过程作如下假设：

（1）相反电动势波形为 120°平顶梯形波。
（2）忽略齿槽效应和电枢反应等。
（3）磁路不饱和，不计涡流和磁滞损耗。
（4）忽略功率管和二极管压降。

根据基尔霍夫电流定律，三相对称的无刷直流电机三相绕组的阻抗相等，且 $i_a - i_b - i_c = 0$，可得无刷直流电机相电压方程：

$$\begin{bmatrix} u_A \\ u_B \\ u_C \end{bmatrix} = \begin{bmatrix} R & 0 & 0 \\ 0 & R & 0 \\ 0 & 0 & R \end{bmatrix} \begin{bmatrix} i_A \\ i_B \\ i_C \end{bmatrix} + \begin{bmatrix} L-M & 0 & 0 \\ 0 & L-M & 0 \\ 0 & 0 & L-M \end{bmatrix} \frac{d}{dt} \begin{bmatrix} i_A \\ i_B \\ i_C \end{bmatrix} + \begin{bmatrix} e_A \\ e_B \\ e_C \end{bmatrix} \quad (5.2)$$

式中，u_A，u_B，u_C 为定子三相相电压；e_A，e_B，e_C 为定子绕组反电动势；i_A，i_B，i_C 为定子绕组相电流；R 为定子绕组相电阻；L 为定子自感；M 为定子绕组间的互感。

式（5.2）对应的无刷直流电机等效电路如图 5-7 所示。

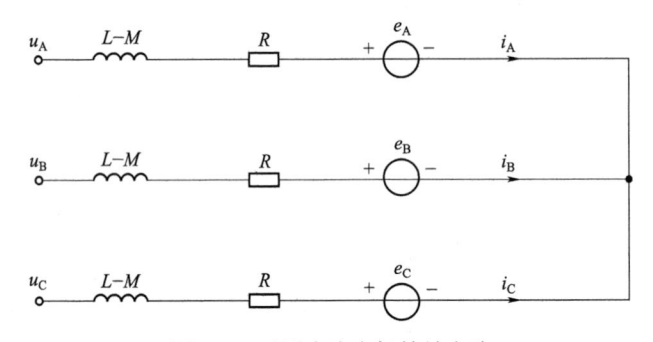

图 5-7　无刷直流电机等效电路

从能量角度对无刷直流电机的功率和转矩传递过程进行分析可知，电动机运行时从电源吸收电功率，除了小部分转化为铜耗和铁耗外，大部分电功率通过气隙磁场以转子力矩做功的形式传递至转子，它等于三相绕组的反电势与相电流乘积之和，即

$$P_e = e_A i_A + e_B i_B + e_C i_C \quad (5.3)$$

式中，P_e 为电磁功率。

若忽略转子机械损耗和杂散损耗，电磁功率全部转化为转子动能，因此

$$P_e = \Gamma_e \Omega \quad (5.4)$$

式中，$\varGamma_e$ 为电磁转矩，$\varOmega$ 为电机机械角速度。

联立式（5.3）与式（5.4）得

$$\varGamma_e = \frac{e_A i_A + e_B i_B + e_C i_C}{\varOmega} \tag{5.5}$$

当无刷直流电机运行在 120°导通工作方式下，不考虑换相暂态过程，三相 Y 接定子绕组中仅有两相导通，其电流大小相等、方向相反。式（5.5）可进一步简化为

$$\varGamma_e = 2p\psi_m i_A = K_T i \tag{5.6}$$

式中，K_T 为电机转矩系数，i 为稳态时的绕组相电流。

为构成一个机电系统的完整数学模型，引入电机运动方程：

$$\varGamma_e - \varGamma_L = J\frac{d\varOmega}{dt} + B_v \varOmega \tag{5.7}$$

式中，$\varGamma_L$ 为负载转矩，J 为转子转动惯量，B_v 为黏滞摩擦系数。

式（5.2）～式（5.7）共同构成了无刷直流电机的微分方程数学模型。

2. 无刷直流电机控制策略

在电机控制中，要求系统不仅能可靠、稳定运行，还需具有对指令信号很好的跟踪能力，即使受到扰动也能正常运行并且快速、准确达到指令值。为保证速度跟踪和转矩跟踪，无刷直流电机的控制技术包括速度控制和转矩控制，其中都涉及位置信号的获取。采用位置传感器获取位置信息，一是容易失效，二是对应用环境较敏感，难以保证电机长时间可靠工作。针对此问题，出现了各种解决方案，如无位置传感器电机转速控制技术、位置传感器容错控制技术。

1）速度控制策略[10]

双闭环调速控制（图 5-8）是常用的电机速度控制结构，其内环为电流环（转矩环），外环为速度环（电压环）。电机在基速以下运行时，一般通过 PWM 调制改变电枢端电压以实现速度的控制，基速以上运行时常采用相电流提前导通、辅助励磁等弱磁控制措施。

速度控制环控制器可以实现多种控制策略，较为经典的是 PID 控制。这种控制器的算法简单，控制参数少并可自适应调节，一般情况下控制效果可满足要求；控制器可以由模拟电路实现，适应面宽，因此 PID 速度控制器应用最为普遍。但是，传统的 PID 控制器理论上只适用于线性系统，无刷直流电机是非线性的，而且其非线性工作范围较宽，传统的 PID 控制器不能满足速度控

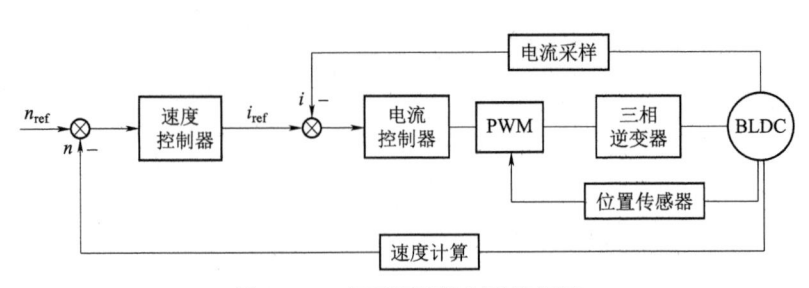

图 5-8　双闭环调速控制系统框图

制的高精度要求，因此需要对 PID 算法加以改进，如加入抗积分饱和环节，或与其他智能控制策略相结合。智能控制策略主要有模糊逻辑、神经网络、遗传算法、滑模变结构、自适应控制等，目前在电机调速系统中都有一定的应用。

2）转矩控制策略

转矩控制的目的是保证电机良好的转矩跟踪能力，即电机对整车动力需求的快速、准确响应，其难点在于转矩脉动的有效抑制。无刷直流电机转矩脉动根据产生机理的不同，主要分为齿槽转矩脉动、换相转矩脉动和非理想反电动势转矩脉动等。齿槽转矩脉动源于定子齿槽与转子之间气隙磁场因转子位置不同产生的锯齿波动，这种磁场波动导致电机反电动势波形畸变，进而产生转矩波动。换相转矩脉动是绕组换相时电感阻碍电流突变使之偏离理想方波所引起的转矩波动。每一次换相过程都对应一次相应的转矩脉动，所以，换相转矩脉动是周期脉动，如图 5-9 所示。非理想反电动势转矩脉动是由于设计和制造缺陷导致的非理想反电动势波形所引起的转矩波动。

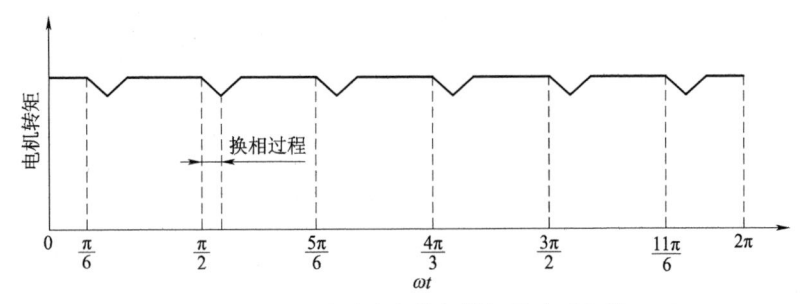

图 5-9　无刷直流电机换相转矩脉动示意图

齿槽转矩脉动抑制主要采用电机本体的结构优化措施，有斜槽法、斜极法、磁性槽楔法、减小槽口宽度法、辅助槽法和辅助齿法、分数槽法、磁极位置法等。换相转矩脉动和非理想反电动势转矩脉动抑制技术主要从控制器设计入手，通过采用先进的控制策略来抑制转矩脉动。换相转矩脉动成分在无刷直流电机转矩脉动中所占比例达到 50%，远超过非理想反电动势转矩脉动，因而换相转矩脉动抑制是无刷直流电机转矩脉动抑制的重点内容。

无刷直流电机换相转矩脉动抑制方法主要有重叠换相法[98]、滞环电流法、电流预测法[99]、PWM调制法[100]、自抗扰控制[101]和基于人工智能的转矩脉动抑制技术。但是，这些方法各有千秋，也有相应的局限性，或是算法过于复杂，不适用于实时控制，或是仅针对特定转速范围内的转矩脉动。

文献[101]提出了一种基于反馈线性化的无刷直流电机转矩跟踪策略（图 5-10），将控制转矩与电机的输入/输出方程相结合，通过虚拟控制输入量的引入，建立相应的非线性反馈补偿规律，实现了原非线性系统的线性化。该方法在中低速时转矩跟随迅速且转矩脉动不超过 0.1%，高速时由于电源电压限制转矩脉动不能得到有效抑制。

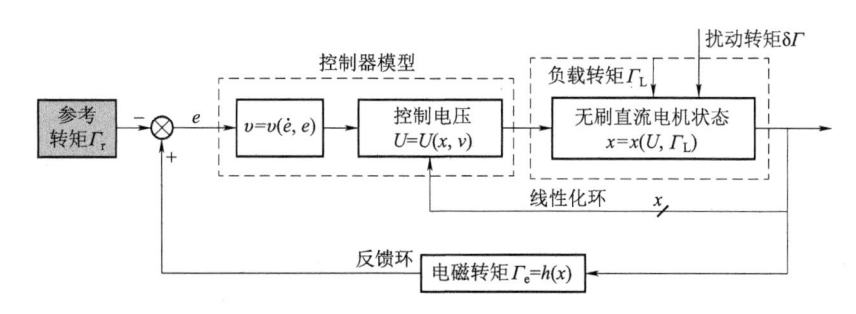

图 5-10 反馈线性化转矩跟踪策略控制框图

3）无位置传感器控制

无位置传感器控制是指在无位置传感器条件下，通过对电机工作过程中一些物理量的检测，间接得到转子位置信息，从而保证电机系统在位置传感器完全缺损时仍能良好运行，大大提高了系统的抗干扰能力和可靠性。在研究领域，无位置传感器控制技术是无刷直流电机研究的热点之一，国内外许多学者对此开展了研究，并取得了阶段性成果。

实时获得转子位置是实现无位置传感器控制的先决条件，主要有反电势法、磁链法、电感法和状态观测器法。其中，反电势法是目前最成熟、应用最广泛的位置估计方法，该方法通过检测反电势过零点信号延迟 30°的电角度，可得到 6 个离散的转子位置信号[90]。但是反电势法存在起动困难的缺陷。状态观测器法就是构建相应的位置观测器，目前已提出的有基于扰动观测器、卡尔曼滤波和滑模观测器的无位置传感器控制技术。此外，还有基于小波网络的无位置传感器控制技术[102]。

4）位置传感器容错控制

容错控制是在某些部件发生故障情况下保证系统仍能运行的控制技术[103]。当无刷直流电机的位置传感器发生故障时，采用容错控制技术可以避免电机转动失步等不良运行状况。无位置传感器控制方案存在一些技术不足，如算法复杂、位置精度低导致换相误差、能量效率有待提高（尤其在起步过程）等，引入对位置传感器的容错控制技术在一定程度上有望提高系统的可靠性和安全性。

现阶段针对无刷直流电机位置传感器容错控制技术的研究还较少，没有较全面的理论体系。总的来说，位置传感器容错控制应包括两方面内容，即对传感器的故障检测与容错控制。故障诊断分硬件诊断与软件诊断，硬件诊断是通过硬件电路实时监测传感器，软件诊断则通过程序判断电机位置传感器信号是否异常。容错控制根据位置传感器的故障情况采取不同的控制策略，进行控制模式切换。图5-11呈现的是一种典型的位置传感器容错控制策略。在起步过程中，根据传感器故障个数采用不同的起步控制策略，全故障情况采取无位置传感器控制；电机正常运行过程中利用现有传感器信号与位置观测器相互验证，维持电机正常运转。

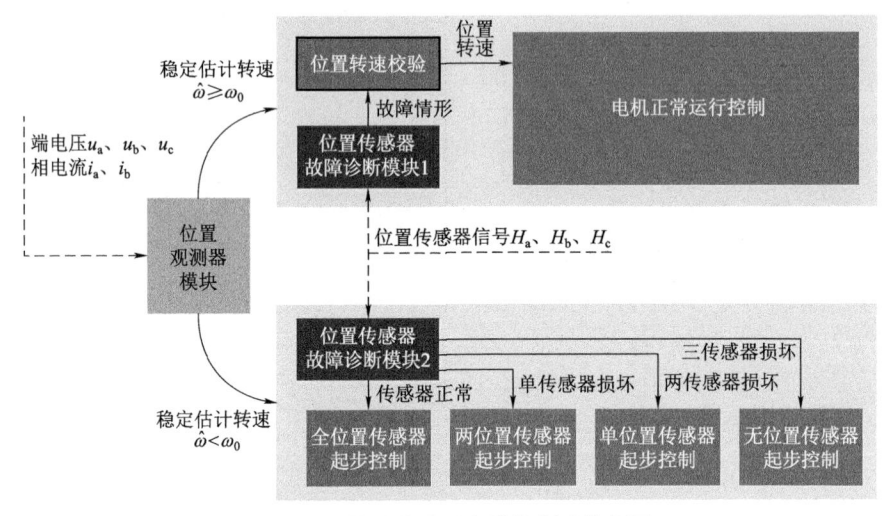

图5-11 位置传感器容错控制功能框图

5）能量回馈制动控制

能量回馈制动区别于一般的机械制动方式与限速制动方式，其目的是在保证制动前提下将一部分动能回馈电池，且只适合在车辆电气制动方式下实现。

回馈制动模式下电机工作在发电机状态，外部负载由惯性作用驱动电机转动而发电，产生的电流给电池充电。

要实现电池充电，必须使两相绕组串联的线电势幅值高于电池的端电压，而实际上前者总是小于后者的，无法直接对电池充电，但由于电机绕组属于感性器件，可采用升压斩波器的原理[104]，通过 PWM 斩波控制实现。

采取能量回馈制动时需考虑以下约束条件：制动安全要求，制动踏板符合驾驶员操作习惯，电池组充电安全要求。常用的能量回馈制动策略有三种，即最大再生回馈功率控制、最大再生回馈效率控制及恒定制动转矩（制动电流）控制。图 5-12 所示为采用恒定制动转矩策略的能量回馈制动控制系统框图。

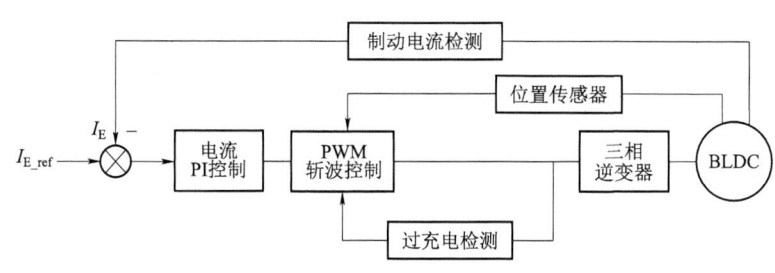

图 5-12 能量回馈制动控制系统框图

5.2.2 驱动电机实验法建模

与发动机控制类似，电机控制也需要表征转矩、转速和效率之间关系的 MAP 图。因此，对驱动电机系统可以采用与发动机建模一样的实验建模方法。这种黑箱式建模方法在不同运行环境下测取不同工况下电机的稳态特性，以表格或函数的形式供电机转速和转矩前馈控制之用。得到的表格或函数通常描述的是电机过程的稳态反映射关系，因此，不涉及电机控制的动态特性。

燃料电池汽车电机驱动系统由电池（包括燃料电池和动力电池）通过逆变器提供直流电，不存在整流环节。驱动系统主要由逆变器、电机及控制器构成，逆变器损耗和电机损耗是电机驱动系统损耗的主要部分。电机损耗主要包括欧姆损耗、机械损耗（摩擦和通风损耗）、铁芯损耗和杂散损耗四部分[105]。不失一般性，在以下的建模过程中，假定所有损耗功率最终都耗散成热功率。因此，从电机驱动系统的功率输入/输出角度，电机效率（电动机模式下）可以定义为输出有效机械功率与输入电功率之比：

$$\eta = \frac{\text{输出有效机械功率}}{\text{输入电功率}} = \frac{\Gamma\omega_\text{m}}{UI} = \eta(\Gamma, \omega_\text{m}) \tag{5.8}$$

电机效率函数 $\eta(\Gamma, \omega_\text{m})$ 可由电机性能实验获得，它是一个二维查表函数（图 5-13）。接下来，将分别对电动机模式和发电机模式进行建模。

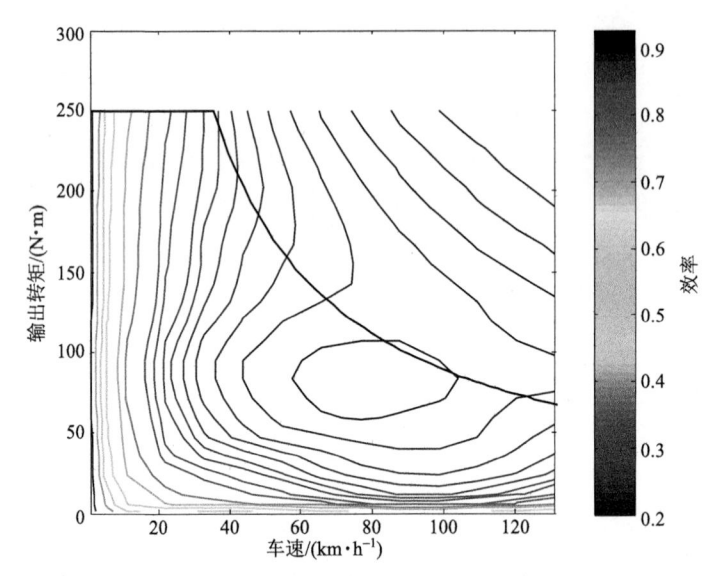

图 5-13 驱动电机效率 MAP 图（见彩插）

1. 电动机模式

规定　　　　　$\Gamma > 0$, $I_\text{m} > 0$, $P_\text{mot\_loss} > 0$, $P_\text{mot\_el} > 0$

其中，$P_\text{mot\_loss}$ 为电动机的损耗功率，$P_\text{mot\_el}$ 为电动机的输入电功率。

由功率平衡得

$$P_\text{mot\_loss} + \Gamma\omega_\text{m} = P_\text{mot\_el} \tag{5.9}$$

由式（5.9）可得

$$P_\text{mot\_loss} = \frac{\Gamma\omega_\text{m}(1-\eta)}{\eta} \tag{5.10}$$

$$P_\text{mot\_loss} \triangleq f(\omega_\text{m}, \Gamma) = \frac{\Gamma\omega_\text{m}(1-\eta)}{\eta} > 0 \tag{5.11}$$

式中，$f(\omega_\text{m}, \Gamma)$ 为带插值的二维查表函数（图 5-14）。

$$P_\text{mot\_el} = UI_\text{m} = \Gamma\omega_\text{m} + P_\text{mot\_loss} \tag{5.12}$$

可得到输出量：

$$I_\mathrm{m} = \frac{\varGamma\omega_\mathrm{m} + f(\omega_\mathrm{m}, \varGamma)}{U} \tag{5.13}$$

$$\frac{\mathrm{d}q_\mathrm{m}}{\mathrm{d}t} = f(\omega_\mathrm{m}, \varGamma) \tag{5.14}$$

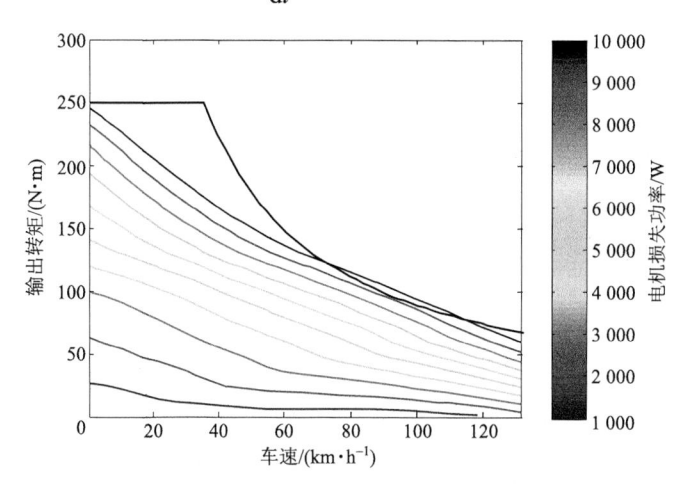

图 5-14 驱动电机损失功率（见彩插）

2. 发电机模式

规定 $\varGamma<0$，$I_\mathrm{m}<0$，$P_\mathrm{mot\_loss}<0$，$P_\mathrm{mot\_el}<0$

$$\varGamma\omega_\mathrm{m} = UI_\mathrm{m} + P_\mathrm{mot\_loss} \tag{5.15}$$

并简单地认为

$$P_\mathrm{mot\_loss} = -f(\omega_\mathrm{m}, -\varGamma) \tag{5.16}$$

$$P_\mathrm{mot\_el} = UI_\mathrm{m} = \varGamma\omega_\mathrm{m} + f(\omega_\mathrm{m}, -\varGamma) \tag{5.17}$$

可得输出量：

$$I_\mathrm{m} = \frac{\varGamma\omega_\mathrm{m} + f(\omega_\mathrm{m}, -\varGamma)}{U} \tag{5.18}$$

$$\frac{\mathrm{d}q_\mathrm{m}}{\mathrm{d}t} = -P_\mathrm{mot\_loss} = f(\omega_\mathrm{m}, -\varGamma) \tag{5.19}$$

电机的转动惯量 J_m 在选定电机后便可获得。对于输出转矩，由于过渡过程时间常数较小，若不考虑其动态特性，可以简单地认为 $\varGamma_\mathrm{m} = \varGamma$。最后在上述模型中进行限值处理后，便可得到电机模型的 Simulink 实现框图（图 5-15）。

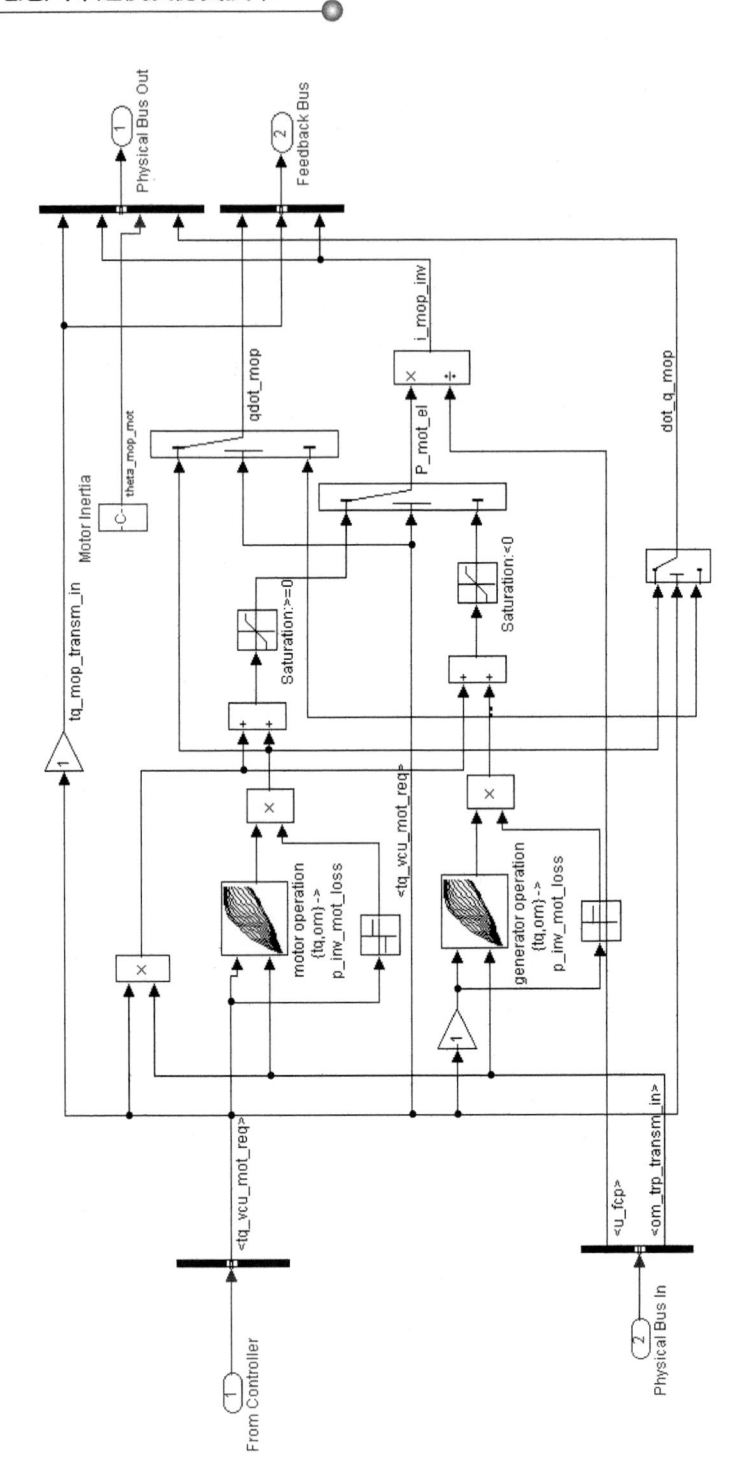

图5-15 电机模型的Simulink实现框图

第 6 章

热管理系统

PEMFC 将氢气的能量转变为电能的效率约为 50%，这意味着 PEMFC 发动机产生的热与输出的电能几乎等量。燃料电池工作时，电化学反应产生的热如果不能及时地散发出去，过多的热量积累将会导致电堆内温度升高、质子交换膜失水、电堆性能下降等一系列问题。为保证电堆的正常工作，PEMFC 发动机必须配备热管理系统来维持必要的热平衡。

6.1 热平衡分析

根据热力学第二定律，燃料电池和所有能量转换装置一样，从化学能转化为电能的过程中必然会发生部分能量损失，此损失直接反映为系统产生的热量。PEMFC 发动机以电功和热的形式与外界环境进行能量交换。

PEMFC 的电化学反应过程为放热过程，产生的热量直接升高电堆（包括电解质膜、双极板等）的温度，然后传递给流场中的反应气体和冷却液，由反应气体和冷却液将多余热量带出系统。PEMFC 发动机热平衡主要是电堆的热平衡，电堆的温度是衡量该平衡的关键指标，因此考虑 PEMFC 发动机的冷却问题首先要进行热平衡分析。

电堆可以被视为一个开口能量系统，如图 6-1 所示。进入系统的能量包括反应物和冷却液的热能和化学能；离开系统的能量包括电堆产生的电能、反应产物（包括水蒸气和液态水）带走的热量、未参与反应的反应物带走的热量；系统的能量增量就是电堆热力学能的增量，体现为电堆的温度变化。

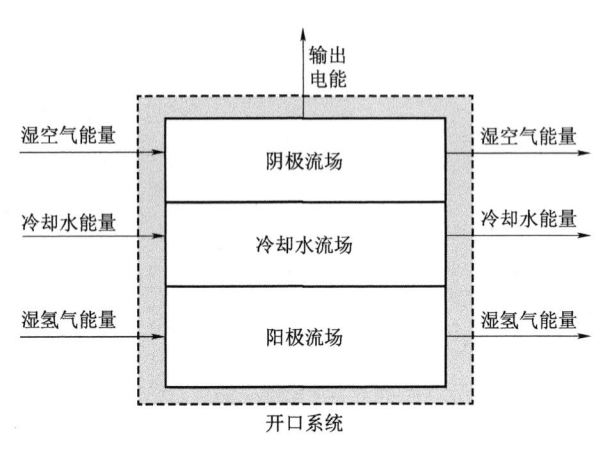

图 6-1 开口能量系统

在 PEMFC 电化学反应过程中，物质的化学能被转化成电能和热能，并生成水。物质的化学能通常在标准状态（100 kPa，298.15 K）下测试得到。为了利用现有的结论，可以将电化学反应实际过程等效为图 6-2 所示的过程：选择标准状态下物质具备的内能为基准点，反应物的实际初态通过理想热力学过程转换为标准状态；在标准状态下，反应物发生电化学反应，生成液态水，并释放电能和热量；生成物（水）的标准状态通过理想热力学过程转化为实际状态。通过以上的等效过程，电化学反应生成的热量可以利用式（6.1）进行计算：

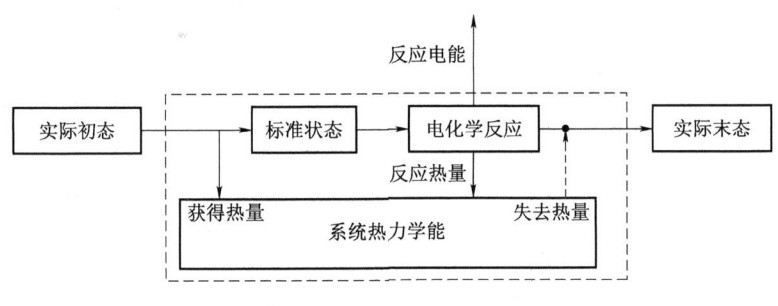

图 6-2 等效电化学过程

$$-\Delta H = -T * \Delta S + 2F * V_{\text{ideal}} = 2F * V_{\text{equ}}$$

$$V_{\text{ideal}} = 1.229 V$$

$$V_{\text{equ}} = 1.481 V \tag{6.1}$$

$$\eta_{\text{ideal}} = V_{\text{ideal}} / V_{\text{equ}} = 0.83$$

根据上述计算结果，可以进一步计算

$$E_{\text{rect}}(t) = n_{\text{cells}} * V_{\text{equ}} * I_{\text{st}}(t)$$

$$W_{\text{el}}(t) = I_{\text{st}}(t) * V_{\text{st}}(t) \tag{6.2}$$

$$H_{\text{gen}}(t) = E_{\text{rect}}(t) - W_{\text{el}}(t) = I_{\text{st}}(t) * [n_{\text{cells}} * V_{\text{equ}} - V_{\text{st}}(t)]$$

式中，$E_{\text{rect}}(t)$ 为电化学反应的总功率（W），$H_{\text{gen}}(t)$ 为电化学反应产生的热功率（W）。

根据热力学第一定律，对于图 6-2 所示的虚线框中的系统，在初始状态和最终状态确定的情况下，系统的能量变化是相同的。因此，在热平衡分析过程中，即使不将反应物的实际初态转换到标准状态，也可以按照标准状态下的反应热进行计算，即电堆的热力学能变化等于带入电堆的物质的热力学标准状态下的反应热能减去离开电堆的物质具有的热力学能。这种方式的电堆热力学分析避开了物质的化学能，并且计算中选用低热值 LHV 还是高热值 HHV 不影响分析结果，不同的选择只是能量基准点不同而已。

阴极气体带入电堆的热量为干空气和水蒸气所具有的能量：

$$\dot{Q}_{\text{da,ca,in}} = \dot{m}_{\text{da,ca,in}} * c_{p_{\text{air}}} * (T_{\text{ca,in}} - T_0)$$

$$\dot{Q}_{\text{wv,ca,in}} = \dot{m}_{\text{wv,ca,in}} * [c_{p_{\text{vw}}} * (T_{\text{ca,in}} - T_0) + r] \tag{6.3}$$

$$\dot{Q}_{\text{ca,in}} = \dot{Q}_{\text{da,ca,in}} + \dot{Q}_{\text{wv,ca,in}}$$

式中，$\dot{Q}_{\text{da,ca,in}}$ 为阴极干空气带入电堆的热功率（W），$\dot{Q}_{\text{wv,ca,in}}$ 为阴极水蒸气带入电堆的热功率（W），$\dot{Q}_{\text{ca,in}}$ 为阴极气体带入电堆的热功率（W），$\dot{m}_{\text{da,ca,in}}$ 为阴极入口干空气质量流量（g/s），$\dot{m}_{\text{wv,ca,in}}$ 为阴极入口水蒸气质量流量（g/s），$c_{p_{\text{air}}}$ 为干空气定压热容（J/（g·K）），$c_{p_{\text{vw}}}$ 为水蒸气定压热容（J/（g·K）），r 为液态水的汽化潜热（J/（g·K）），$T_{\text{ca,in}}$ 为电堆阴极入口气体温度（K），T_0 为基准温度（298.15 K）。

阴极气体带出电堆的热量包括反应剩余物（氮气、氧气和水蒸气）和拖带的液态水的热量，其中水蒸气包括由入口带入的水蒸气和生成的液态水汽化生成的水蒸气：

$$\dot{Q}_{N_2,ca,out} = \dot{m}_{N_2,ca,out} * c_{p_{N_2}} * (T_{ca,out} - T_0)$$
$$\dot{Q}_{O_2,ca,out} = \dot{m}_{O_2,ca,out} * c_{p_{O_2}} * (T_{ca,out} - T_0)$$
$$\dot{Q}_{vw,ca,out} = \dot{m}_{vw,ca,out} * [c_{p_{vw}} * (T_{ca,out} - T_0) + r] \quad (6.4)$$
$$\dot{Q}_{lw,ca,out} = \dot{m}_{lw,ca,out} * c_{p_{lw}} * (T_{ca,out} - T_0)$$
$$\dot{Q}_{ca,out} = \dot{Q}_{N_2,ca,out} + \dot{Q}_{O_2,ca,out} + \dot{Q}_{vw,ca,out} + \dot{Q}_{lw,ca,out}$$

式中，$\dot{Q}_{N_2,ca,out}$ 为阴极出口氮气带出电堆的热功率（W），$\dot{Q}_{O_2,ca,out}$ 为阴极出口氧气带出电堆的热功率（W），$\dot{Q}_{vw,ca,out}$ 为阴极出口水蒸气带出电堆的热功率（W），$\dot{Q}_{lw,ca,out}$ 为阴极出口液态水带出电堆的热功率（W），$\dot{Q}_{ca,out}$ 为阴极物质带出电堆的热功率（W），$\dot{m}_{N_2,ca,out}$ 为阴极出口氮气质量流量（g/s），$\dot{m}_{O_2,ca,out}$ 为阴极出口氧气质量流量（g/s），$\dot{m}_{vw,ca,out}$ 为阴极出口水蒸气质量流量（g/s），$\dot{m}_{lw,ca,out}$ 为阴极出口液态水质量流量（g/s），$T_{ca,out}$ 为阴极出口气体温度（K），$c_{p_{N_2}}$ 为氮气定压热容（J/（g·K）），$c_{p_{O_2}}$ 为氧气定压热容（J/（g·K）），$c_{p_{lw}}$ 为液态水热容（J/（g·K））。

因此，单位时间内阴极能量变化为

$$\dot{Q}_{ca,eff} = \dot{Q}_{ca,in} - \dot{Q}_{ca,out} \quad (6.5)$$

阳极气体带入电堆的热量为干氢气和水蒸气所具有的能量：

$$\dot{Q}_{H_2,an,in} = \dot{m}_{H_2,an,in} * c_{p_{H_2}} * (T_{an,in} - T_0)$$
$$\dot{Q}_{vw,an,in} = \dot{m}_{vw,an,in} * [c_{p_{vw}} * (T_{an,in} - T_0) + r] \quad (6.6)$$
$$\dot{Q}_{an,in} = \dot{Q}_{H_2,an,in} + \dot{Q}_{vw,an,in}$$

式中，$\dot{Q}_{H_2,an,in}$ 为阳极干氢气带入电堆的热功率（W），$\dot{Q}_{vw,an,in}$ 为阳极水蒸气带入电堆的热功率（W），$\dot{Q}_{an,in}$ 为阳极气体带入电堆的热功率（W），$\dot{m}_{H_2,an,in}$ 为阳极入口干氢气质量流量（g/s），$\dot{m}_{vw,an,in}$ 为阳极入口水蒸气质量流量（g/s），$c_{p_{H_2}}$ 为干氢气定压热容（J/（g·K）），$T_{an,in}$ 为电堆阳极入口气体温度（K）。

阳极气体带出电堆的热量是未反应的氢气、水蒸气以及所拖带的液态水具有的能量：

$$\dot{Q}_{\mathrm{H_2,an,out}} = m_{\mathrm{H_2,an,out}} * c_{p_{\mathrm{H_2}}} * (T_{\mathrm{an,out}} - T_0)$$

$$\dot{Q}_{\mathrm{vw,an,out}} = m_{\mathrm{vw,an,out}} * [c_{p_{\mathrm{vw}}} * (T_{\mathrm{an,out}} - T_0) + r] \quad (6.7)$$

$$\dot{Q}_{\mathrm{lw,an,out}} = m_{\mathrm{lw,an,out}} * c_{p_{\mathrm{lw}}} * (T_{\mathrm{an,out}} - T_0)$$

$$\dot{Q}_{\mathrm{an,out}} = \dot{Q}_{\mathrm{H_2,an,out}} + \dot{Q}_{\mathrm{vw,an,out}} + \dot{Q}_{\mathrm{lw,an,out}}$$

式中，$\dot{Q}_{\mathrm{H_2,an,out}}$ 为阳极出口氢气带出电堆的能量速率（J/s 或 W），$\dot{Q}_{\mathrm{vw,an,out}}$ 为阳极出口水蒸气带出电堆的能量速率（J/s 或 W），$\dot{Q}_{\mathrm{lw,an,out}}$ 为阳极出口液态水带出电堆的能量速率（J/s 或 W），$\dot{Q}_{\mathrm{an,out}}$ 为阳极物质带出电堆的能量速率（J/s 或 W）。

因此，阳极单位时间能量变化可表达为

$$\dot{Q}_{\mathrm{an,eff}} = \dot{Q}_{\mathrm{an,in}} - \dot{Q}_{\mathrm{an,out}} \quad (6.8)$$

冷却水对电堆温度的影响包括带入系统的热量和带出系统的热量：

$$\dot{Q}_{\mathrm{cw,in}} = \dot{m}_{\mathrm{cw,in}} * c_{p_{\mathrm{cw}}} * (T_{\mathrm{cw,in}} - T_0)$$

$$\dot{Q}_{\mathrm{cw,out}} = \dot{m}_{\mathrm{w,out}} * c_{p_{\mathrm{cw}}} * (T_{\mathrm{cw,out}} - T_0) \quad (6.9)$$

$$\dot{Q}_{\mathrm{cw,eff}} = \dot{Q}_{\mathrm{cw,in}} - \dot{Q}_{\mathrm{cw,out}}$$

式中，$\dot{Q}_{\mathrm{cw,in}}$ 为冷却水带入电堆的热功率（W），$\dot{Q}_{\mathrm{cw,out}}$ 为冷却水带出电堆的热功率（W），$\dot{Q}_{\mathrm{cw,eff}}$ 为冷却水对电堆的热功率（W），$\dot{m}_{\mathrm{cw,in}}$ 为进入电堆的冷却水流量（g/s），$\dot{m}_{\mathrm{w,out}}$ 为离开电堆的冷却水流量（g/s），$c_{p_{\mathrm{cw}}}$ 为冷却水热容（J/(g·K)），$T_{\mathrm{cw,in}}$ 为电堆入口冷却水温度（K），$T_{\mathrm{cw,out}}$ 为电堆出口冷却水温度（K）。

考虑到冷却水的不可压缩性，故有

$$\dot{m}_{\mathrm{cw,in}} = \dot{m}_{\mathrm{cw,out}}$$

$$\dot{Q}_{\mathrm{cw,eff}} = \dot{m}_{\mathrm{cw,out}} * c_{p_{\mathrm{cw}}} * (T_{\mathrm{cw,out}} - T_{\mathrm{cw,in}}) \quad (6.10)$$

根据以上分析，电堆的能量增量即电堆温度变化引起的能量增量。开口系统的内部物质包括电堆及内部的气体和冷却水，鉴于气体的热容较小，因此忽略气体的能量增量，故可得到

$$\dot{Q}_{\mathrm{st}} = \dot{Q}_{\mathrm{ca,eff}} + \dot{Q}_{\mathrm{an,eff}} + \dot{Q}_{\mathrm{cw,eff}}$$

$$= \frac{\mathrm{d}T_{\mathrm{st}}}{\mathrm{d}t} * (m_{\mathrm{st}} * c_{p_{\mathrm{st}}} + m_{\mathrm{w,inst}} * c_{p_{\mathrm{cw}}}) \quad (6.11)$$

式中，$\dot{Q}_{st}$为电堆系统热量变化速率（W），T_{st}为电堆平均温度（K），m_{st}为电堆质量（g），$m_{w,inst}$为电堆内部冷却水质量（g），$c_{p_{st}}$为电堆平均热容(J/(g·K))。

考虑到具体系统中电堆组成部件中最大的热容部件为双极板，因此，电堆的热容参数可近似为双极板材料（石墨或合金材料）的热容参数。电堆本身的温度不是一个常值，假设电堆温度场分布均匀，可定义：

$$T_{st} = \frac{T_{cw,in} + T_{cw,out}}{2} \tag{6.12}$$

根据式（6.11）的定义，即可通过式（6.12）对电堆系统状态进行完整的分析、计算。

6.1.1 热管理系统介绍

燃料电池中多余热量排出方案的选择取决于燃料电池的大小。通常情况下，燃料电池的冷却方式有水冷式和风冷式。水冷式一般采取冷却循环水泵强制循环水流过电堆，带走多余热量，然后经过散热器由水将热量传递给环境，达到散热的目的；风冷式则通常利用燃料电池阴极空气将反应过程中产生的热量直接带到系统外，有自然冷却和强制冷却两种方式。在实际应用中，低于100 W的电池可以采用完全空气对流进行冷却，这种方式可以提供充足的空气流量供应氧和排出生成水，无须附加风扇等设备。功率高于100 W的小型燃料电池需要采用外部风机实现强制冷却。

随着燃料电池功率增大，风冷系统很难保证电堆保持在同样的温度范围内运行。另外，冷却空气占用通道使电堆体积远远大于实际所需。综合各种因素，高于5 kW的PEMFC电堆系统采用水冷方式。本书涉及的PEMFC发动机作为车载的主要动力源，其功率较大，采用水冷散热。

PEMFC发动机热管理系统包括水泵、散热器、冷却风扇、流量传感器、温度传感器、电导率传感器、旁路阀、水箱及冷却水去离子器等。

水泵对冷却液（一般为去离子水）加压，并带动冷却液在电堆内循环流动，将电堆工作过程中产生的多余热量排出。散热器、旁路阀是冷却水温度控制的执行单元（执行器）。散热器实现冷却液与环境的热交换。旁路阀用于保证燃料电池在冷起动过程中温度能够迅速升高，并在不同环境温度下精确控制燃料电池温度。

ECU根据温度、流量信息来控制循环水泵的流量及冷却风扇的转速，使冷却水保持在最佳温度状态。当电导率传感器监测到冷却水的电导率将超限时，由 ECU 报警对去离子器进行更换，必要时由 ECU 控制切断氢气和空气的供给。

从构成和工作原理上看，PEMFC 发动机的热管理系统和内燃机的冷却系统除了冷却介质电导率的要求不同外，几乎没有太大的差别。然而，由于两者的工作温度不同，散热要求也不同。一方面，内燃机的工作温度远远高于 PEMFC 发动机，内燃机尾气所能带出的热量远远大于 PEMFC 发动机尾气所能带出的热量；另一方面，冷却介质和环境之间的温差不同，相同的散热器在内燃机上所起到的散热效果要好于在 PEMFC 发动机上。正是因为上述差异，同等规模（输出功率）的内燃机上配置的散热系统移植到 PEMFC 发动机上，往往无法满足其散热要求。现阶段，散热器的能力成为限制 PEMFC 发动机规模的主要瓶颈之一。此外，内燃机对工作温度和冷却介质工作压力的要求远低于 PEMFC 发动机的要求。

6.1.2 热管理系统建模

常用 PEMFC 发动机热管理系统如图 6-3 所示，其中 PEMFC 发动机冷却器的功能包括散热器实现的冷却液与环境的热交换，冷却液泵实现的冷却液流量和流量分配器的比例调节。PEMFC 发动机冷却包括空压机电机的冷却、空压机输出空气的冷却（空压机内冷）和电堆温度的冷却。整个系统结构框图如图 6-3 所示。

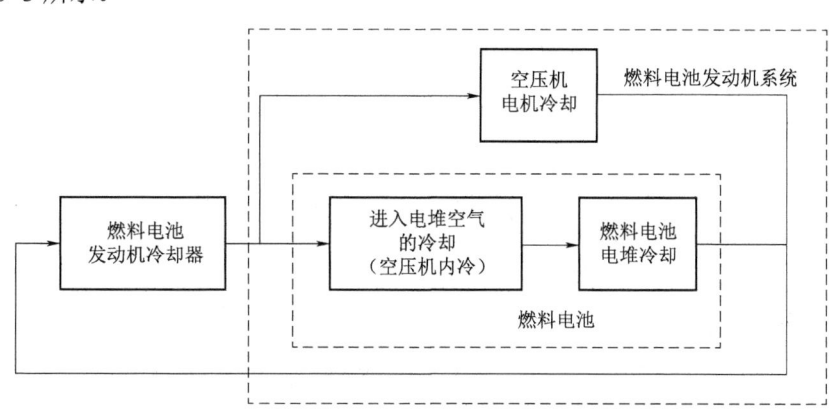

图 6-3　PEMFC 发动机热管理系统结构框图

PEMFC 发动机冷却器输出的冷却液一部分进入空压机电机冷却环节；另一部分进入空压机内冷通道，先冷却压缩的空气使其以合适的温度进入电堆，然后进入电堆调节电堆温度。

在冷却器中，冷却泵是主要的执行器，需要控制冷却液流量、温度和压力。此外，流量分配器以下述方式将冷却水分配至燃料电池及空压机电机：

$$\dot{m}_{\text{coolant}}^{\text{ToFCS}} = \lambda_{\text{coolant}} \dot{m}_{\text{coolant}}^{\text{AfterPump}} \tag{6.13}$$

$$\dot{m}_{\text{coolant}}^{\text{ToMotor}} = (1 - \lambda_{\text{coolant}}) \dot{m}_{\text{coolant}}^{\text{AfterPump}} \tag{6.14}$$

式中，λ_{coolant} 为冷却分配系数。

在空压机内冷却和燃料电池堆冷却过程中，冷却水首先以一定的流量、温度和压力进入空压机内冷器实现其第一个冷却功能，然后进入燃料电池堆实现其第二个冷却功能。冷却水流量在冷却过程中保持不变，冷却水压力经空压机内冷后有一压降 $\mathrm{d}p_{\text{coolant}}^{\text{IC}}$，经燃料电池堆后也有一压降 $\mathrm{d}p_{\text{coolant}}^{\text{Stack}}$。

因此，冷却水在燃料电池堆输出口的压力为 $p_{\text{coolant}}^{\text{OutFCS}} = p_{\text{coolant}}^{\text{ToFCS}} - \mathrm{d}p_{\text{coolant}}^{\text{IC}} - \mathrm{d}p_{\text{coolant}}^{\text{Stack}}$。内冷却产生的热量 $\Delta\dot{q}^{\text{IC}}$ 引起温度变化（$T_{\text{coolant}}^{\text{OutIC}} - T_{\text{coolant}}^{\text{ToFCS}}$），可以利用相应的热平衡方程式解出 $T_{\text{coolant}}^{\text{OutIC}}$ 的值。

同样，冷却水流入堆的温度为 $T_{\text{coolant}}^{\text{OutIC}}$，堆中的热平衡方程如式（6.15）所示：

$$m_{\text{Stack}} c_p^{\text{Stack}} \frac{\mathrm{d}T}{\mathrm{d}t} = \dot{m}_{\text{coolant}}^{\text{ToFCS}} \int_T^{T_{\text{coolant}}^{\text{OutIC}}} c_p(\Gamma)\mathrm{d}\Gamma + \Delta\dot{q}^{\text{Stack}} + (T_{\text{amb}} - T) A_{\text{Stack}} \rho_{\text{A}} \tag{6.15}$$

式中，$\Delta\dot{q}^{\text{Stack}}$ 为堆产生的热量。从式（6.15）可以得到输出口温度 $T(t) = T_{\text{coolant}}^{\text{OutFCS}}(t)$。

在空压机电机冷却环节中，一部分冷却水以一定的流速、温度和压力流入电机，假定冷却过程中的冷却水流速和压力保持不变，根据电机冷却热平衡方程

$$m_{\text{Motor}} c_p^{\text{Motor}} \frac{\mathrm{d}T}{\mathrm{d}t} = \dot{m}_{\text{coolant}}^{\text{ToMotor}} \int_T^{T_{\text{coolant}}^{\text{ToMotor}}} c_p(\Gamma)\mathrm{d}\Gamma + \Delta\dot{q}^{\text{Motor}} + (T_{\text{amb}} - T) A_{\text{Motor}} \rho_{\text{A}}^{\text{Motor}} \tag{6.16}$$

可以解得出口温度：

$$T(t) = T_{\text{coolant}}^{\text{OutMotor}}(t) \tag{6.17}$$

在 PEMFC 发动机冷却过程中，冷却液完成一个冷却循环后以一定的压力、温度和流速流回冷却泵。其中，流速为 $\dot{m}_{\text{coolant}}^{\text{SUM}} = \dot{m}_{\text{coolant}}^{\text{OutMotor}} + \dot{m}_{\text{coolant}}^{\text{OutFCS}}$，压力为 $p_{\text{coolant}}^{\text{OutFCS}}$，温度为 $T_{\text{coolant}}^{\text{SUM}} = \dfrac{T_{\text{coolant}}^{\text{OutMotor}} \dot{m}_{\text{coolant}}^{\text{OutMotor}} + T_{\text{coolant}}^{\text{OutFCS}} \dot{m}_{\text{coolant}}^{\text{OutFCS}}}{\dot{m}_{\text{coolant}}^{\text{OutMotor}} + \dot{m}_{\text{coolant}}^{\text{OutFCS}}}$。假设泵流出的压力 $p_{\text{coolant}}^{\text{AfterPump}}$ 为常

数，则泵所需的电功率为

$$P_{\text{WEG,el}}^{\text{PUMP}} = 10^5 (p_{\text{coolant}}^{\text{AfterPump}} - p_{\text{coolant}}^{\text{OutFCS}}) \frac{\dot{m}_{\text{coolant}}^{\text{SUM}}}{\sigma_{\text{WEG}}} \frac{1}{\eta_{\text{WEG}}^{\text{PUMP}}} \quad (6.18)$$

同时，根据车速和冷却液质量流速和相应状态之间转化参数确定冷却水散热的最大热梯度。冷却水散热的最大热梯度 $\Delta \dot{Q}_{\text{coolant}}^{\text{Max}} / \Delta T$ 取决于车辆速度 v_{veh} 和冷却水质量速率 $\dot{m}_{\text{coolant}}^{\text{SUM}}$ 以及标准条件下（$T_{\text{std}}(\text{K})$, $p_{\text{std}}(\text{bar})$）的关系，可以通过查表 $\Delta \dot{Q}_{\text{coolant}}^{\text{Max}} / \Delta T = \text{LUT}_{\dot{Q}_{\max}}(v_{\text{veh}}, \dot{m}_{\text{coolant}}^{\text{SUM}})$ 求得最大热梯度。

因此，对于环境空气参数 $T_{\text{amb}}(\text{K})$, $p_{\text{amb}}(\text{bar})$，散热器能够散发的最高热量为 $\Delta \dot{Q}_{\max} = (T_{\text{coolant}}^{\text{SUM}} - T_{\text{amb}}) \frac{p_{\text{amb}} T_{\text{std}}}{p_{\text{std}} T_{\text{amb}}} (\Delta \dot{Q}_{\text{coolant}}^{\text{Max}} / \Delta T)$。如果冷却控制器要求降低的热量为 $\Delta \dot{q}_{\text{req}}$，相应的限制必须为 $\Delta \dot{q}_{\text{req}} = \min(\Delta \dot{q}_{\text{req}}, \Delta \dot{Q}_{\max})$。考虑到冷却器的动态性能，冷却器减少的热量实际值为

$$\Delta \dot{q}_{\text{ls}} = G_{\text{cooler}}(s) \Delta \dot{q}_{\text{req}} \quad (6.19)$$

类似地，泵流出的冷却水质量速率可以使用下式计算：

$$\dot{m}_{\text{coolant}}^{\text{AfterPump}} = G_{\text{pump}}(s) \dot{m}_{\text{coolant}}^{\text{req}} \quad (6.20)$$

如上所述，冷却液流动带走了内冷却器、电堆和空压机电机中产生的热量，冷却了系统，同时加热了自身。PEMFC 发动机冷却器通过冷却水和环境的热交换冷却冷却液。

冷却系统建模时，假设冷却液冷却过程为系统冷却过程的逆过程：

$$\dot{m}_{\text{coolant}}^{\text{SUM}} \int_{T_{\text{coolant}}^{\text{SUM}}}^{T_{\text{coolant}}^{\text{AfterPump}}} c_p(T) \text{d}T = -\Delta \dot{q}_{\text{ls}} \quad (6.21)$$

根据式（6.21），泵流出的冷却水温度为 $T_{\text{coolant}}^{\text{AfterPump}}$。热管理系统的 Simulink 模型框图如图 6-4 所示。

6.1.3 热管理系统控制策略

根据图 6-3 所示的热管理系统框图，可以制定相应的控制策略。

冷却控制单元中需要降低的热量 $\Delta \dot{q}_{\text{req}}$ 计算公式为

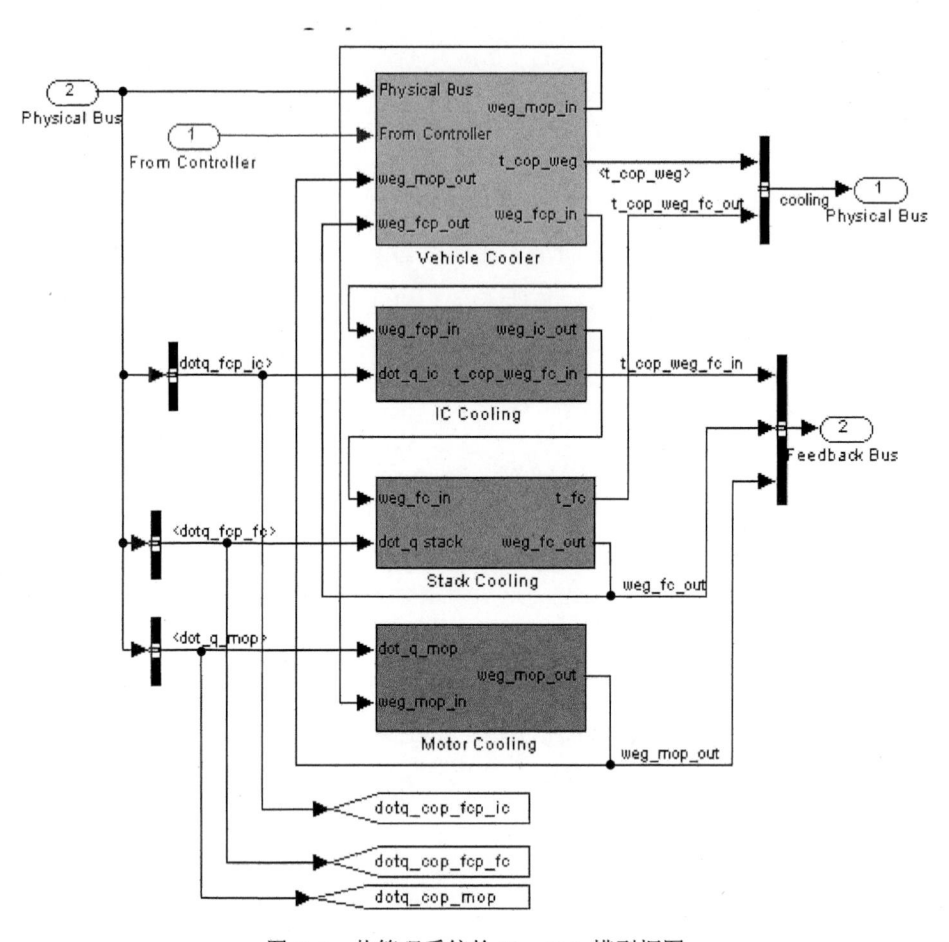

图 6-4 热管理系统的 Simulink 模型框图

$$\Delta \dot{q}_{\text{req}} = \dot{m}_{\text{coolant}}^{\text{SUM}} \int_{T_{\text{coolant}}^{\text{FCS,dem}}}^{T_{\text{coolant}}^{\text{SUM}}} c_p(T) \mathrm{d}T \qquad (6.22)$$

其中，FCS 入口期望温度 $T_{\text{coolant}}^{\text{FCS,dem}}$ 是堆期望工作温度，可以通过查表获得，$T_{\text{coolant}}^{\text{FCS,dem}} = \text{LUT}_{\text{FCS\_T}}(i_{\text{Stack}})$，取决于堆测量电流。另一个计算的变量为冷却水质量速率目标值 $\dot{m}_{\text{coolant}}^{\text{req}}$。堆反应产生的热量是整体系统散热中最主要的部分，因此，所需冷却水质量速率估计值为

$$\dot{m}_{\text{coolant}}^{\text{req}} \Delta T_{\text{req}} c_p(T_{\text{coolant}}^{\text{OutFCS}}) = \Delta \dot{q}_{\text{reaction}}^{\text{Stack}} = \dot{n}_{\text{H}_2} D_{\text{hr}} - u_{\text{Stack}} i_{\text{Stack}} \qquad (6.23)$$

式中，$\dot{n}_{\text{H}_2}$ 为消耗氢气的摩尔流量速率（mol/s），D_{hr} 为氢气反应热（J/mol），

ΔT_{req} 所允许的最大温度变化（$\max\{T_{\text{coolant}}^{\text{OutFCS}} - T_{\text{coolant}}^{\text{ToFCS}}\}$）取决于表 $\Delta T_{\text{req}} = \text{LUT}_{\text{FCS\_}\Delta T}(i_{\text{Stack}})$，$\dot{m}_{\text{coolant}}^{\text{req}}$ 的值可以认为是前馈控制器的输出。

如果 $(T_{\text{coolant}}^{\text{OutFCS}} - T_{\text{coolant}}^{\text{ToFCS}}) - \Delta T_{\text{req}}$ 存在误差，PID 控制器给出 $\Delta\dot{m}_{\text{coolant}}^{\text{req}}$，因此所需的冷却水质量速率可以由下式计算：

$$\dot{m}_{\text{coolant}}^{\text{req}} = \bar{\dot{m}}_{\text{coolant}}^{\text{req}}(\text{Feedforward Control}) + \Delta\dot{m}_{\text{coolant}}^{\text{req}}(\text{Feedback Control}) \quad (6.24)$$

6.2　辅助系统介绍

为了满足一定的输出功率和输出电压的需求，通常将燃料电池单体按照一定的方式组合成燃料电池堆，并配置相应的辅助设备，形成燃料电池系统。燃料电池堆是 PEMFC 发动机的核心，而辅助系统维持电堆持续、稳定、安全地工作，它包括氢气供应系统、空气供应系统和控制系统。

空气供应系统由空气滤清器、空压机、增湿器、背压调节阀、流量传感器、压力传感器以及相应管路等组成。空气系统的主要功能是保证电堆阴极电化学反应所需的氧气量。

控制器接收流量与压力传感器的信号，通过调节空压机的转速向电堆阴极供应空气（有效成分为氧气）。整个空气系统工作过程为：空气经过空气滤清器滤清后为洁净空气，再经过空压机加压到电堆所需要的压力条件，然后流经压力传感器、空气加湿器进入电堆参与反应，多余的空气直接排入大气。安装在阴极排气管路末端的背压阀用于调整电堆阴极的工作压力。低压 PEMFC 发动机系统中通常采用焓轮加湿器对供应的空气进行加湿，利用从阴极尾气中带出的反应生成水调节入堆空气湿度。高压 PEMFC 发动机系统则采用喷水或湿膜的方式进行加湿。具有合适流量、压力、湿度和温度的入堆空气可以保证 PEMFC 发动机正常工作所需要的氧气量，也能将电堆反应过程中生成的部分热量和水分带出电堆。

氢气供应系统为 PEMFC 发动机提供合适的阳极电化学反应条件，包括氢罐、压力调节阀、循环装置（循环泵或喷射装置）、加湿器、气水分离器、排水阀以及相应的管路等。

高压氢气存储在氢罐中，经过减压阀后降为所需要的压力，再通过电动调节阀、压力传感器、流量传感器、加湿器进入电堆。少量多余的氢气进入收集装置进行处理或经排气电磁阀排入大气。调节阀主要用来控制氢气的供应流量，以达到调节阳极工作压力的目的。加湿器则对氢气进行增湿。气水分离器分离循环氢气中的液态水分,避免进入电堆的氢气含湿量过高。气水分离器中的水分以及循环氢气中可能存在的杂质(由阴极渗透过来的氮气以及供应气体中本身存在的惰性气体等)通过气水分离器底部的排水阀排出电堆。循环泵或者喷射装置作为氢气供应系统的循环装置,为氢气在电堆内的流动提供动力,有两个作用:一是将电堆阳极内部的液态水排出,避免流场阻塞造成燃料电池失效;二是使氢气流量适合电堆运行要求,提高氢气的使用效率。

6.2.1 辅助系统电功率消耗模块

PEMFC 发动机辅助系统从功能上讲,包括氢气供应、空气供应和涉及这两种反应气体进入电堆的流量、压力、温度和湿度的控制单元(包括执行器、传感器和控制器),还有电堆温度控制单元、故障诊断单元等,这些可以称为辅助系统功能模块,有关的建模内容可参阅第 3 章相关章节。

从电功率消耗角度看,又可以将辅助系统功能模块的所有单元按高电压功率消耗单元和低电压功率消耗单元分类,称为辅助系统电功率消耗模块。

PEMFC 电堆输出电功率一方面是用于电动机的电功率消耗,另一方面则是用于辅助系统电功率消耗模块(包括除了电动机之外的其他所有用电元器件)的电功率消耗。PEMFC 发动机系统的效率等于电动机的电功率消耗与电堆输出电功率之比,其中电动机的电功率消耗由车辆的设计指标确定。因此,在车辆设计指标确定的条件下,辅助系统电功率消耗模块的电功率消耗决定 PEMFC 发动机系统的效率。

高电压功率消耗单元主要包括空压机、散热器风扇/冷却泵、冷/热空调设备、DC/DC 变换器和 DC/AC 逆变器等,低电压功率消耗单元主要包括控制器、传感器、各种车载娱乐和通信设置等。空压机的效率和电功率消耗随汽车工况的改变而有所变化,冷/热空调设备的电功率消耗随季节不同而变化,这是辅助系统电功率消耗模块最主要的两个电功率消耗负载。

6.2.2 辅助系统电功率消耗模块建模

辅助系统电功率消耗模块建模是为了计算在动力母线电压下辅助系统的总消耗电流,因为 ECU 模块在计算燃料电池电堆期望电流值时必须包括这个值。如图 6-5 所示,在 Simulink 模型中辅助系统电功率消耗模块有三个输入,即高电压功率消耗 aup.AuxHv、低电压功率消耗 aup.AuxLv 和随工况或季节变化的额外随机电流需求 I_aup_veh_aux_rand,这些信息主要由统计数据和车辆功能设计两方面决定并借助于合适的数学模型（如表格函数）予以描述。辅助系统电功率消耗模块的输出即辅助系统在动力母线电压下的总消耗电流。

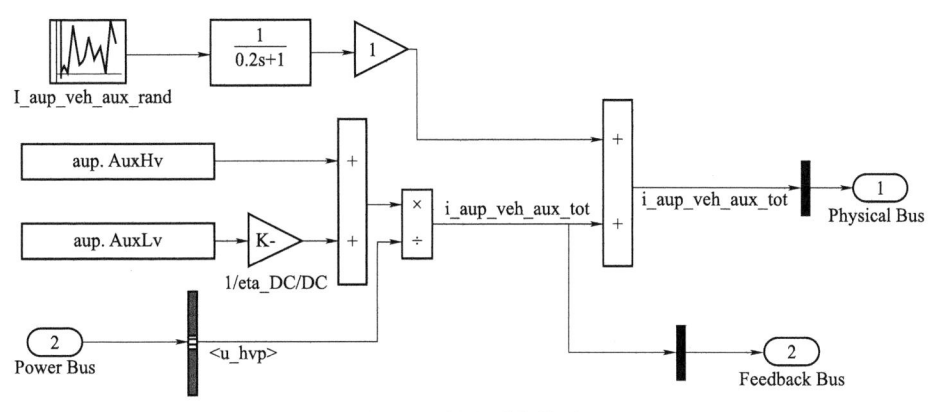

图 6-5　辅助系统模型

第 7 章

燃料电池汽车、燃料电池发动机系统及部件建模与仿真实例

从工程应用上看，建模和仿真分析伴随燃料电池汽车的整个研发过程，尤其是在初期的部件选型、功能设计阶段，或者在中期的相关控制器设计和调试阶段。本章介绍几个典型的建模或仿真案例，希望读者通过这些实例加深对燃料电池汽车、燃料电池发动机系统及相关部件的建模或仿真的理解。

7.1 燃料电池汽车仿真

如图 1-10 所示，燃料电池汽车整车仿真模型包括车辆行驶工况模型、驾驶员模型、ECU 模型、VCU 模型和车辆相关功能子系统模型及对应的控制器模型。相应的建模原理及 Simulink 实现可参阅第 2~6 章的内容。

7.1.1 仿真参数及系统和部件实测特性的设定

在具体进行仿真工作时，首先要了解仿真对象（即涉及的燃料电池汽车）的设计参数和各功能子系统的选型参数，同时还要给定诸多的物理及电化学常数、模型中根据实验获取的表格函数或曲线函数等，设定车辆动力方式、VCU

第7章 燃料电池汽车、燃料电池发动机系统及部件建模与仿真实例

和ECU控制算法等。所有的定常参数可以在MATLAB的常数文件如constants.m中定义，所有的涉及函数调用和控制策略的内容通常在MATLAB的初始化文件如INI_Sim.m中定义。

表7-1~表7-5所示的参数就是文件constants.m中包含的一部分内容，在MATLAB/Simulink环境下对燃料电池汽车的仿真需要进行这样的参数设置。

表7-1 车辆参数

车身质量	1 653 kg	质心至前轮距离	1.22 m
空气阻力系数	0.32	轴荷分配系数	0.5
车辆迎风面积	2.42 m²	牵引系数	0.9
车轮半径	0.294 6 m	车辆质心高度	0.25 m
车轮转动惯量	3.2 kg·m²	车辆轴距	2.778 m
差速器效率	0.995	最大荷重	2 100 kg
制动减速度	0.8 m/s²	驱动方式	前轮驱动

表7-2 燃料电池系统参数

最大功率	70 kW	电堆散热面积	1.6 m²
单池数量	440	散热系数	10 W/(m²·K)
单池面积	300 cm²	热容	820 J/(kg·K)
电堆开路电压	434.72 V	电堆质量	100 kg
电堆最低电压	250 V	冷却容积	0.005 m³
空压机转动惯量	0.001 2 kg·m²	节流阀时间常数	0.2 s
空压机电机转动惯量	0.003 kg·m²	温度传感器时间常数	5 s
压降时间常数	0.025 s	冷凝器最大压降	0.1 bar
加湿器最大压降	0.2 bar	阴极阳极允许压差	0.2 bar
阴极入口空气压力	3~4 bar	入口空气湿度	85%~95%

表7-3 动力电池参数

单体最低电压	3.2 V	单体标称容量	8 Ah
单体最高电压	3.6 V	OCV温度系数	−0.000 590 916
单体串联数量	28	电压衰减系数	0.85
电池单体质量	0.3 kg	SOC初始值	0.6
并联数量	1	充放电限制电流	100 A
电池最高温度	40 ℃		

表 7-4　电动机参数

峰值功率	85 kW	热容	1 000 J/(kg·K)
额定功率	45 kW	散热面积	0.5 m²
额定转矩	150 N·m	散热系数	10 W/(m²·K)
峰值转矩	250 N·m	质量	50 kg
最大转速	150 r/min	转动惯量	0.109 8 kg·m²

表 7-5　其他仿真参数

燃料	H_2	环境温度	20 ℃
制动回馈发电	On	环境气压	1.013 25 bar

还有一部分信息和参数是根据选配部件实测的、与变量有关的特性，如与车速有关的车辆滚动阻力系数曲线（图 7-1）、与空气质量流量有关的空压机压力/转速 MAP 曲线（图 7-2）或者随压力变化的空压机转速/效率 MAP 曲线（图 7-3）、选用燃料电池系统的效率曲线（图 7-4）、动力电池内阻-温度曲线（图 7-5）和电动机随转速变化的转矩/效率 MAP 曲线（图 7-6）等，采用数学拟合得到相应的函数表达式或函数表格并在 Simulink 中予以实现。

在 MATLAB/Simulink 实现的燃料电池汽车模型中，通常会在某一文件如 DrivingCycles.m 中设立一个包括常用行驶工况的数据库，以备初始化文件 INI_Sim.m 运行后调用。

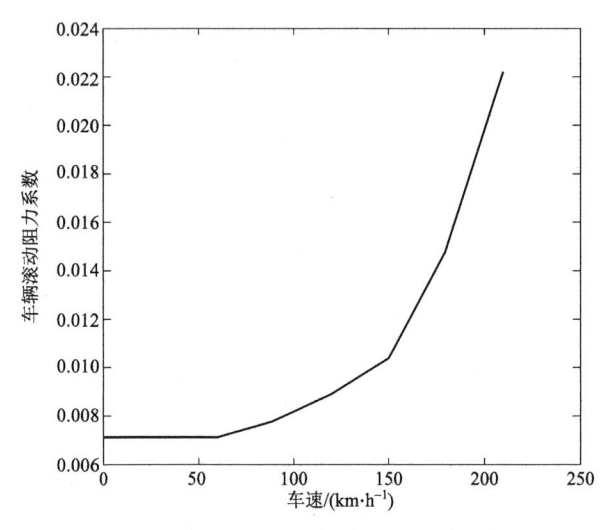

图 7-1　实验获取的车辆滚动阻力系数曲线

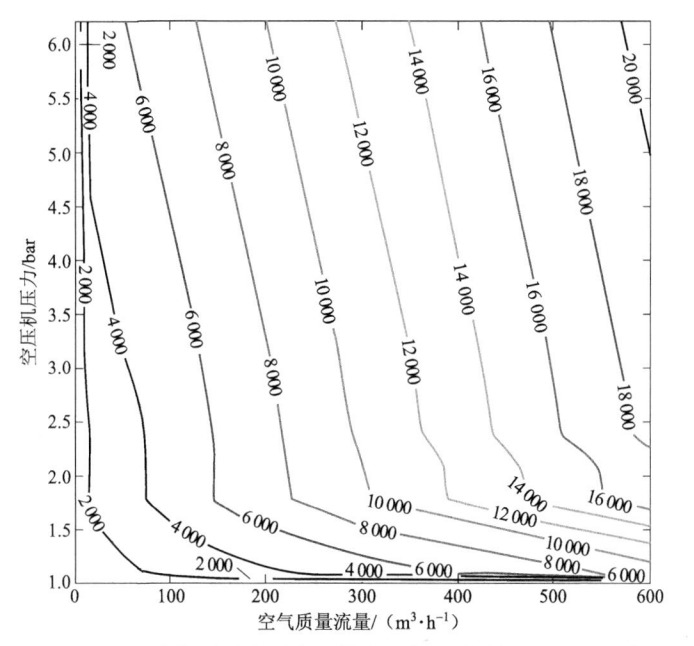

图 7-2 与空气质量流量有关的空压机压力/转速 MAP 曲线

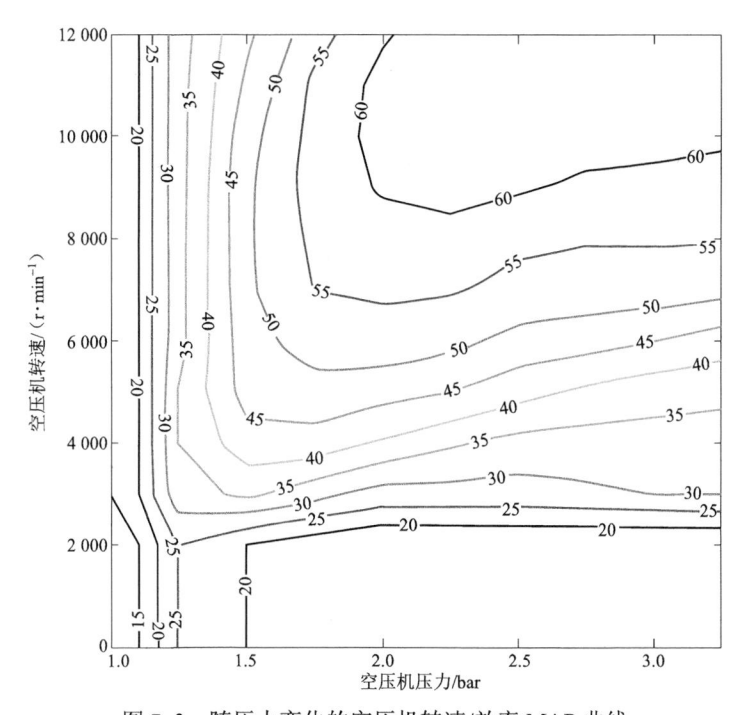

图 7-3 随压力变化的空压机转速/效率 MAP 曲线

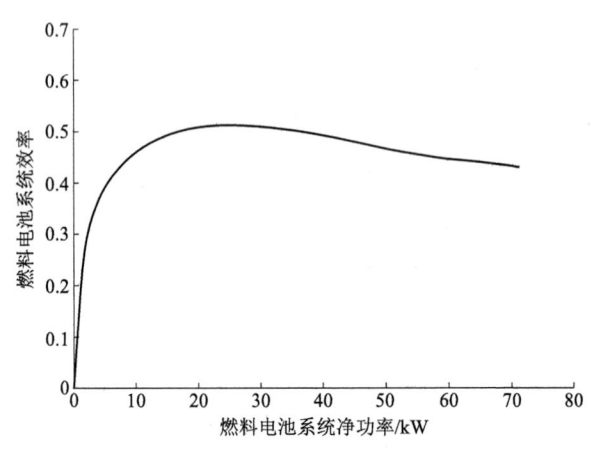

图 7-4　燃料电池系统效率曲线

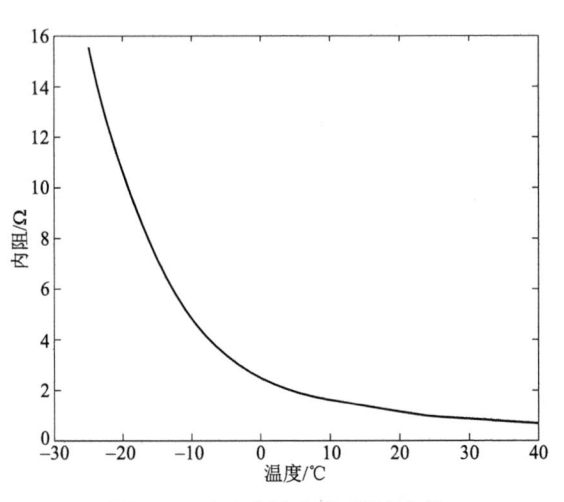

图 7-5　动力电池内阻-温度曲线

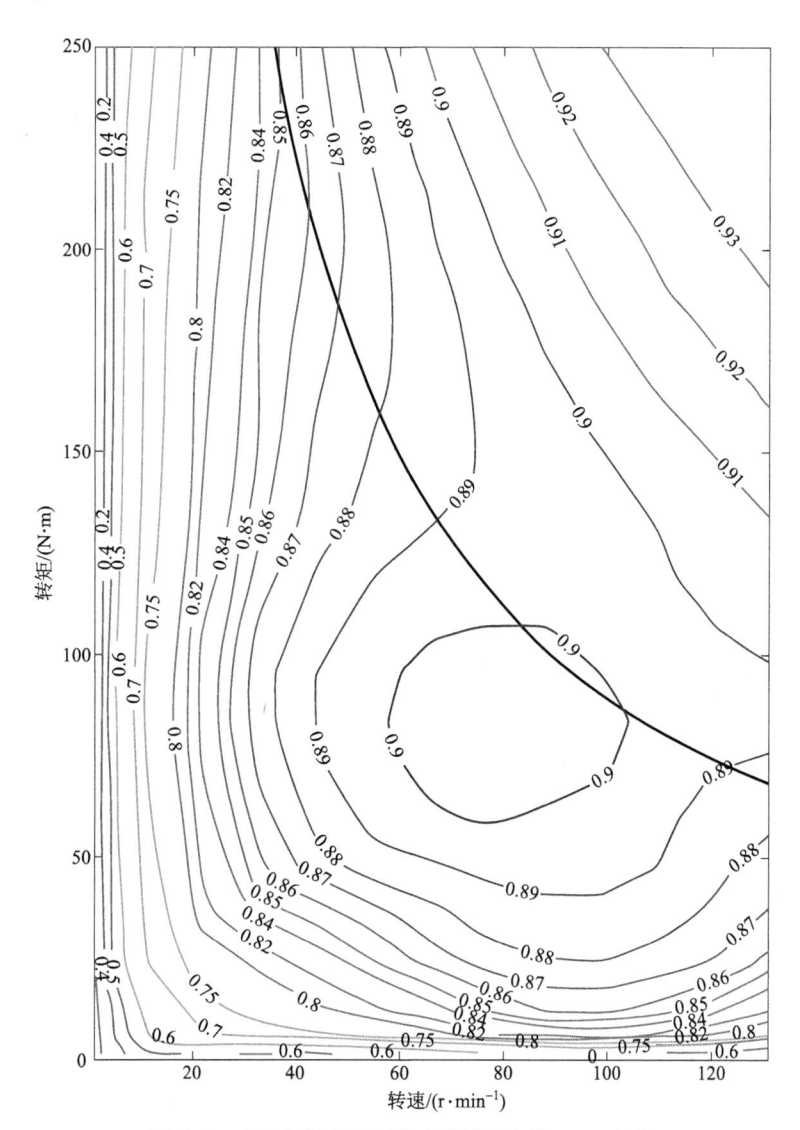

图 7-6　电动机随转速变化的转矩/效率 MAP 曲线

7.1.2　仿真运行及部分运行结果分析

每次运行 Simulink 模型之前，通常先运行初始化文件 INI_Sim.m，其中将调用常数文件 constants.m 和定义该次仿真的循环工况。

下面以新欧洲循环工况 NEDC 的一次仿真为例，对部分运行结果进行分析。NEDC 工况比较全面地涵盖了城市工况的信息，作为模态循环一般用于能源消耗/排放测试或仿真。NEDC 工况持续时间为 1 220 s，行驶里程数约为 10.91 km，平均速度为 32.12 km/h，最大加速度为 1.06 m/s²，如图 7-7 所示。

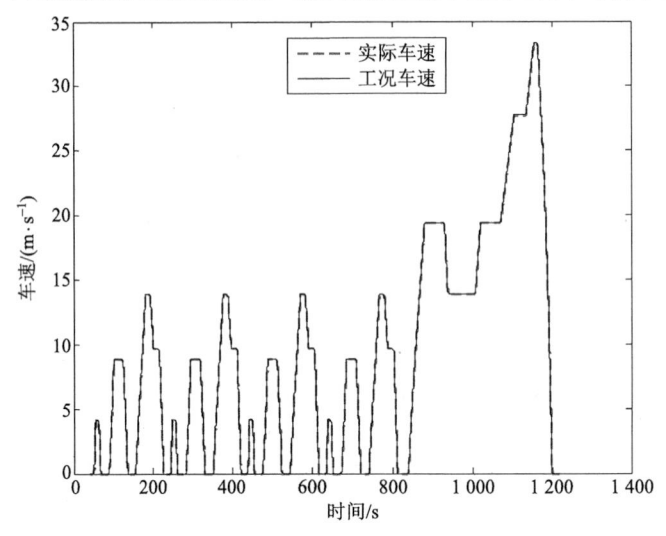

图 7-7　NEDC 工况和仿真实现的工况（见彩插）

此次仿真选择固定步长的 ode5 求解器，仿真步长为 0.01 s。1 200 s 以后，此次仿真结束。首先，考察为这款燃料电池汽车设置的动力系统、能量管理策略以及选配的各功能模块参数能否满足 NEDC 工况的要求。从图 7-7 可以看出，仿真得到的车速能够很好地跟踪目标车速。

图 7-8 和图 7-9 所示为仿真得到的电动机转矩和工作电流。从图中可以看出，电动机转矩平均值为 50 N·m，由燃料电池提供的电功率即可满足要求；转矩仅在个别点处出现较大的峰值，在这些点处可采用燃料电池和动力电池共同供电模式。转矩取负值时，表示制动发电状态，电机的工作电流也是负值，这部分电流给动力电池充电。图 7-10 所示为仿真获取的车辆加速度过程。仿真结果表明，电动机转矩符合行驶工况的需求，并且在低速段区间较大，这也符合电动机的速度-转矩特性。

作为主要的动力源，燃料电池系统的输出性能是仿真关注的重点内容。图 7-11 所示为仿真计算得到的燃料电池系统的输出功率。从图中可以看出，在车速较低时，燃料电池输出功率值较小，在中、高车速以及车辆加速时，燃料电池输出功率值较大，与实际循环工况的电功率需求一致。图 7-12 和图 7-13 分别描述了燃料电池输出电流和输出电压的变化过程。燃料电池输出电压也是 DC/DC 转换器高压端的电压。

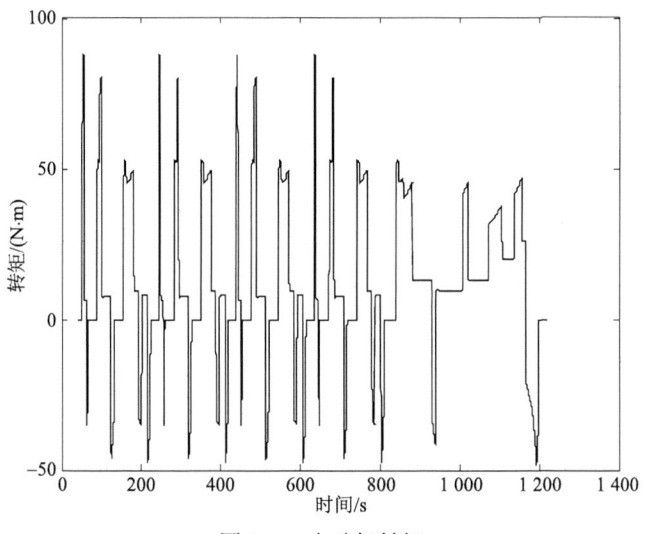

第7章 燃料电池汽车、燃料电池发动机系统及部件建模与仿真实例

图 7-8 电动机转矩

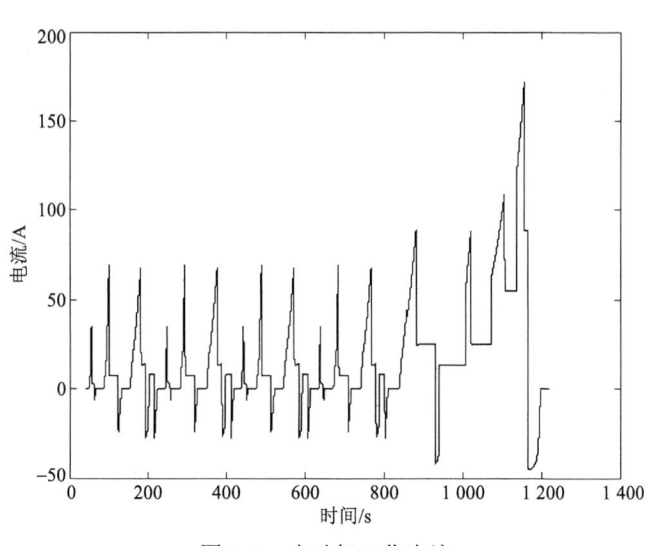

图 7-9 电动机工作电流

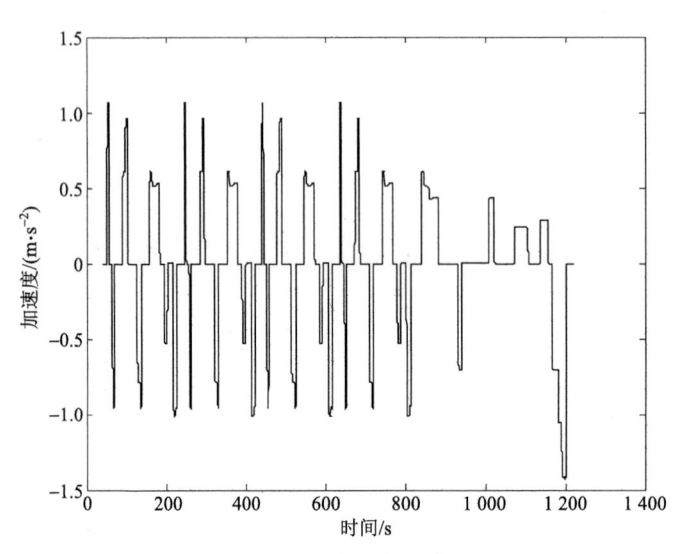

图 7-10　车辆加速度

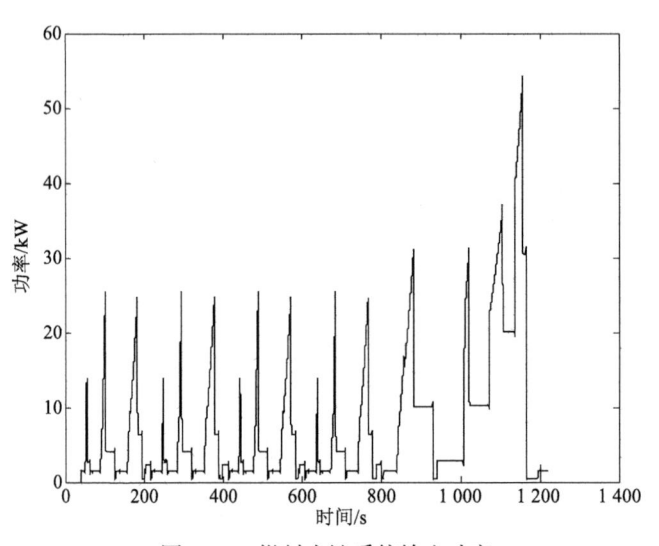

图 7-11　燃料电池系统输出功率

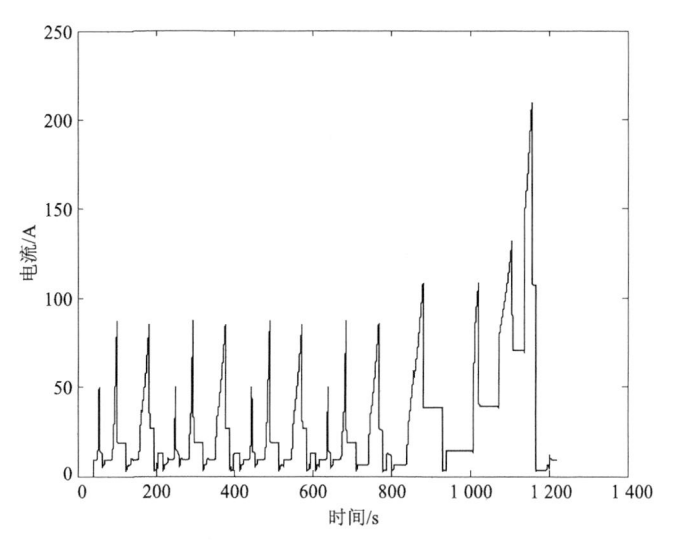

第7章 燃料电池汽车、燃料电池发动机系统及部件建模与仿真实例

图 7-12 燃料电池输出电流

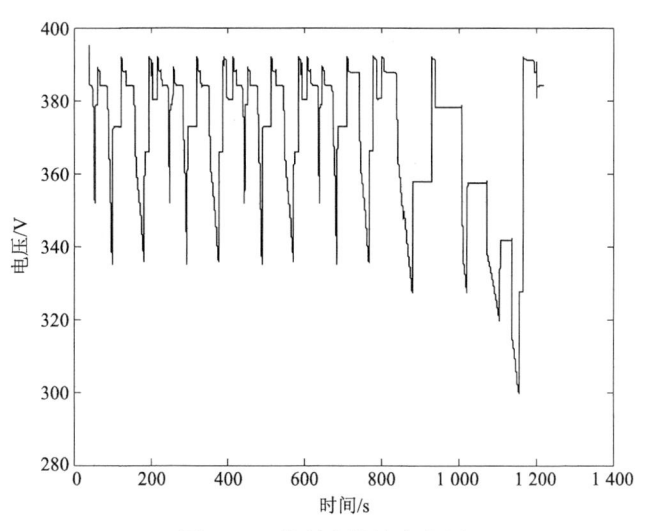

图 7-13 燃料电池输出电压

从图 7-14 和图 7-15 的动力电池功率（为正值时表示充电，为负值时表示放电）和电流（符号同电功率）动态过程中可以看出，动力电池功率波动较大，燃料电池输出功率不足时，动力电池必须短时放电，以满足行驶工况的功率需求；车辆再生制动回馈或燃料电池输出功率多于电动机需要的电功率时，动力电池通过 DC/DC 转换器的低压端吸收相应的电能。DC/DC 转换器低压端的工作电压即动力电池的电压，其平均值约为 100 V，最大值不超过 115 V，如

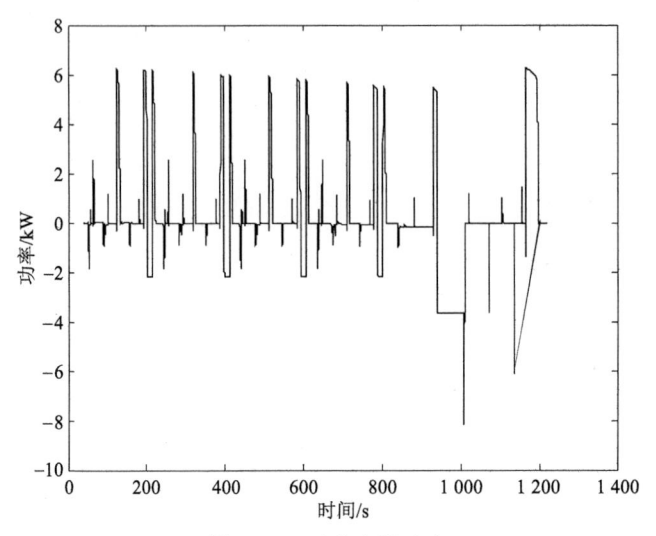

图 7-16 所示。动力电池的充放电过程也可以体现在图 7-17 的 SOC 过程中，开始阶段 SOC 值虽上下波动，但整体呈上升趋势，第 930 s 时 SOC 值大幅度下降，之后又逐渐上升，这是由所制定的控制策略决定的。

图 7-14　动力电池功率

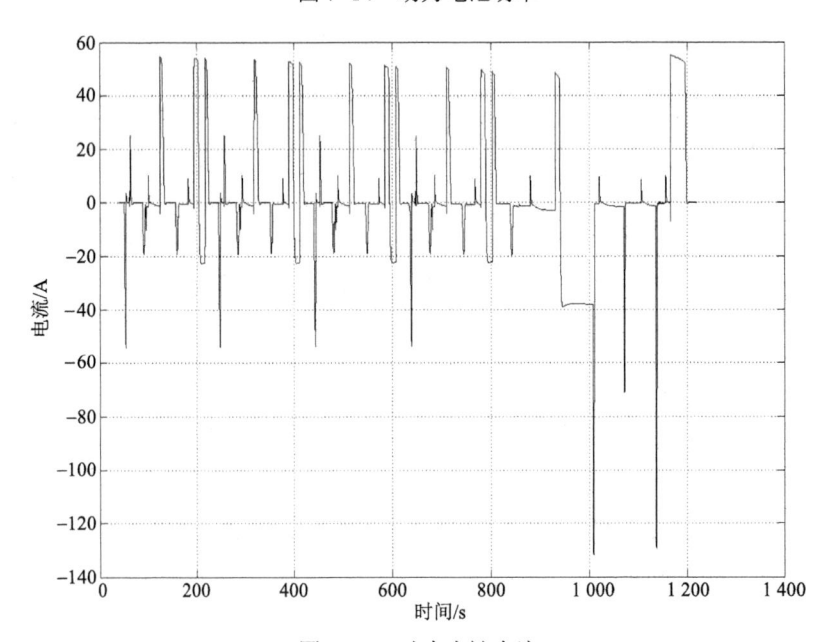

图 7-15　动力电池电流

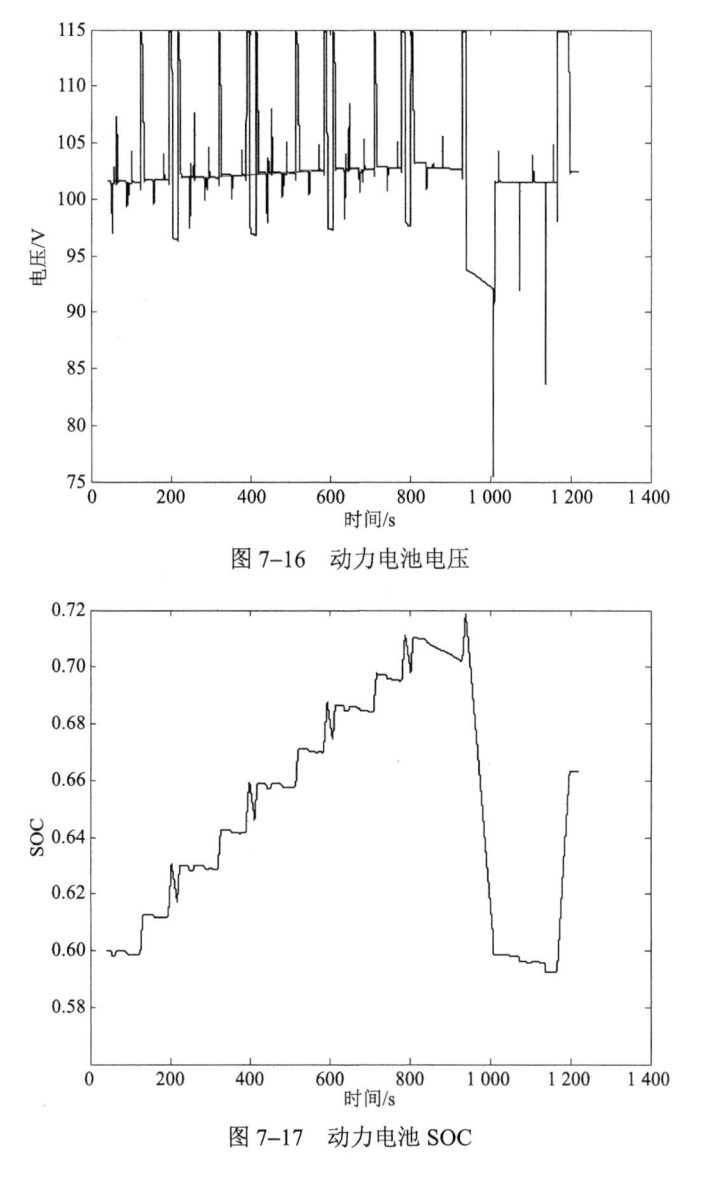

第 7 章　燃料电池汽车、燃料电池发动机系统及部件建模与仿真实例

图 7-16　动力电池电压

图 7-17　动力电池 SOC

在类似的仿真中很重要的一点是评估燃料电池汽车的经济性，即能耗。在 NEDC 循环工况下，这款燃料电池汽车的氢气消耗为 0.144 0 kg，折合柴油的百公里燃油消耗为 6.346 8 L，如图 7-18 所示。

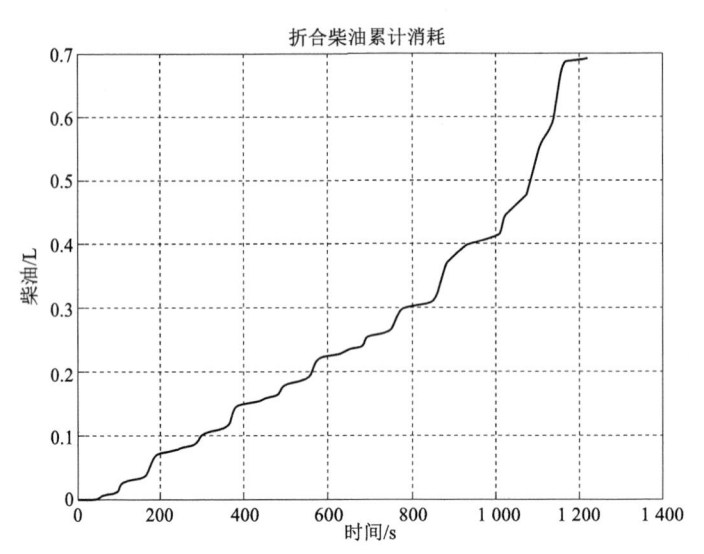

图 7-18　NEDC 工况折合柴油的累积消耗（百公里燃油消耗约为 6.346 8 L）

7.2　燃料电池发动机系统仿真

在图 1-10 所示的燃料电池汽车仿真模型框架下，除了对整车进行仿真之外，往往也有必要仅对其中的子系统燃料电池发动机进行相对独立的、专题的建模与仿真，从而节省系统研发成本和缩短开发周期。

7.2.1　针对一款 45 kW 级 PEMFC 发动机系统的电压建模与仿真

针对一款 45 kW 级 PEMFC 发动机系统，需要选取特定的操控变量，在给定的电流密度下进行相关敏感性分析。

PEMFC 发动机的控制需要一个较为准确的燃料电池电压模型。由于电堆结构、材料参数不同，采用一般原理进行的电堆极化曲线拟合总是存在一定的误差，而且采样数据噪声干扰也会降低模型的准确性。因此，选用不同的燃料电池，必须对相应的电压模型进行校准。

如第 3 章所述，通常电堆电压可以由式（3.4）～式（3.9）描述。单池的极化曲线为

$$V_{cell} = f(I, P, \phi_{st}, T_{st}, \lambda) = E_{oc} - |\eta_{act}| - \eta_{ohm}$$

式中，V_{cell} 为电池电压，E_{oc} 为可逆电动势，η_{act} 为活化极化损失电压，η_{ohm} 为欧姆极化损失电压。函数 f 中的参数 P 和 λ（即电堆阴阳两端操作压力和空气过

量系数）均与空压机和背压阀运行状态以及工作电流 I 相关，参数 ϕ_{st}（即相对湿度）与系统操作压力、空气过量系数以及电堆温度相关，参数 T_{st}（即电堆温度）与热管理相关。

活化极化损失电压也可按下式计算：

$$\eta_{act} = k_1 + k_2 T_{st} + k_3 \ln(C^*_{O_2}) + k_4 T_{st} \ln(I)$$

其中，氧气的等效摩尔体积浓度为 $C^*_{O_2} = 1.969 \times 10^{-7} P_{O_2} \exp(-T_{st}/498)$。

针对不同的燃料电池，添加电压校准项 ΔV，则燃料电池电压 $\overline{V}_{cell} = V_{cell} + \Delta V$，其中校准项 ΔV 可由下式描述：

$$\Delta V = k_5(I/T_{st}) + k_6(I/T_{st})^2 + k_7(I/\lambda) + k_8(I/\lambda)^2 + k_9 \exp(I)$$

为了给模型辨识提供合适的试验数据，同时分析所选操控变量对电堆性能的影响，应用正交试验法设计并进行相关试验。正交试验法是利用正交表选取与分析多因素的试验方法，也是最常用的试验设计方法之一。正交表能够在因素变化范围内均衡抽样，使每次试验都具有较强的代表性。

通过设计四因素三水平的因素水平表（表7-6）可以分析所选操控变量（即四因素：空气过量系数、冷却液入堆温度、空气入堆相对湿度和空气入堆压力）对电堆输出性能的影响，并基于获取的试验数据（表7-7），采用最小二乘方法对电压计算式中的九个未知参数 $k_i (i=1\sim9)$ 进行估计，得到的具体数值见表7-8。

表7-6 燃料电池四因素三水平因素水平表

因素	水平	电流密度/(mA·cm^{-2})		
		150	800	1 000
空气过量系数	1	4	1.5	1.4
	2	5	2	1.6
	3	6	2.5	1.8
冷却液入堆温度/℃	1	30	30	30
	2	55	55	55
	3	75	75	75
空气入堆相对湿度/%	1	30	30	30
	2	60	60	60
	3	80	80	80

续表

因素	水平	电流密度/(mA·cm^{-2})		
		150	800	1 000
空气入堆压力/Pa	1	1.2×10^5	1.2×10^5	1.2×10^5
	2	1.65×10^5	1.65×10^5	1.65×10^5
	3	2×10^5	2×10^5	2×10^5

表 7-7 L$_9$(3^4) 正交试验表案例（150 mA/cm^2）

试验	因素 1	因素 2	因素 3	因素 4	性能指标 单片电压/V
1	4	30	30	1.2×10^5	0.865 6
2	4	55	60	1.65×10^5	0.820 6
3	4	75	80	2×10^5	0.828 4
4	5	30	60	2×10^5	0.819 0
5	5	55	80	1.2×10^5	0.814 3
6	5	75	30	1.65×10^5	0.786 7
7	6	30	80	1.65×10^5	0.826 4
8	6	55	30	2×10^5	0.827 1
9	6	75	60	1.2×10^5	0.793 1

表 7-8 经估计后得到的 k_i（i=1～9）具体值

k_1	0.474 3	k_4	−1.8×10^{-4}	k_7	−0.002 3
k_2	0.002 6	k_5	0.637 7	k_8	9.853×10^{-6}
k_3	0.136 8	k_6	−0.394 0	k_9	6.09×10^{-4}

如图 7-19 所示，校准后模型的仿真值和实验值之间的误差小于 5%，表明这套 45 kW 级 PEMFC 发动机所用燃料电池电压模型具有较高的准确性，能够表征系统操控变量对输出性能的影响。

利用经过实验验证的 PEMFC 发动机系统模型，结合表 7-6 列出的三个典型工况，可以分析在给定电流密度下操控变量对 PEMFC 发动机系统性能的影响。冷却液入堆温度、空气过量系数和空气入堆压力对 PEMFC 发动机系统性能影响较大，通过相应的传感器可直接测量，选用合适的闭环反馈控制能够对这三个变量进行动态调节，所以，这三个变量被选为系统的操控变量。

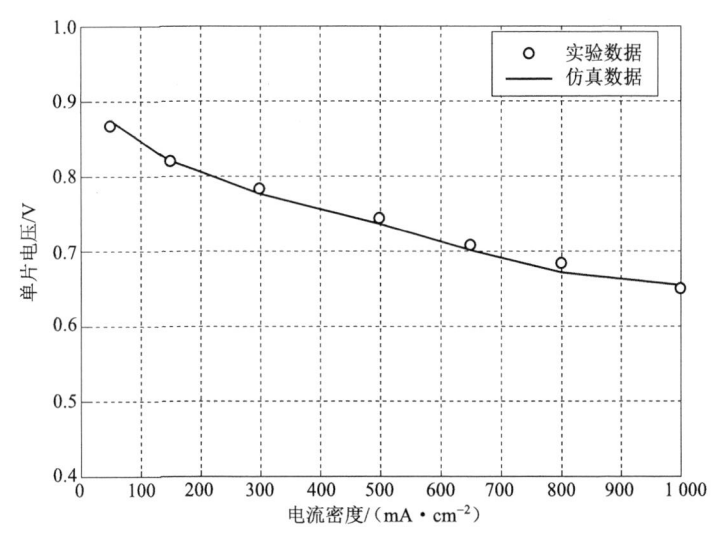

第7章 燃料电池汽车、燃料电池发动机系统及部件建模与仿真实例

图 7-19 模型仿真值和实验值的对比

图 7-20 显示，在电流密度为 150 mA/cm² 下冷却液入堆温度和空气过量系数对空气入堆相对湿度影响较大。空气入堆相对湿度随上述两个操控变量的增加而降低，原因是：冷却液入堆温度提高导致阴极入口处饱和水蒸气压力提高；空气过量系数增加会降低水蒸气的分压。提高空气入堆压力导致空气入堆相对湿度增加。分析图 7-20 中操控变量对系统净输出功率以及效率的影响可以看出，其中只有空气过量系数影响较大。空气过量系数变大，空压机消耗的功率变大，使系统净输出功率和效率变小。因此，在此工况下，空气过量系数的选取尤为重要。

如图 7-21 所示，提高冷却液入堆温度和空气过量系数都会使空气入堆相对湿度和系统净输出功率下降。空气入堆相对湿度下降又会影响燃料电池电压大小。提高冷却液入堆温度和空气过量系数使系统净输出功率和电堆总输出功率同时下降，所以，这两个操控变量变化对系统效率影响不大。在此电流密度下，空气入堆压力提高会使空气入堆相对湿度和系统净输出功率上升。因此，在此额定工况下，为提高系统效率，所选的三个操控变量应控制在合理的范围内。

图 7-22 的电流密度为 1 000 mA/cm²。与电流密度 150 mA/cm² 和 800 mA/cm² 下的结果相比，电池电压、空气入堆相对湿度和系统效率受操控变量的影响更大。在大电流密度情况下，为了维持电堆正常工作，对辅助系统的能力提出了更高的要求，操控变量的改变对辅助系统功率消耗有较大影响。

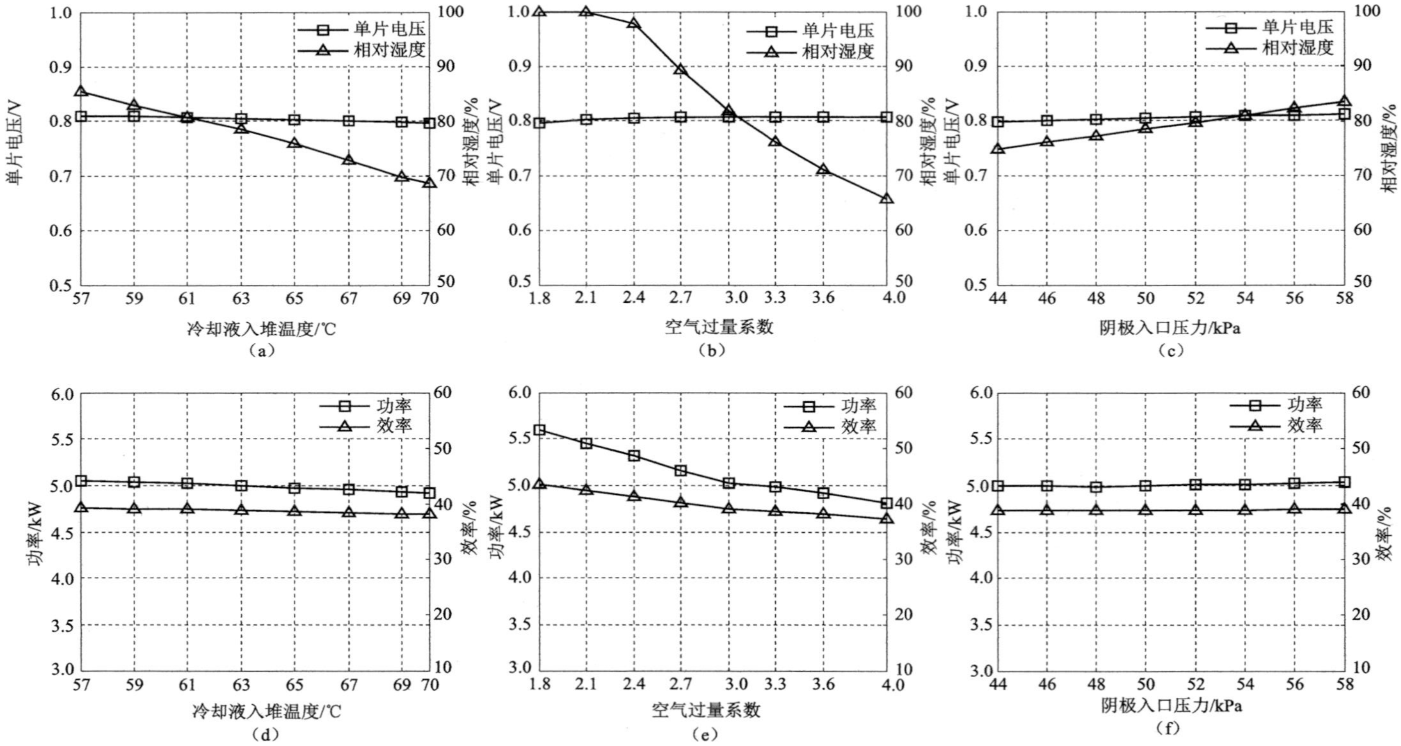

图 7-20 电流密度为 150 mA/cm² 下系统操控变量对 PEMFC 发动机系统性能的影响

(a) 冷却液入堆温度对电压和相对湿度的影响；(b) 空气过量系数对电压和相对湿度的影响；(c) 阴极入口压力对电压和相对湿度的影响；
(d) 冷却液入堆温度对电堆功率和效率的影响；(e) 空气过量系数对电堆功率和效率的影响；(f) 阴极入口压力对电堆功率和效率的影响

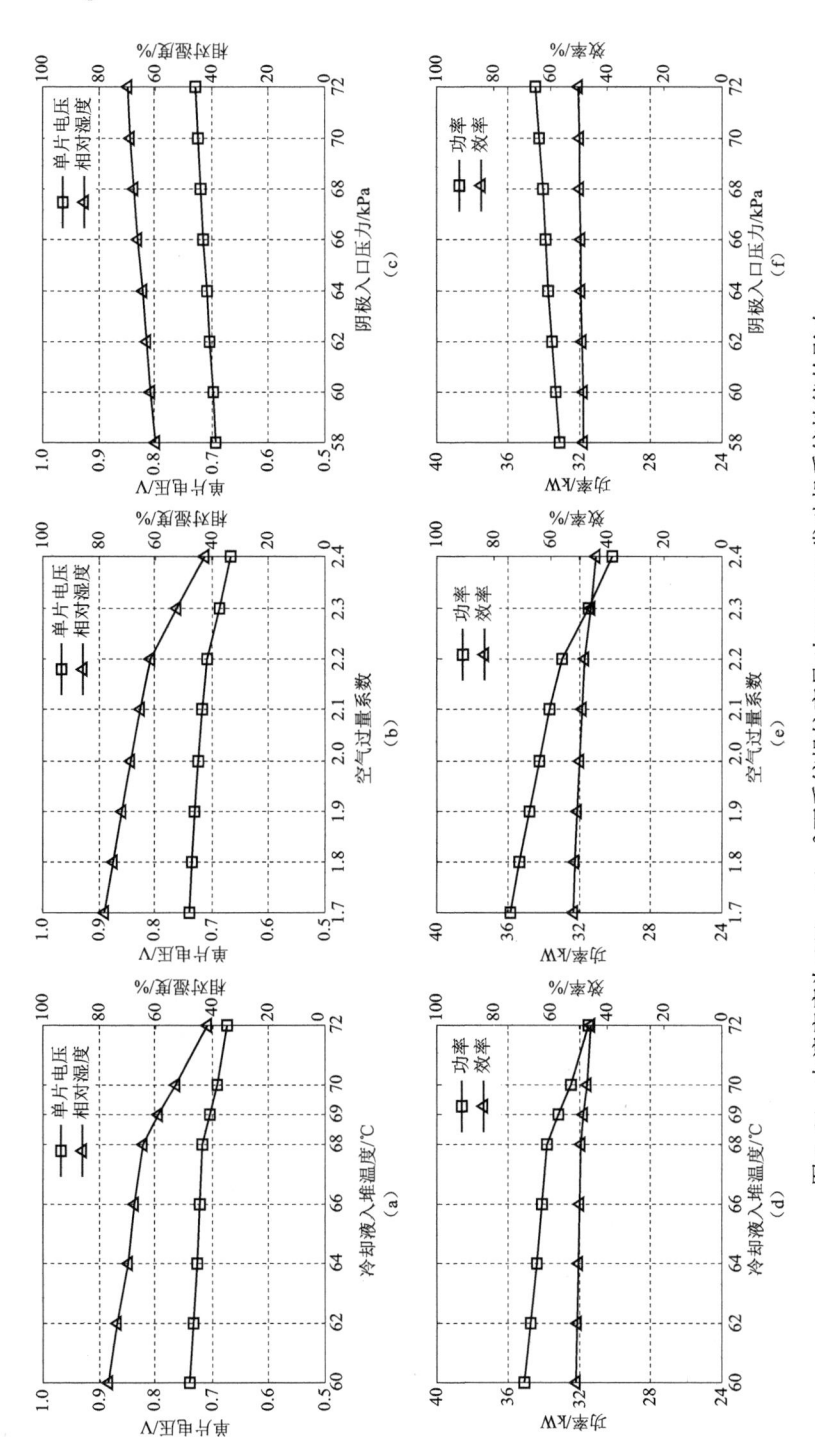

第 7 章 燃料电池汽车、燃料电池发动机系统及部件建模与仿真实例

图 7-21 电流密度为 800 mA/cm² 下系统操控变量对 PEMFC 发动机系统性能的影响

(a) 冷却液入堆温度对电压和相对湿度的影响； (b) 空气过量系数对电压和相对湿度的影响； (c) 阴极入口压力对电压和相对湿度的影响；
(d) 冷却液入堆温度对电堆功率和效率的影响； (e) 空气过量系数对电堆功率和效率的影响； (f) 阴极入口压力对电堆功率和效率的影响

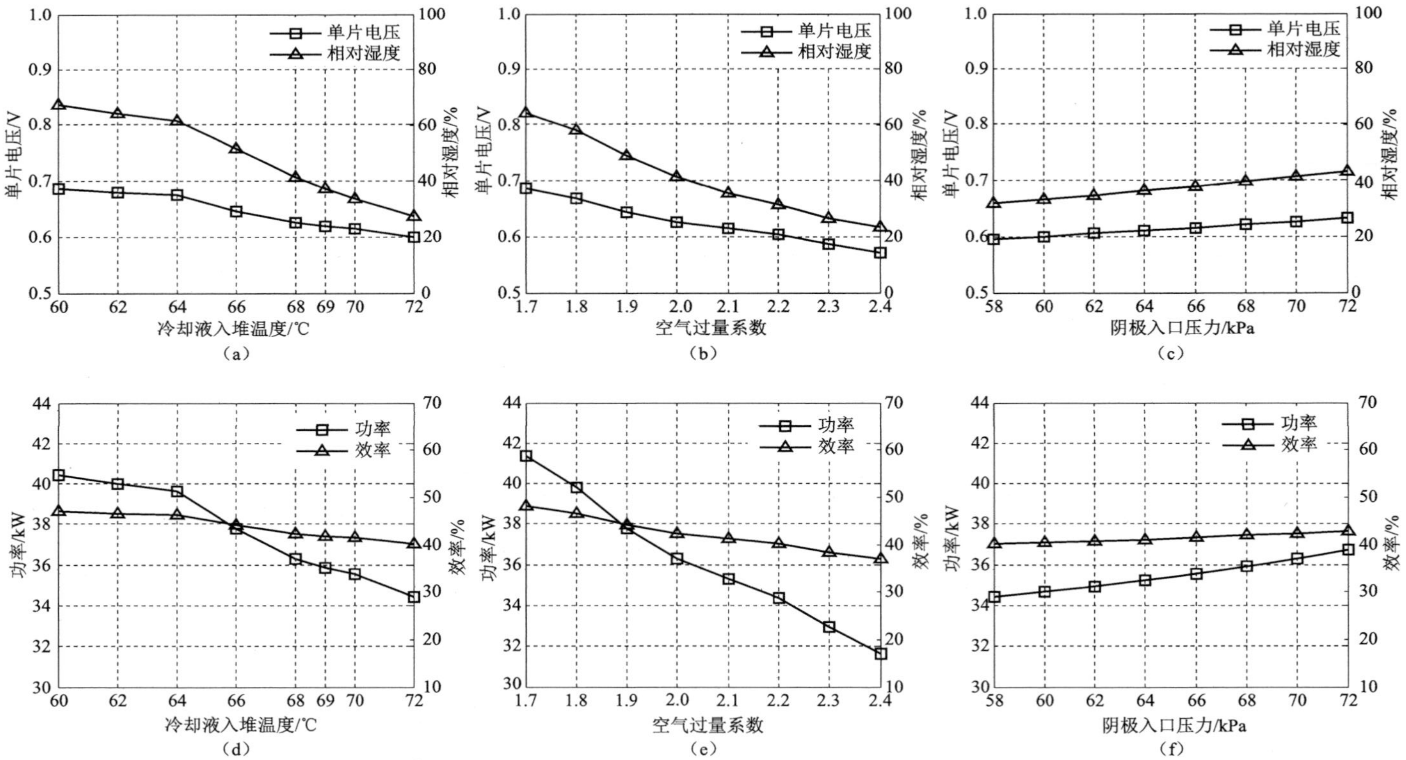

图 7-22　电流密度为 1 000 mA/cm² 下操控变量参数对 PEMFC 发动机系统性能的影响

(a) 冷却液入堆温度对电压和相对湿度的影响；(b) 空气过量系数对电压和相对湿度的影响；(c) 阴极入口压力对电压和相对湿度的影响；
(d) 冷却液入堆温度对电堆功率和效率的影响；(e) 空气过量系数对电堆功率和效率的影响；(f) 阴极入口压力对电堆功率和效率的影响

在针对这款 45 kW 级 PEMFC 发动机进行的专题仿真研究中，分析了不同电流密度条件下系统操控变量对 PEMFC 发动机系统性能的影响，给出了在三种典型电流密度下系统操控变量调节的依据。仿真分析表明，为了获得较好的系统输出性能，应适当降低冷却液入堆温度和空气过量系数，提高空气入堆压力。校准后的模型能够为燃料电池发动机系统控制器设计和系统优化提供理论参考，同时为车用燃料电池发动机系统部件选型和系统集成方案验证提供可行性分析。

7.2.2 针对一款 83 kW 车用高压 PEMFC 发动机系统的仿真以及与低压方案的比较

车用 PEMFC 系统如第 3 章中表 3-2 所示，其工作压力有高压和低压的区别。高压系统与低压系统的仿真模型虽然结构相似，但是涉及空气供应、水管理（气/气增湿）、氢气供应和热管理（冷却）等子系统的非线性环节静态特性、动态特性差别很大，通常需要根据实验数据由表格模型描述。此类表格模型使用线性内插算法求解，表 7-9～表 7-12 是其中有代表性的四个表格模型。根据选用的循环工况、燃料电池电堆的 U-I 特性、车辆驱动电机特性等，可以得到相应的电流循环工况，以此作为燃料电池发动机的期望电流输入信号。此系统最大工作压力（即空气入堆压力）设为 3.2 bar。

表 7-9 空压机机械功率与电功率的函数关系 LUT1

机械功率/W	0	1 310	1 760	2 860	3 810	4 460	5 140	6 510	8 140	10 890	13 930
电功率/W	0	1 900	2 350	3 470	4 490	5 160	6 120	7 370	9 110	12 130	15 260

表 7-10 膨胀机转速-转矩模型 LUT2

转速/(r·min^{-1})	0	1 912	2 374	3 345	4 378	5 374	6 341	7 332	8 373	9 987	11 253
转矩/(N·m)	0	−0.05	−0.08	−0.114	0.007	0.687	1.487	1.599	1.617	1.555	1.406

表 7-11 膨胀机流量-压比模型 LUT3

流量/(kg·s^{-1})	0	29	100	135	300
压比	1	1.1	1.47	1.86	2.1

表 7-12 50%乙二醇/50%水溶液热容数据 LUT4

T/℃	c_p / (J · kg^{-1} · K^{-1})	T/℃	c_p / (J · kg^{-1} · K^{-1})
−35	3 068	30	3 319
−30	3 088	35	3 339
−25	3 107	40	3 358
−20	3 126	45	3 377
−15	3 145	50	3 396
−10	3 165	55	3 416
−5	3 184	60	3 435
0	3 203	65	3 454
5	3 223	70	3 474
10	3 242	75	3 493
15	3 261	80	3 512
20	3 281	85	3 532
25	3 300	90	3 551

系统仿真的输入信号为循环工况需求电流，图 7-23 显示了电堆需求电流与电堆输出电流。图 7-24 所示为电堆输出电压。图 7-25、图 7-26 和图 7-27 所示为仿真计算获得的系统相关位置压力、温度和相对湿度的动态信息。由于工作电流值多数低于 100 A，因此电堆的工作压力也大多低于 2 bar，温度维持在 65 ℃～70 ℃。氧气过量系数与输出功率的关系如图 7-28 所示。图 7-29 对电堆 U-I 曲线的仿真数据和实验数据进行了比较，结果表明电堆 U-I 仿真数据与实际数据较为符合。

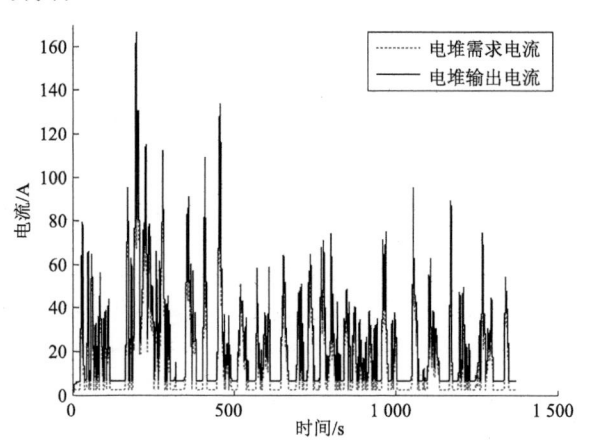

图 7-23 电堆需求电流与电堆输出电流

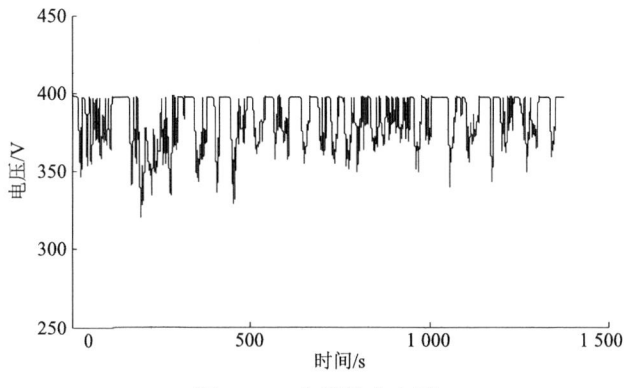

第 7 章 燃料电池汽车、燃料电池发动机系统及部件建模与仿真实例

图 7-24 电堆输出电压

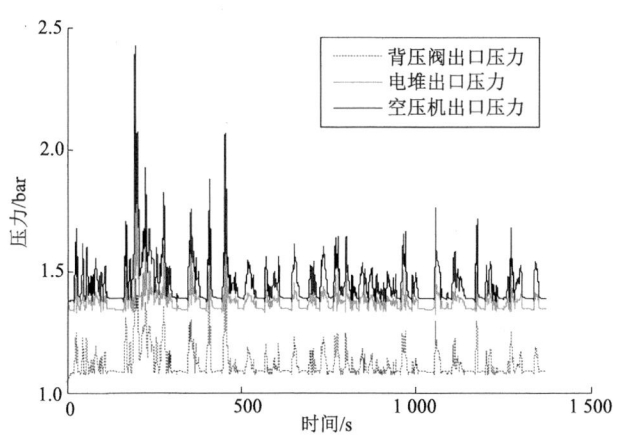

图 7-25 高压燃料电池系统压力曲线

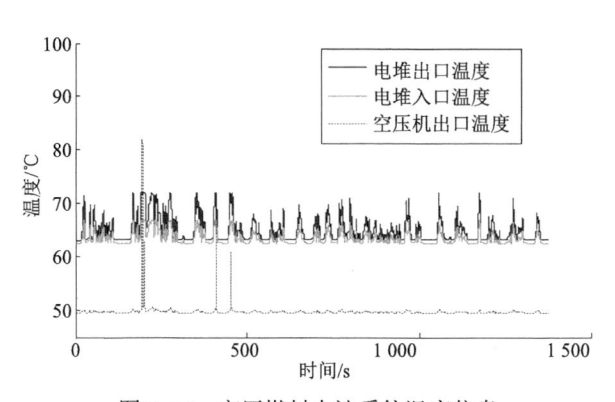

图 7-26 高压燃料电池系统温度信息

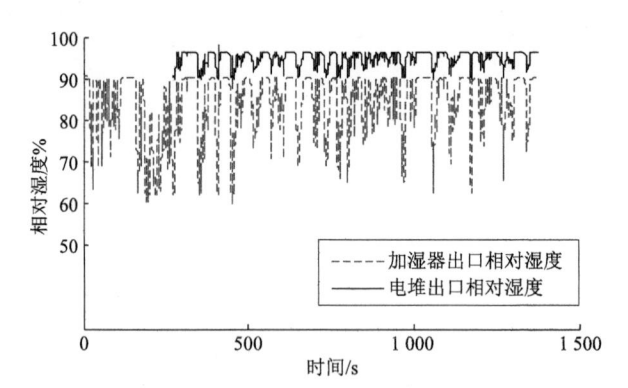

图 7-27　高压燃料电池系统相对湿度信息

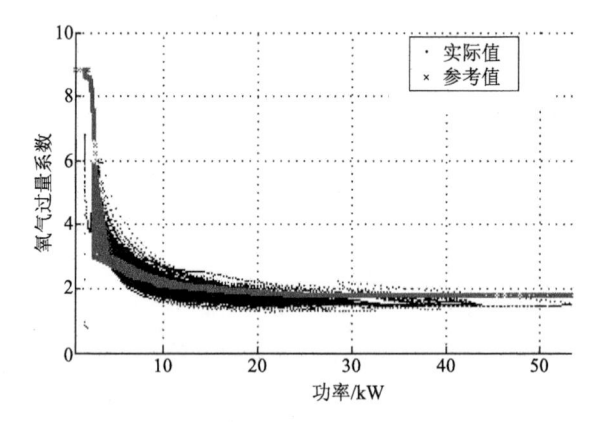

图 7-28　高压燃料电池系统氧气过量系数与输出功率的关系

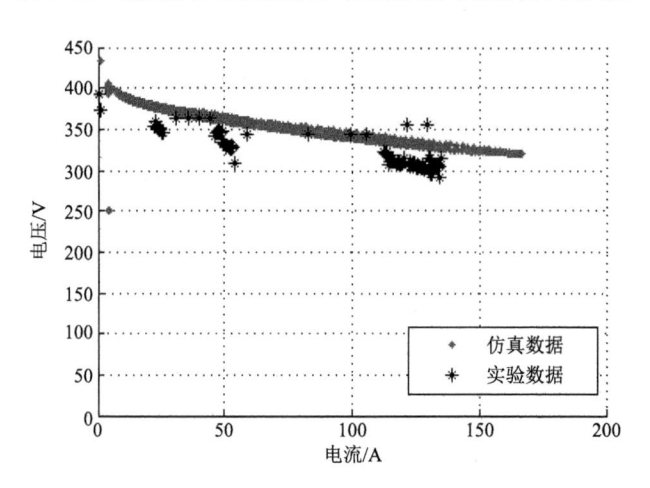

图 7-29　燃料电池电堆 U–I 曲线仿真数据和实验数据

第7章 燃料电池汽车、燃料电池发动机系统及部件建模与仿真实例

低压系统通常不需要膨胀机，仿真时应屏蔽空气供应子系统的膨胀机模型，将空压机模型中的参数改为低压系统选用的空压机参数，并调整燃料电池系统控制器中的压力设定值，就可以得到低压系统的相关信息，从而比较高压系统与低压系统性能的差别。如图 7-30 所示，高压系统的电堆 U–I 曲线较高，这在理论上也解释得通，高压条件下阳极的氢气分压和阴极的氧气分压较高，从而降低了电堆的极化损失。电堆工作电压较高，系统效率似乎也应该较高。但是，仿真结果（图 7-31）显示，在低功率工作区间高压系统的效率低于低压系统的效率，在高功率工作区间高于低压系统的效率。这个结果与实际系统的实验测试一致。在低功率情况下，高压系统中空压机转速低，其机械效率也低，同时电堆排出空气流中可利用机械能量少，膨胀机可提供空压机的能量也少，甚至会成为空压机的负载，为空压机做负功（表 7-10）。高压系统的电堆效率虽然较高，但是低功率情况下的系统效率却较低。随着需求功率的增加，空压机较高转速时的效率也较高，同时膨胀机也能够利用排出的空气流对空压机做正功，因此在高功率工作区高压系统整体效率高于低压系统。

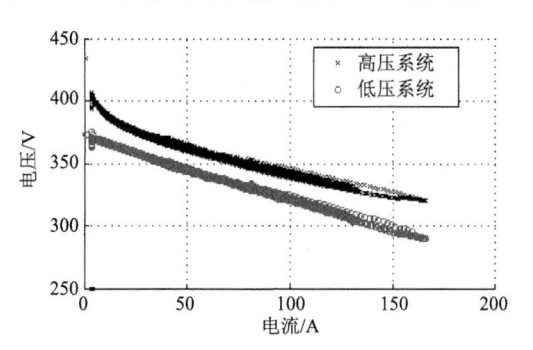

图 7-30 高压系统与低压系统的 U–I 曲线

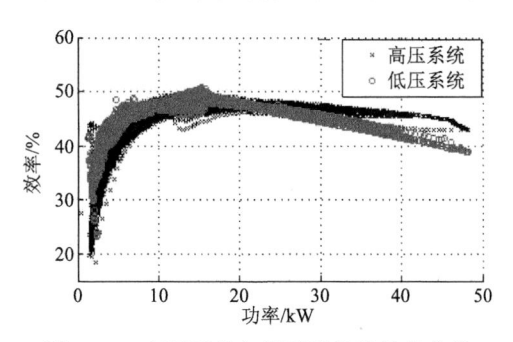

图 7-31 高压系统与低压系统的效率曲线

7.3 燃料电池系统部件仿真

7.3.1 车用 PEMFC 系统中气/气增湿器动态建模与影响因素分析

良好的燃料电池电解膜内水管理对车用 PEMFC 发动机的运行性能和使用寿命至关重要，气/气增湿器是较为常见和有效的反应气体堆外增湿装置，也是 PEMFC 发动机系统水管理（水平衡）的主要手段之一。建立气/气增湿器动态数学模型并进行相应的仿真分析，是研究其动/静态特性、调节电堆入口气体相对湿度和优化 PEMFC 发动机系统运行的必要途径。

为了保持电池（膜）内的水平衡，在电池材料和机械结构确定的情况下，对电堆入口处反应气体（氢气和空气）进行增湿是目前 PEMFC 系统水管理的常用手段之一。反应气体的湿度大小对电池性能有着直接的影响，实验结果表明，在大电流密度条件下提高反应气体入堆湿度可以改善电堆性能，但当湿度增加到一定程度后继续加湿，往往导致电堆发生水淹现象，使电堆性能下降。通过外部增湿器进行水管理（或电堆内部水分调节），原理上可以补偿因蒸发或对流以及迁移的水分，保持电极内部的气体通道畅通或膜充分湿润，从而降低传质损失和欧姆损失。因此，车用 PEMFC 系统广泛采用增湿器对气体进行增湿处理。常用的增湿器主要有鼓泡型增湿器、喷水型增湿器、焓轮增湿器和膜增湿器。

膜增湿器无须额外电功率，且出口气体一般不含液滴，是目前较为理想的车载燃料电池增湿器。膜增湿器可根据膜一侧的介质分为气/气（gas-to-gas，或 G/G）增湿器以及液/气（liquid-to-gas，或 L/G）增湿器。又可根据几何形状分为管式和平板式膜增湿器。气/气增湿器（无论管式或平板式）则是充分利用电堆的阴极端湿尾气中的水分，对进入电堆的空气或/和氢气进行增湿及换热。

这个仿真案例以 G/G 增湿器模型为基础，在 PEMFC 发动机系统层面上选取若干影响 G/G 增湿器干侧出口气体相对湿度的因素，进行相应的仿真分析。图 7-32 所示为某款 45 kW 级 PEMFC 发动机系统阴极空气供应子系统的示意图，其中采用的管式 G/G 型膜增湿器是这个仿真分析案例的对象。管式气/气膜增湿器动态模型是根据质量守恒原理建立的[110]，并假定：

（1）气体为理想气体。

（2）管式气/气膜增湿器内部可集中视为三个控制体（干侧、膜以及湿侧控制体）。

（3）控制体内部状态如气体压力、温度以及湿度等同于出口处状态。

（4）控制体内不考虑气体的能量方程。

（5）Nafion 膜的温度可视为增湿器的温度，等于干侧和湿侧的气体温度之和的平均值。

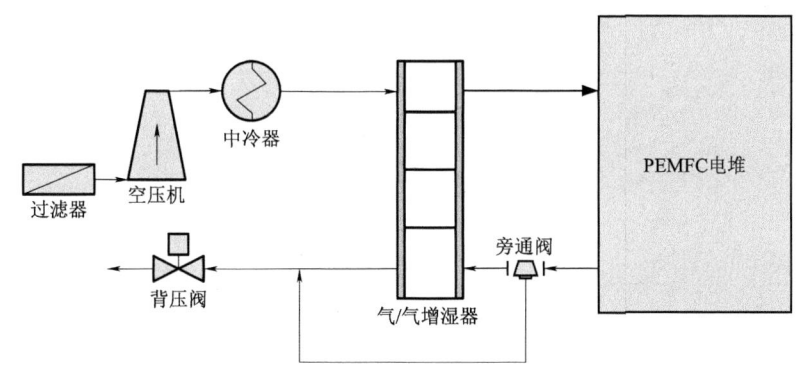

图 7-32　某 45 kW 级 PEMFC 发动机系统阴极空气供应子系统示意图

由 G/G 增湿器在系统中的结构（图 7-32）可知，影响其干侧出口空气（即入堆空气）相对湿度的因素主要有：

（1）干侧入口空气的流量。

（2）干侧入口空气的相对湿度。

（3）湿侧入口处旁通阀开度。

（4）背压阀的开度。

（5）干侧入口空气的温度。

仿真计算时，干侧入口空气的流量由电堆电流和过量空气系数（取 2.0）确定。假设电堆电流工况为图 7-33 所示的阶梯形工况，可计算出进入 G/G 增湿器干侧干空气的流量，如图 7-34 所示。

1. 干侧入口空气流量和相对湿度对干侧出口空气（即入堆空气）相对湿度的影响

仿真时设置背压阀开度为 30%，G/G 增湿器湿侧入口处旁通阀开度为 0，干侧入口空气温度为 60 ℃。采用图 7-34 所示的干侧入口干空气流量输入，分别取干侧入口干空气的相对湿度 0.3、0.5 和 0.8 运行三次，得到图 7-35 所示仿真结果。分析图 7-35 可知，当进入 G/G 增湿器干侧干空气的流量增加时，所带入的水分也随之增加，增湿器膜中水浓度梯度下降，减小了因水浓度梯度产生的水扩散速率，使得干侧出口空气相对湿度下降；反之，干侧出口空气相对湿度则上升。在相同的空气流量输入条件下，干侧出口空气相对湿度随干侧入口空气相对湿度下降而下降。此外，不同的干侧入口空气相对湿度还会影响到干侧出口空气相对湿度的动态过程。当干侧入口空气相对湿度降低时，干侧出口空气相对湿度的正负超调更加明显，引起这一现象的主要原因是膜控制体内水分传递与系统输入量的变化在时间上存在滞后。

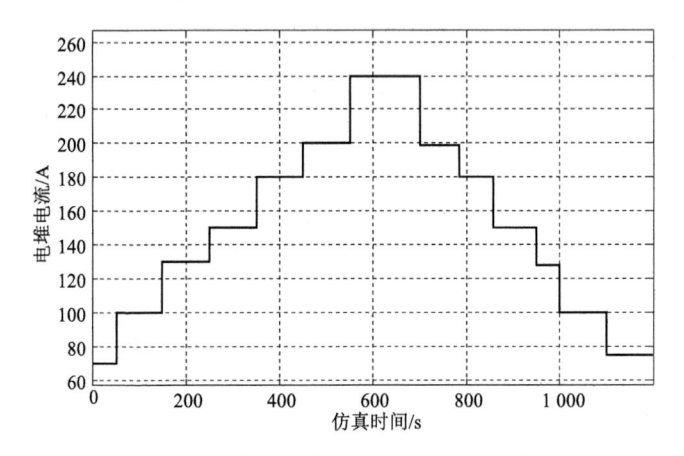

图 7-33　仿真中所采用的阶跃式电堆电流信号

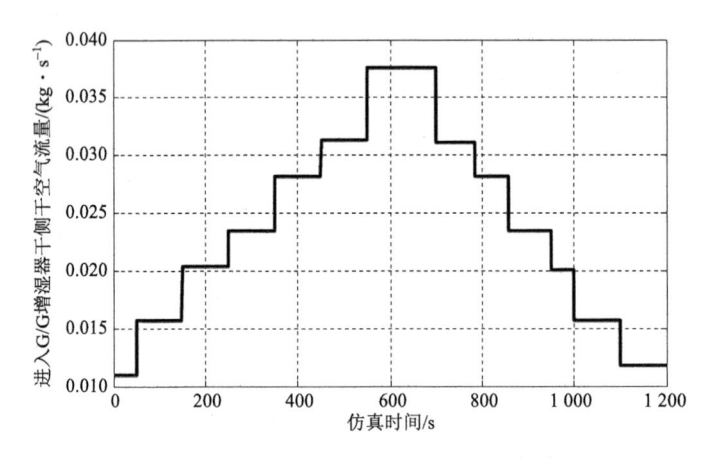

图 7-34　随电流变化的干侧入口干空气流量

2. 湿侧入口处旁通阀开度对干侧出口空气相对湿度的影响

仿真条件：背压阀的开度 30%，干侧入口空气温度 60 ℃，干侧入口空气相对湿度 0.3。采用图 7-34 所示的干侧入口干空气流量输入，分别取湿侧入口处旁通阀开度 0（即不分流）、30%、50% 和 80% 运行四次，得到图 7-36 所示的仿真结果。分析图 7-36 可知，增加湿侧入口处旁通阀开度（即增大气体的分流量），干侧出口空气相对湿度将会下降，原因是透过膜进入干侧待加湿空气的水量减少，导致相对湿度降低。此外，旁通阀开度的变化对干侧出口空气相对湿度的动态特性影响不大。

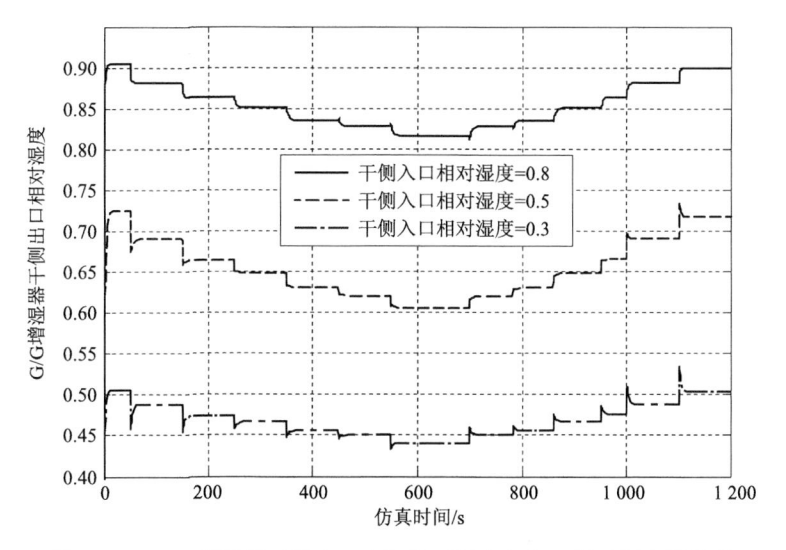

图 7-35 G/G 增湿器干侧出口空气相对湿度与入口相对湿度的关系

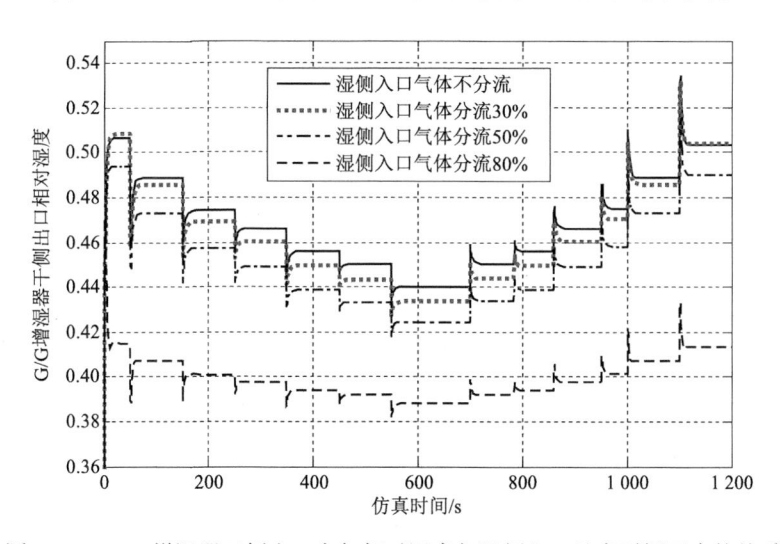

图 7-36 G/G 增湿器干侧出口空气相对湿度与湿侧入口处旁通阀开度的关系

3. 背压阀开度对干侧出口空气相对湿度的影响

仿真条件：干侧入口空气温度 60 ℃，干侧入口空气相对湿度为 0.3，G/G 增湿器湿侧入口处旁通阀开度 0。采用图 7-34 所示的干侧入口干空气流量输入，分别取背压阀开度 10%、30% 和 80% 运行三次，得到图 7-37 所示的仿真结果。分析图 7-37 可知，减小背压阀开度，增加电堆阴极出口背压，可以较显著地改善干侧出口空气相对湿度。背压阀开度 10% 对应的干侧出口空气相对湿度明显高于背压阀开度 30% 的情况，背压阀开度 30% 和 80% 对应的干侧出口空气相对湿度差别不大，这说明干侧出口空气相对湿度与背压阀开度具有较强的非线性关系。

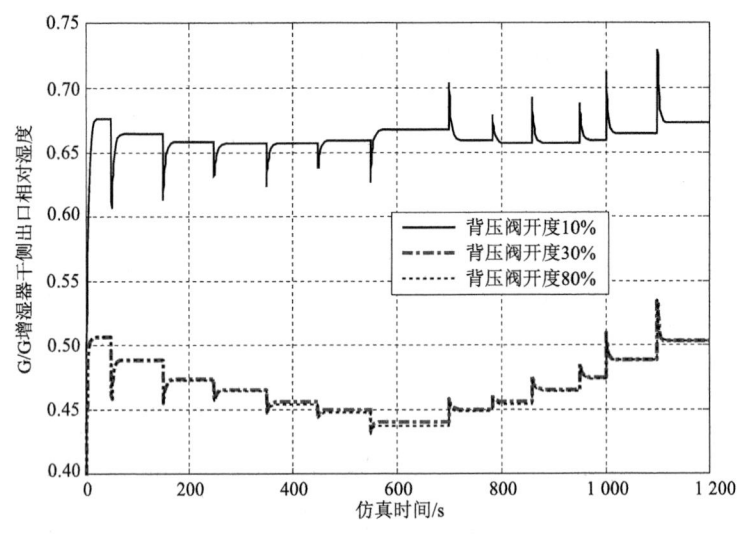

图 7-37　G/G 增湿器干侧出口空气相对湿度与背压阀开度的关系

4. 干侧入口空气温度对干侧出口空气相对湿度的影响

仿真条件：干侧入口空气相对湿度 0.3，G/G 增湿器湿侧入口处旁通阀开度 0，背压阀开度 0.1。采用图 7-34 所示的干侧入口干空气流量输入，分别取干侧入口空气温度 60 ℃、80 ℃ 运行两次，得到图 7-38 所示的仿真结果。分析图 7-38 可知，干侧出口气体相对湿度在空气流量较大的情况下受干侧入口空气温度的影响较大。空气流量较小时，干侧入口空气温度降低引起入口相对湿度增加，虽然在一定程度上减小了膜中水浓度的梯度，但增加了干侧入口的水分流量，两种因素加减作用相互抵消，使得干侧出口气体相对湿度变化不明显；空气流量较大时，水分流量的影响占主导作用，干侧入口空气温度降低导致干侧出口气体相对湿度增加。

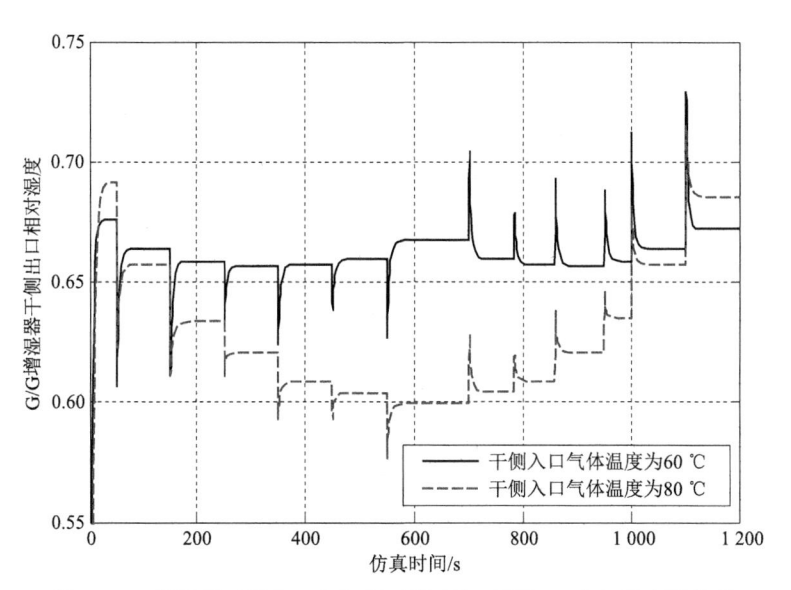

图 7-38　增湿器干侧出口空气相对湿度与干侧入口空气温度的关系

7.3.2　PEMFC 发动机系统中冷器仿真案例

如图 7-23 所示，PEMFC 发动机系统中空压机后的中冷器（也称内冷却器）影响入堆空气的相对湿度和温度，是系统水/热管理的一个重要部件。本案例针对某款实际系统建立了水冷逆流式中冷器的机理模型，在 MATLAB/Simulink 仿真平台下分析了空气流量、冷却液流量、空气温度、冷却液温度对中冷器冷却效果的影响。

空气经过空压机压缩后，其温度最高可以达到 150 ℃以上。PEMFC 属低温燃料电池，工作温度在 80 ℃左右。高温空气直接进入电堆，不但会导致电堆性能下降，还有可能损坏质子交换膜。因此，需用中冷器降低电堆入口空气温度，使电堆工作在合适的温度范围内。经过中冷器的高温空气其温度明显下降，但压力下降较小。因此，经过中冷器后的空气相对湿度也会有所提高，尤其在高压系统中同样温度下相对湿度会更高。所以，中冷器主要有降低空气温度和提高相对湿度两个作用。

中冷器根据换热操作过程不同可分为间壁式、混合式和蓄热式三大类。燃料电池系统大多使用间壁式中冷器。按冷却介质不同，间壁式中冷器可分为水冷和风冷两大类，这里介绍的仿真案例对象是水冷逆流式中冷器。

1. 中冷器空气出口温度和冷却液出口温度与空气流量的静态与动态特性验证

在第 3 章式（3.73）～式（3.80）描述的中冷器模型中，中冷器入口空气的温度可由空压机模型求得，中冷器入口冷却液温度可由散热器模型求得。因此，中冷器模型中重要的信息是出口空气温度和冷却液出口温度与空气流量的静态与动态特性。

针对某一实际的 45 kW 级 PEMFC 系统采用的中冷器，在标准状态下进行了相关实验，将仿真结果与实验数据进行比较，如图 7–39 和图 7–40 所示。由图 7–39 可知，中冷器出口空气温度随空气流量的增大而升高，模型的仿真结果有一定的偏差。如图 7–40 所示，中冷器出口冷却液温度随着空气流量的增大而升高，但升高不明显，和实验结果之间的偏差非常小。冷却液的比热容较大且质量流量远比空气质量流量大，空气流量变化时出口冷却液的温度变化较小。中冷器出口空气温度偏差和冷却液温度偏差都在1%以内。

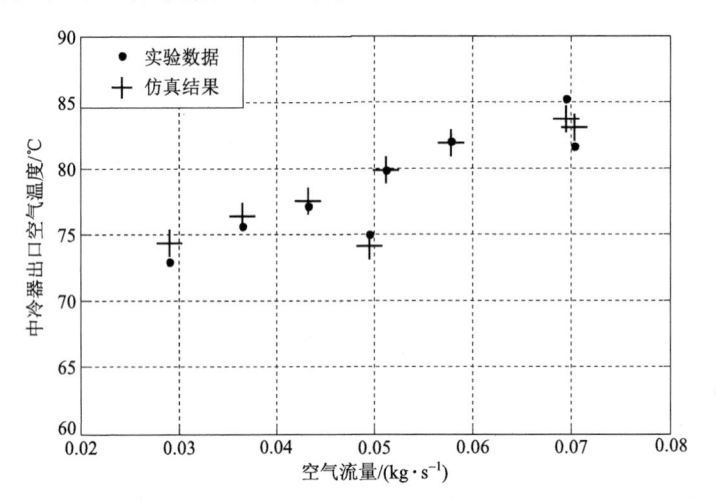

图 7–39　模型与实验的中冷器出口空气温度与空气流量的静态关系

选定负载工况电流，可得到中冷器出口空气温度和出口冷却液温度动态响应曲线，如图 7–41 所示。从图中可以看出，当空气流量发生阶跃变化时，空气温度的响应时间在 170 s 左右，冷却液温度的响应时间在 200 s 左右，与实际中冷器的温度响应过程一致。

根据以上空气出口温度和冷却液出口温度与空气流量的静态与动态特性验证结果，认为中冷器模型是可信赖的，可用于下面进行的中冷器冷却效果影响因素分析。

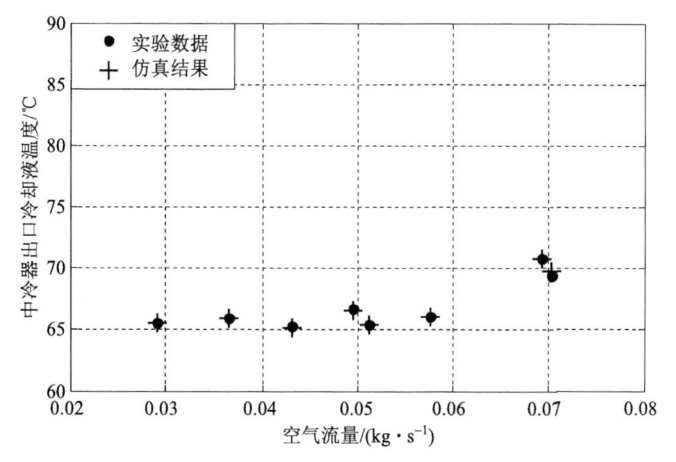

图 7-40 模型与实验的中冷器出口冷却液温度与空气流量的静态关系

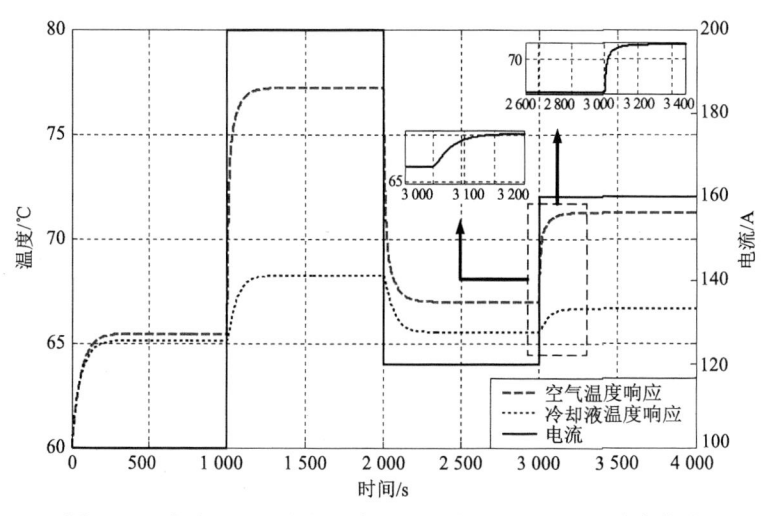

图 7-41 中冷器出口空气温度和出口冷却液温度动态响应曲线

2. 中冷器冷却效果影响因素分析

中冷器的换热效率主要受冷却液流量、空气流量、入口空气温度、入口冷却液温度的影响。在中冷器模型的基础上，这个仿真案例对这四个影响因素进行了仿真分析，仿真结果如图 7-42～图 7-45 所示，各图对应的参数设置见表 7-13。

如图 7-42 所示，当空气流量增加时，出口空气温度会随之升高，且入口空气温度越高，出口空气温度升高的幅度也越大。在大空气流量情况下，入口空气温度对出口空气温度的影响十分明显。增大冷却液流量可以适当降低出口空气温度，但是相比于空气流量及温度的影响，冷却液流量的调节作用极小，几乎可以忽略。

表 7-13 影响因素仿真参数

图号	空气流量/ (kg·s^{-1})	冷却液流量/ (kg·s^{-1})	入口空气温度/℃	入口冷却液温度/℃
7-42	0.02~0.08	0.6/1.17	100/150	65
7-43	0.04/0.08	0.1~1.2	100/150	65
7-44	0.04/0.08	0.6/1.17	100~160	65
7-45	0.04/0.08	0.6/1.17	150	60~70

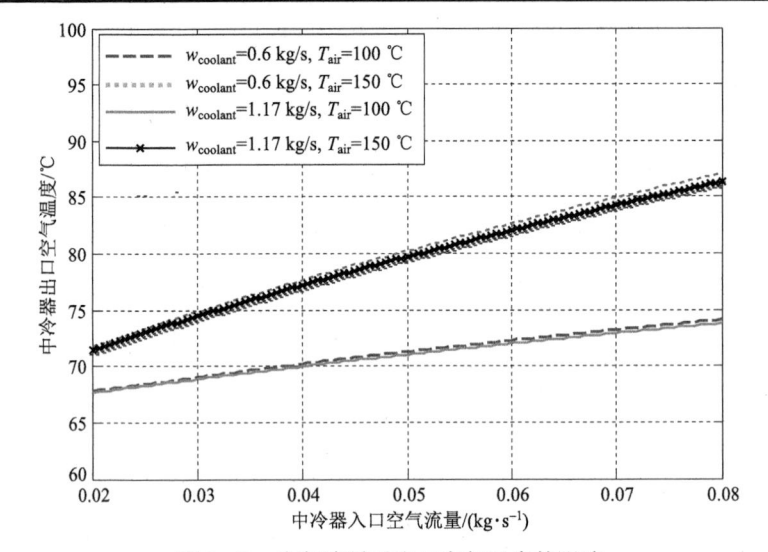

图 7-42 空气流量对出口空气温度的影响

图 7-43 所示为仿真得到的冷却液流量对出口空气温度的影响。当冷却液流量增大时，出口空气温度有所下降，但当流量超过 0.6 kg/s 时其对出口空气温度的影响较小，即调节冷却液流量的方式只有在一定流量范围内有较好的作用。在这个范围内，入口空气温度越高，流量越大，调节效果越明显。当流量超过一定值后，受换热能力的限制，中冷器出入口温差变化不大，此时冷却液流量的变化对中冷器换热量的影响很小。

图 7-44 所示为入口空气温度对出口空气温度的影响。显然出口空气温度随着入口空气温度的升高而升高，且空气流量越大，入口空气温度的影响越明显。以上分析表明，入口空气流量和温度的变化对出口空气温度的影响较大。

如图 7-45 所示，出口空气温度随着冷却液温度的升高而升高，且空气流量越大，出口空气温度越高，但上升幅度不是很大。

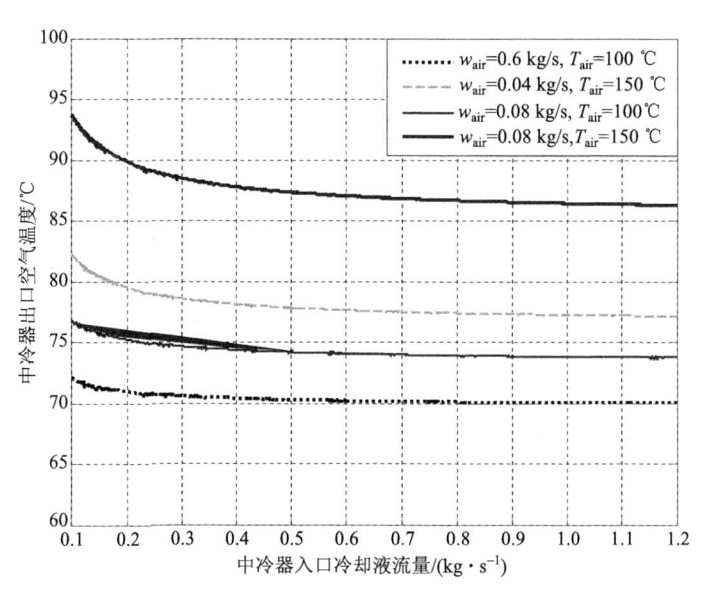

图 7-43　冷却液流量对出口空气温度的影响

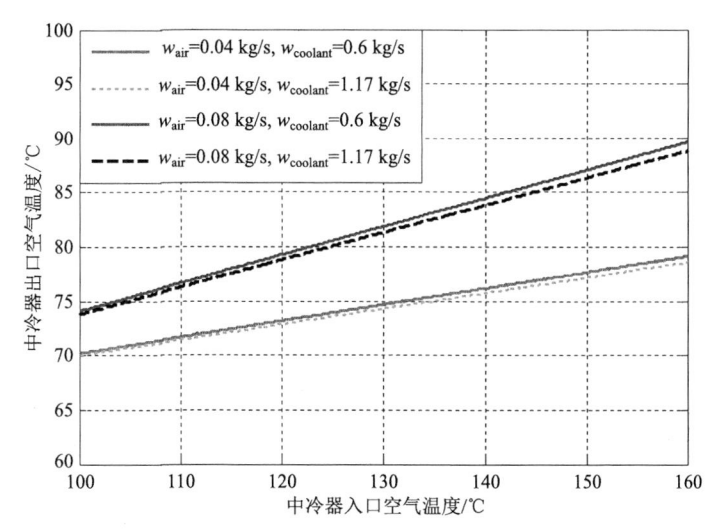

图 7-44　中冷器入口空气温度对出口空气温度的影响

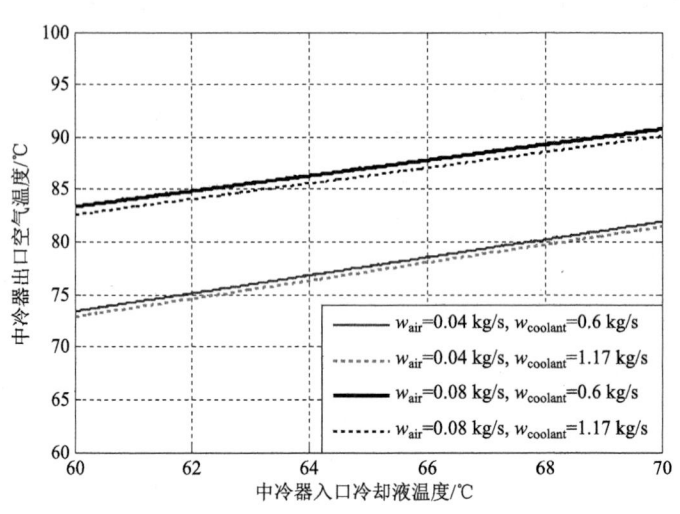

图 7-45 中冷器入口冷却液温度对出口空气温度的影响

附录

命名法及符号含义

附表 1 命名法

a_w	水活性	A	面积/m²
c_p	恒压比热/(J·kg⁻¹·K⁻¹)	C_D	排放系数
d	直径/m	F	法拉第常数/(96 487 C·mol⁻¹)
I	电流/A	J	转动惯量/(kg·m²)
m	质量/kg	M	相对分子质量/(kg·mol⁻¹)
Ma	马赫数	N_{cell}	燃料电池单池数量
p	压力/Pa	R	气体常数/(J·kg⁻¹·K⁻¹)
t	时间/s 或厚度/m	T	温度/K
U	速度/(m·s⁻¹)	V	体积/m³
W	质量流量/(kg·s⁻¹)	y	质量分数

附表 2 希腊字母

α_{net}	纯水的传热系数	γ	比热比
η	效率	λ	含水量
ρ	密度/(kg·m⁻³)	Γ	转矩/(N·m)

续表

ϕ	相对湿度	Φ	标度质量流率
Ψ	量纲为 1 的参数	ω	角速度/(rad·s^{-1})

附表 3　符号含义

an	阳极	bl	鼓风机
bm	鼓风机马达	ca	阴极
dry	干燥状态	fc	燃料电池
fcv	流量控制阀	g	氢气和水蒸气的混合气体
H$_2$	氢气	H$_2$O	水
in	进口	l	液态水
memb	质子交换膜	m	膜
max	最大值	min	最小值
out	出口	reacted	参加反应的氢气
ref	基准	sat	饱和
sm	供应歧管	st	反应堆
v	水蒸气		

附表 4　模型参数

符号	值	符号	值
p_{rc}	1×10^6 Pa	$C_{d,an,in}$	0.95
T_{rc}	293 K	N_{cell}	381
$W_{fcv,max}$	2×10^{-3} kg·s^{-1}	V_{an}	5×10^{-3} m^3
T_{em}	293 K	T_{st}	353 K
A_{fc}	0.028 m^2	ρ_m	2×10^3 m^{-3}
η_p	0.88	t_m	5×10^{-4} m
η_s	0.80	M_m	1.1 kg·mol^{-1}
η_{exp}	0.70	J_{bl}	2.6×10^{-3} kg·m^2
k_t	0.15 N·m·A^{-1}	k_v	0.15 V·s·rad^{-1}
V_{sm}	4×10^{-3} m^3	R_{bm}	0.82 Ω
T_{sm}	353 K	n_{bm}	0.9
$A_{an,in}$	7.5×10^{-5} m^2	d_{bl}	0.15 m

参 考 文 献

[1] 陈全世，仇斌，谢起成，等. 燃料电池电动汽车[M]. 北京：清华大学出版社，2005.

[2] 曹鹏程.日本:氢能领跑新世纪[DB/OL]，http://paper.people.com.cn/rmrb/html/2006-08/18/content_10175302.htm，2006.08.18.

[3] http://www.aojauto.com/html/TecEdge/087809431587966.shtml[DB/OL].

[4] 黄镇江. 燃料电池及其应用[M]. 北京：电子工业出版社，2005.

[5] 黄妙华，陈飚，陈胜金. 电动汽车仿真结构比较[J]. 武汉理工大学学报，2005，27(3):66-69.

[6] 张翔，钱立军，张炳力，等. 电动汽车仿真软件进展[J]. 系统仿真学报，2004，16(8):1621-1623.

[7] 陈禹六. 大系统理论及其应用[M]. 北京：清华大学出版社，1988.

[8] J. Larminie，A. Dicks.Fuel Cell Systems Explained[M]. Wiley，2003，67-119.

[9] 衣宝廉. 燃料电池-原理、技术、应用[M]. 北京：化学工业出版社，2004.

[10] 田玉冬，朱新坚，曹广益. 质子交换膜燃料电池技术发展与温度控制[J]. 移动电源与车辆，2005，1:37-41.

[11] B. Blunier, A. Miraoui. Proton exchange membrane fuel cell air management in automotive applications[J]. Journal of Fuel Cell Science & Technology, 2010, 7(4): 1571-1574.

[12] D. Cheddie, N. Munroe. Review and comparison of approaches to proton exchange membrane fuel cell modeling[J]. Journal of Power Sources, 2005, 147(1-2): 72-84.

[13] C.Y. Wang. Fundamental models for fuel cell engineering[J]. Chemical Review, 2004, 104(10): 4727-4766.

[14] V. Gurau, J. A. Mann J R. A critical overview of computational fluid dynamics multiphase models for proton exchange membrane fuel cells[J]. SIAM Journal of Applied Math., 2009, 70(2): 410-454.

[15] A. Z. Weber, J. Newman. Modeling transport in polymer-electrolyte fuel cells[J]. Chemical Review, 2004, 104(10): 4679-4690.

[16] K.Z.Yao, K. Karan, K.B. McAuley, et al. A review of mathematical models for hydrogen and direct methanol polymer electrolyte membrane fuel cells[J]. Fuel Cells, 2004, 4(1-2): 3-29.

[17] K. Promislow, B. Wetton. Pemfuel cells: a mathematical overview[J]. SIAM Journal of Applied Math, 2009, 70(2): 369-409.

[18] C.Siegel. Review of computational heat and mass transfer modeling in polymer electrolyte membrane (PEM) fuel cells[J]. Energy, 2008, 33(9): 1331-1352.

[19] A.A.Shah, K.H. Luo, T.R. Ralph, et al. Recent trends and developments in polymer electrolyte membrane fuel cell modeling[J]. Electrochimica Acta, 2011, 56 (11): 3731-3757.

[20] R.T. Meyer, S. Revankar. A survey of PEM fuel cell system control models and control developments[C]. Proceeding of FUELCELL 2006 4th International Conference on FUEL CELL SCIENCE, ENGINEERING and TECHNOLOGY, 2006, Irvine, USA, 63-79.

[21] M. Bavarian, M. Soroush, I. G. Kevrekidis, et al. Mathematical modeling, steady-state and dynamic behavior, and control of fuel cells: A review[J]. Ind. Eng. Chem. Res., 2010, 49(17): 7922-7950.

[22] J. C. Amphlett, R. F. Mann, B. A. Peppley, et al. A model predicting transient responses of proton exchange membrane fuel cells[J]. Journal of Power Sources, 1996, 61(1-2): 183-188.

[23] J. T. Pukrushpan, A. G. Stefanopoulou, Huei Peng.Control-oriented modeling and analysis for automotive fuel cell systems[J]. Journal of Dynamic System Measurement and Control, 2004, 126(1): 14-25.

[24] S.Yerramalla, A.Davari, A.Feliachi, et al. Modeling and simulation of the dynamic behavior of a polymer electrolyte membrane fuel cell[J]. Journal of Power Sources, 2003, 124(1): 104-113.

[25] X. Xue, J. Tang, A. Smirnova, et al. System level lumped-parameter dynamic modeling of PEM fuel cell[J]. Journal of Power Sources, 2004, 133 (2): 188-204.

[26] P. R. Pathapati, X. Xue, J. Tang.A new dynamic model for predicting transient phenomena in a PEM fuel cell system[J]. Renewable Energy, 2005, 30 (1): 1-22.

[27] C.H. Lee, J.T. Yang.Modeling of the Ballard-Mark-V proton exchange

membrane fuel cell with power converters for applications in autonomous underwater vehicles[J]. Journal of Power Sources, 2011, 196(8): 3810-3823.

[28] J. Benziger, E. Chia, E. Karnas, et al.The stirred tank reactor polymer electrolyte membrane fuel cell[J]. AIChE Journal, 2004, 50 (8): 1889-1900.

[29] J. Nolana, J. Kolodziej. Modeling of an automotive fuel cell thermal system[J]. Journal of Power Sources, 2010, 195(15): 4743-4752.

[30] M. Uzunoglu, M.S. Alam. Dynamic modeling, design and simulation of a PEM fuel cell/ultra-capacitor hybrid system for vehicular applications[J]. Energy Conversion and Management, 2007, 48(5): 1544-1553.

[31] R.M. Moore, K.H. Hauer, D. Friedman, et al. A dynamic simulation tool for hydrogen fuel cell vehicles[J]. Journal of Power Sources, 2005, 141(2): 272-285.

[32] S.Zhou. H_2 fuel cell stack performance studies based on a dynamical model[J]. Journal of Qingdao University, 2004, 19(1): 78-86.

[33] 陈海蓉, 周苏. 基于质子交换膜动态特性的 PEM 燃料电池建模与仿真[J]. 青岛大学学报（工程技术版），2010，25(1):1-9.

[34] 周苏，张传升，陈凤翔. 车用高压质子交换膜燃料电池系统建模与仿真[J]. 系统仿真学报，2011，23(7): 1469-1476.

[35] 李奇，陈维荣，贾俊波，等. 质子交换膜燃料电池动态响应与仿真研究[J]. 系统仿真学报，2009，21(11):3443-3447.

[36] 李奇，陈维荣，刘述奎，等.质子交换膜燃料电池动态建模以及双模控制[J]. 控制理论与应用，2009，26(7):809-811.

[37] 李奇，陈维荣，贾俊波，等. 一种改进的质子交换膜燃料电池动态建模[J]. 系统仿真学报，2009，21(12):3588-3608.

[38] 李奇，陈维荣，刘述奎，等. 基于 H_∞ 鲁棒控制的质子交换膜燃料电池空气供应系统设计[J]. 中国机电工程学报，2009，29(5):109-116.

[39] 胡鹏，曹广益，朱新坚，等. 10 kW PEMFC 动态系统建模与控制[J]. 电源技术，2010，34(11):1136-1141.

[40] 胡鹏，曹广益，朱新坚. 质子交换膜燃料电池集中参数建模与仿真[J]. 电源技术，2010, 34(12):1252-1256.

[41] 何海婷，贾力，张竹茜. 质子交换膜燃料电池动态特性仿真[J]. 工程热物理学报，2009, 30(7):1119-1222.

[42] 张竹茜，贾力. 质子交换膜燃料电池动态特性试验研究[J]. 工程热物理学

报，2009，30(8):1399-1401.

[43] 张建琴，刘向，路林吉，等. 氢-空气质子交换膜燃料电池系统建模分析[J]. 电源技术，2010，134(8):775-778.

[44] 贺建军，孙超. 质子交换膜燃料电池的建模与分析[J]. 中南大学学报(自然科学版)，2010，41(2):566-571.

[45] C. Bao, M. Ouyang, B.L. Yi. Modeling and control of air stream and hydrogen flow with recirculation in a PEM fuel cell system—I. Control-oriented modeling[J]. International Journal of Hydrogen Energy, 2006, 31(13): 1879-1896.

[46] 李曦，曹广益，朱新坚. 基于系统辨识的PEMFC温度非线性建模与预测[J]. 中国机械工程学报，2005，16(10):873-877.

[47] 谷靖，卢兰光，欧阳明高. 燃料电池系统热管理子系统建模与温度控制[J]. 清华大学学报（自然科学版），2007，47(11): 2036-2039.

[48] J.C. Amphlett, R.M. Baumert, et al. Parametric modeling of the performance of a 5 kW proton-exchange membrane fuel cell stack[J]. Journal of Power Sources, 1994, 49(1-3):349-356.

[49] J.C.Amphlett, R.M. Baumert, et al. Performance modeling of the Ballard Mark IV solid polymer electrolyte fuel cell, I. mechanistic model development[J]. Journal of the Electrochemical Society, 1995, 142(1): 1-8.

[50] J.C.Amphlett, R.M. Baumert, et al. Performance modeling of the Ballard Mark IV solid polymer electrolyte fuel cell, II. empirical model development[J]. Journal of the Electrochemical Society, 1995, 142(1): 9-15.

[51] J.C.Amphlett, R.F. Mann, B.A.Peppley, et al. A model predicting transient responses of proton exchange membrane fuel cells[J]. Journal of Power Sources, 1996, 61(1-2): 183-188.

[52] M.J. Khan, M.T. Iqbal.Dynamic modeling and simulation of a fuel cell generator[J], Fuel Cells, 2005, 5(1): 97-104.

[53] M. J. Khan, M. T. Iqbal.Modeling and analysis of electrochemical, thermal and reactant flow dynamics for a PEM fuel cell system[J]. Fuel Cells, 2005, 5(4): 463-475.

[54] Y.J. Zhang, M.G. Ouyang, Q. Lu, et al. A model predicting performance of proton exchange membrane fuel cell stack thermal system[J]. Applied Thermal Engineering, 2004, 24(4):501-513.

[55] 卢兰光，欧阳明高.车用低压质子交换膜燃料电池电堆的半经验模型[J]. 机械工程学报，2007，43(2): 110-114.

[56] Y.P. Hou, M.X. Zhuang, G. Wan. A transient semi-empirical voltage model of a fuel cell stack[J]. International Journal of Hydrogen Energy, 2007, 32(7): 857-862.

[57] F. Grasser, A.C.Rufer. A fully analytical PEM fuel cell system model for control application[J]. IEEE Transactions on Industry Application, 2007, 43(6): 1499-1506.

[58] F. Grasser, A.C.Rufer. An analytical, control-oriented state space model for a PEM fuel cell system[C]. 2007 Power Conversion Conference, Nagoya, 2007: 441-447.

[59] M. Meiler, O. Schmid, M. Schudy, et al. Dynamic fuel cell stack model for real-time simulation based on system identification[J]. Journal of Power Sources, 2008, 176(2): 523-528.

[60] A.JD. Real, A. Arce, C. Bordons.Development and experimental validation of a PEM fuel cell dynamic model[J]. Journal of Power Source, 2007, 173(1): 310-324.

[61] J.H. Lee, T.R. Lalk. Modeling electrochemical performance in large scale proton exchange membrane fuel cell stacks[J]. Journal of Power Sources, 1998, 70(2): 258-268.

[62] J.H. Lee, T.R. Lalk. Modeling fuel cell stack systems[J]. Journal of Power Sources, 1998, 73(2): 229-241.

[63] D.Thirumalai, R. E. White.Mathematical modeling of proton-exchange-membrane fuel-cell stacks[J]. Journal of the Electrochemical Society, 1997, 144(5): 1717-1723.

[64] T. V. Nguyen, R. E. White. A water and heat management model for proton exchange membrane fuel cells[J]. Journal of the Electrochemical Society, 1993, 140(8): 2178-2186.

[65] R. J. Kee, P. Korada, K. Walters, et al. A general model of the flow distribution in channel networks of planar fuel cells[J]. Journal of Power Sources, 2002, 109(1): 148-159.

[66] Z. Liu, Z. Mao, C. Wang, et al. Numerical simulation of a mini PEMFC stack[J]. Journal of Power Sources, 2006, 160 (2): 1111-1121.

[67] P. Chang, G.-S. Kim, K. Promislow, et al. Reduced dimensional computational models of polymer electrolyte membrane fuel cell stacks[J]. Journal of Computational Physics, 2007, 223(2): 797-821.

[68] S.P. Philipps, C. Ziegler. Computationally efficient modeling of the dynamic behavior of a portable PEM fuel cell stack[J]. Journal of Power Sources, 2008, 180(1): 309-321.

[69] A. D. Le, B. Zhou. A numerical investigation on multi-phase transport phenomena in a proton exchange membrane fuel cell stack[J]. Journal of Power Sources, 2010, 195(16): 5278-5291.

[70] H.Ly, E.Birgersson, M.Vynnycky. Asymptotically reduced model for a proton exchange membrane fuel cell stack: automated model generation and verification[J]. Journal of the Electrochemical Society, 2010, 157(7): B982-B992.

[71] H.Ly, E. Birgersson, A.P. Sasmito. Validated reduction and accelerated numerical computation of a model for the proton exchange membrane fuel cell[J]. Journal of the Electrochemical Society, 2009, 156(10): B1156-B1168.

[72] A. P. Sasmito, K. W. Lum, E. Birgersson, et al. Computational study of forced air-convection in open-cathode polymer electrolyte fuel cell stacks[J]. Journal of Power Sources, 2010, 195(17): 5550-5563.

[73] Y. Shan, S.-Y. Choe. A high dynamic PEM fuel cell model with temperature effects[J]. Journal of Power Sources, 2005, 145(1): 30-39.

[74] Y. Shan, S.-Y. Choe. Modeling and simulation of a PEM fuel cell stack considering temperature effects[J]. Journal of Power Sources, 2006, 158(1): 274-286.

[75] S.-K. Park, S.-Y. Choe. Dynamic modeling and analysis of 20-cell PEM fuel cell stack considering temperature and two-phase effects[J]. Journal of Power Sources, 2008, 179(2): 660-672.

[76] S.-K. Park, S.-Y. Choe. Modeling and experimental analysis of a two-cell polymer electrolyte membrane fuel cell stacks emphasizing individual cell characteristics[J]. Journal of Fuel Cell Science & Technology, 2009, 6(1): 25-34.

[77] F. Gao, B. Blunier, A. Miraoui, A. El-Moudni. Cell layer level generalized dynamic modeling of a PEMFC stack using VHDL-AMS language[J]. International

Journal of Hydrogen Energy, 2009, 34(12): 5498-5521.

[78] F.Gao, B.Blunier, A. Miraoui, et al. A multiphysic dynamic 1d model of a proton exchange membrane fuel cell stack for real-time simulation[J]. IEEE Transactions on Industrial Electronics, 2010, 57(6): 1853-1864.

[79] G. Karimi, J.J. Baschuk, X.Li. Performance analysis and optimization of PEM fuel cell stacks using flow network approach[J]. Journal of Power Sources, 2005, 147(1-2): 162-177.

[80] G. Karimi, X.Li. Analysis and modeling of PEM fuel cell stack performance: Effect of in situ reverse water gas shift reaction and oxygen bleeding[J]. Journal of Power Sources, 2006, 159(2): 943-950.

[81] J. Park, X. Li. Non-isothermal modeling of polymer electrolyte membrane fuel cell stacks[C]. SAE technical paper, 2006, 152(8).

[82] 张传升，李全民，王强，等，燃料电池氢气供应系统的自适应预测控制[J]. 山东建筑大学学报，2009，24(3):248-250.

[83] S. Zhai, S. Zhou, M. Ding. Experimental investigation of gas purge and voltage undershoot for an air-breathing PEMFC[C]. Proceedings of ASME 2011, August 7-10, 187-194, 978-0-7918-5469-3.

[84] J. He, S.-Y. Choe, C.-O. Hong. Analysis and control of a hybrid fuel delivery system for a polymer electrolyte membrane fuel cell[J]. Journal of Power Sources, 2008, 185:973-984.

[85] C. Bao, M. Ouyang, B. Yi. Modeling and control of air stream and hydrogen flow with recirculation in a PEM fuel cell system-I. Control-oriented modeling[J]. Int. J. Hydrogen Energy, 2006, 31:1879-1896.

[86] A.Y. Karnik, J. Sun, J.H. Buckland. Control analysis of an ejector based fuel cell anode recirculation system[C]. Proceedings of the American Control Conference, Minneapolis, Minnesota, June , 2006.

[87] P. Moraal, I. Kolmanovsky. Turbocharger modeling for automotive control applications [J]. International Congress and Exposition, March 1-4, Detroit, MI, 1999, 1999-01-0908.

[88] 魏学哲. 燃料电池轿车锂离子动力电池管理系统研究[D]. 上海: 同济大学, 2005.

[89] [英] 詹姆斯·拉米尼，安德鲁·迪克斯. 燃料电池系统——原理、设计、应用[M]. 朱红，译. 北京：科学出版社，2006.

[90] C.Zhang, F. Sun, W. Zhang. Principle, modeling and control of DC-DC convertors for EV [J]. Journal of Beijing Institute of Technology, 2000, 9(4): 456-470.

[91] 戴海峰. 动力蓄电池管理系统 SOC 估算方法研究[D]. 上海：同济大学，2008.

[92] 李发海，王岩. 电机与拖动基础 [M]. 第 2 版. 北京：清华大学出版社，1994.

[93] 杨岳峰，王素杰，张奕黄. 开关磁阻电机在混合动力军用车辆中的应用[J]. 电机与控制应用，2008，35(1):58-62.

[94] 新能源汽车驱动电机系统[DB/OL]. 行业报告，中国平安证券公司，2010.08.09.

[95] 邓隐北. 电动机控制中的高精度建模技术[C]. 第十二届中国小电机技术研讨会论文集，2007.

[96] 夏长亮. 无刷直流电机控制系统[M]. 北京：科学出版社，2009.

[97] M. Yoshida, Y Murai, M Takada.Noise reduction by torque ripple suppression in brushless DC motor[C]. Proceedings of Power Electronics Specialists Conference, 1998, PESC 98 Record, 29th Annual IEEE, Fukuoka:1397-1401.

[98] 韦鲲，林平，张仲超. 无刷直流电机换相转矩脉动的电流预测控制[J]. 浙江大学学报，2006，40(1):171-180.

[99] 孙立军，孙雷，张春喜，等. 无刷直流电机 PWM 调制方式研究[J]. 哈尔滨理工大学学报，2006，11(2):120-123.

[100] 夏长亮，俞卫，李志强. 永磁无刷直流电机转矩波动的自抗扰控制[J]. 中国电机工程学报，2006，26(24):137-142.

[101] 周苏，王明强，陈凤祥. 基于反馈线性化的车用无刷直流电机转矩随动控制[J]. 武汉科技大学学报，2012，35(5):391-398.

[102] 史婷娜，田洋，夏长亮. 基于小波网络的永磁无刷直流电机无位置传感器控制[J]. 天津大学学报，2007，40(2):190-194.

[103] 王福利，张颖伟. 容错控制[M]. 沈阳：东北大学出版社，2003.

[104] 孙佃升. 无刷直流电机电动与回馈制动的研究[D]. 北京：中国石油大学硕士学位论文，2007.

[105] 胡鸿祥. 提高电动机效率的关键因素[J]. 电机技术，1995，1:54-55.

[106] M. J. Ogburn, D. J. Nelson, K. Wipke, et al. Modeling and Validation of a Fuel Cell Hybrid Vehicle [DB/OL]. 2000, Source: Citeseer, DOI:10.4271/ 2000-01-1566.

[107] C. N. Maxoulis, D. N. Tsinoglou, G. C. Koltsakis. Modeling of automotive fuel cell operation in driving cycles[J]. Energy Conversion & Management, 2004, 45(4):559-573.

[108] K. Haraldsson, P. Alvfors. Effects of ambient conditions on fuel cell vehicle performance[J]. Journal of Power Sources, 2005, 145(2):298-306.

[109] J. T. Pukrushpan, A. G. Stefanopoulou, H. Peng. Control of fuel cell power systems, principles, modeling, analysis and feedback design[M]. Springer, 2002.

[110] 纪光霁，陈凤祥，马天才，等. 车用质子交换膜燃料电池系统中气/气增湿器动态建模与影响因素分析[J]. 汽车工程，2014，6:663-668.

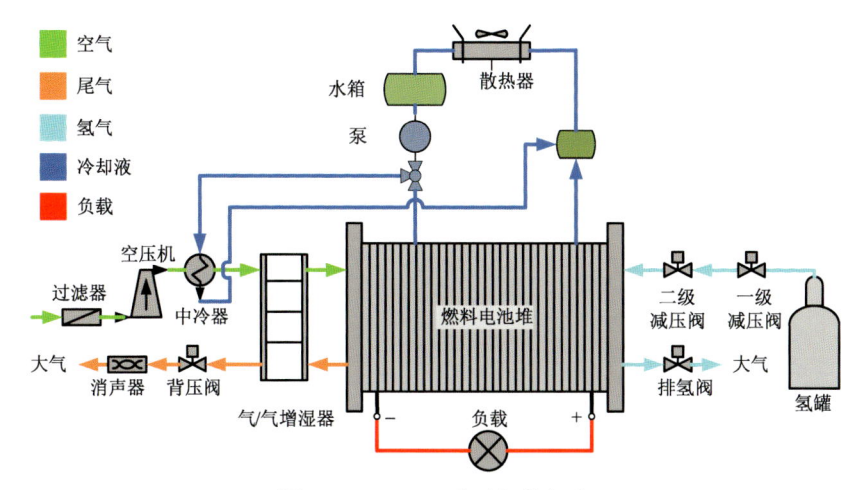

图 3-1　PEMFC 发动机的组成

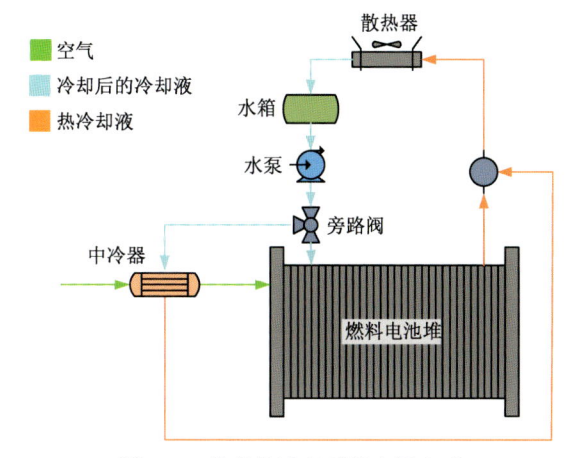

图 3-6　常见的冷却系统布置方式

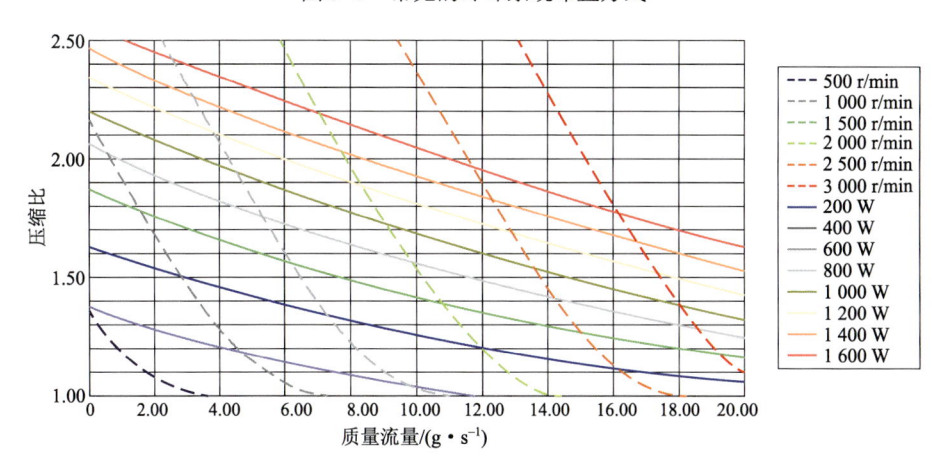

图 3-24　空压机静特性

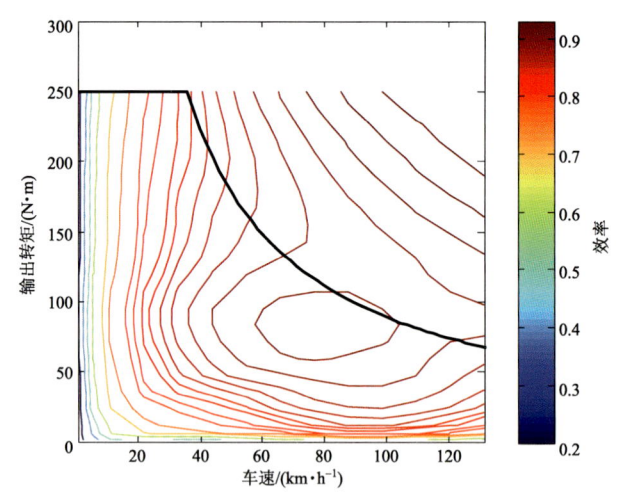

图 5-13 驱动电机效率 MAP 图

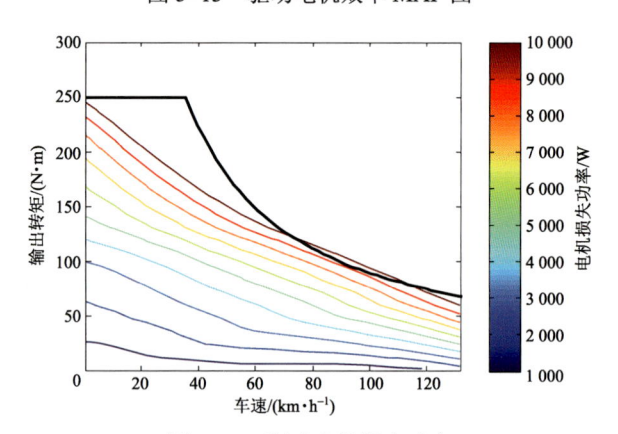

图 5-14 驱动电机损失功率

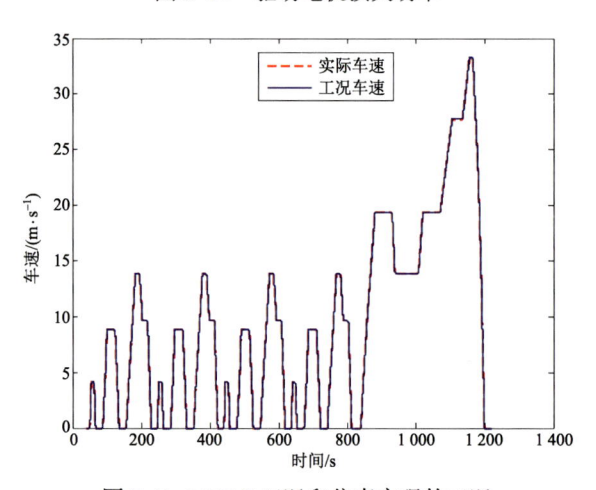

图 7-7 NEDC 工况和仿真实现的工况